Jugendlexikon

Jugend zu zweit

Jugendlexikon
Jugend zu zweit

Herausgegeben von
Lykke Aresin und
Anneliese Müller-Hegemann

VEB Bibliographisches Institut Leipzig

Das Buch erscheint innerhalb der Reihe Jugendlexikon.
Diese Reihe wird betreut vom Herausgeberkollektiv des
„Jugendlexikon a – z“:
Gerhard Butzmann,
Jonny Gottschalg,
Günter Gurst,
Anneliese Müller-Hegemann

Jugendlexikon Jugend zu zweit / hrsg. von Lykke Aresin
u. Anneliese Müller-Hegemann. – 1. Aufl. d. Neufassung. –
Leipzig: Bibliographisches Institut, 1987. – 171 S. : 87 Ill.
(Jugendlexikon)

ISBN 3-323-00108-7

NE: Aresin, Lykke [Hrsg.]; GT

ISBN 3-323-00108-7

1. Auflage der Neufassung

Verlagslizenz Nr. 433-130/98/87
Printed in the German Democratic Republic
Gesamtherstellung: Karl-Marx-Werk, Graphischer Großbetrieb,
Pößneck V 15/30
Verlagslektor: Gudrun Puschmann
Bildredakteur: Ingeborg Riemer
Technische Redaktion: Annemarie Franz
Hersteller: Karin Fleischer
Reihengestaltung: Ludwig Winkler, Steinach
LSV: 9127
Best.-Nr. 577 998 6
00550

Liebe junge Freunde!

Das Erwachsenwerden bringt größere und andere Verpflichtungen gegenüber der Gesellschaft mit sich, als Ihr sie bisher hattet oder noch habt. Neben dem Hineinwachsen ins Berufsleben, dem Recht, zu wählen und gewählt zu werden, der vollen Verantwortlichkeit gegenüber dem Gesetz und für Jungen der Pflicht zum Armeedienst und anderem entstehen auch im privaten Bereich eines jeden neue Aufgaben und Probleme.

Dieses Büchlein soll dazu beitragen, eine sehr persönliche Seite des Lebens, die jeder allein – oder besser zu zweit – erlebt, zu verstehen. Wir meinen damit die Beziehungen zwischen Jungen und Mädchen, die sich mit dem Beginn der Pubertät verändern und von einem kameradschaftlichen Verhältnis und einer Freundschaft bis hin zur Liebe entwickeln. Ihr werdet viel Schönes erleben, das Euch innerlich bereichert und beglückt, manchmal aber werdet Ihr vielleicht auch enttäuscht und traurig sein.

Eine wichtige Voraussetzung dafür, mit den Problemen dieser Zeit fertig zu werden, ist die Kenntnis bestimmter Tatsachen über das Sexualverhalten von Mann und Frau, das Fortpflanzungsgeschehen, einige rechtliche Gesichtspunkte und vor allem die ethische Verantwortlichkeit, die intime Beziehungen zwischen Jungen und Mädchen mit sich bringen. Mit diesem Buch versuchen wir, Euch einige Grundkenntnisse und Informationen über diesen Bereich zu vermitteln.

Unser Buch will mithelfen, Liebe und Sexualität bewußt zu erleben, unvoreingenommen, offen und sachlich über Probleme zu sprechen und später zu einer glücklichen Ehe zu finden. Manches steht dem aus vergangener Zeit noch im Wege, weshalb wir es im Buch offen darlegen und dagegen angehen – wir denken dabei an spießbürgerliche Verhaltensweisen oder vulgäre Ausdrucksweise.

Der Fotograf hat speziell für dieses Buch die Fotos gemacht. Dabei sind oft auch Momente und Stimmungen eingefangen worden, die sich in Worten nur schwer ausdrücken lassen. Ihr werdet aber die Zusammenhänge zum Text erkennen.

Möge Euch unser kleines Lexikon, das Bestanteil einer Reihe von handlichen Taschenlexika zum „Jugendlexikon a-z" ist, bei der Vorbereitung und Gestaltung fester Partnerschaften und später der Ehe und Familie helfen.

Die Herausgeber Der Verlag

Benutzungshinweise

Wie jedes Lexikon ist auch das vorliegende nach bestimmten Grundsätzen aufgebaut. Diese entsprechen denen der anderen Bücher aus der Reihe *Jugendlexikon.* Die meisten der Grundsätze werden nach kurzer Benutzung dem Leser offenkundig. Einige aber sind besonders hervorzuheben.

1. Die **Reihenfolge der Stichwörter (Alphabetisierung)** erfolgt streng nach der Buchstabenfolge des oder der *fettgedruckten Stichwörter.* Dabei werden ä, ö, ü, wie a, o, u und ß wie ss behandelt. Wenn ein Begriff oder Name, zu dem Informationen gesucht werden, nicht als Stichwort enthalten ist, bitten wir zu überlegen, unter welchem anderen Stichwort noch nachgeschlagen werden könnte.
2. Der **Pfeil** (↑) vor einem oder mehreren Wörtern weist auf ein Stichwort oder eine Abbildung hin, unter dem notwendige oder empfehlenswerte ergänzende Informationen zu finden sind. Pfeile vor Begriffen am Ende eines Artikels weisen auf weiterführende Informationen hin. Wir wollten mit Verweisen sparsam umgehen; es können auch viele Stichwörter nachgeschlagen werden, auf die kein Pfeil hinweist.
3. Die **Betonung** wird, wenn sie nicht allgemein bekannt ist, durch einen Strich unter dem zu betonenden Laut bzw. der Lautverbindung angegeben.
4. Die **Angaben zur sprachlichen Herkunft der Wörter (etymologische Angaben)** stehen in eckigen Klammern hinter den Stichwörtern, die aus fremden Sprachen zu uns gelangt sind. Am häufigsten gehören dazu **Herkunftsangaben** (griech. = griechisch, lat. = lateinisch, franz. = französisch usw.). Zum Beispiel bedeutet „⟨lat. ⟨griech.“, daß das Wort über das Lateinische aus dem Griechischen kam; „⟨lat. + ⟨griech.“ besagt, daß es sich um ein zusammengesetztes Wort handelt, dessen Bestandteile aus dem Lateinischen und Griechischen stammen (weitere Sprachen werden in der Regel auf -isch abgekürzt). Wenn es zur Klärung der heutigen Wortbedeutung beiträgt, wird das Stichwort bzw. die Form, von der es hergeleitet wird, noch sinngemäß oder wörtlich ins Deutsche übersetzt. Die deutsche Entsprechung steht dann in Anführungsstrichen. Sind die Angaben zur sprachlichen Herkunft bei dem voranstehenden Stichwort bzw. den Stichwörtern enthalten, so wird mit [s. o.] auf die etymologischen Angaben des betreffenden, zuerst genannten Stichwortes verwiesen. Außerdem befinden sich bei einigen Stichwörtern, deren Aussprache nicht allgemein bekannt ist, noch **Ausspracheangaben** in einer vereinfachten und leicht verständlichen Form. Dabei sind ã, ẽ, õ die die französische Sprache kennzeichnenden Nasallaute, die ungefähr wie ang, eng, ong, aber viel leichter, ausgesprochen werden müssen. Das durchgestrichene ~~sch~~ ist ein stimmhaftes sch wie j in Journalist. Das ə ist ein sehr kurzes, dumpfes e wie in Mitte. Das kursive *ch* hat den Aussprachewert wie in Bach.
5. Der Hinweis *Abb.* bzw. *Tab.* bedeutet, daß zum entsprechenden Lexikonartikel eine oder mehrere **Abbildungen** bzw. **Tabellen** vorhanden sind.
6. Folgende **Abkürzungen und Zeichen** werden verwendet:

Abk. = Abkürzung
bzw. = beziehungsweise
d. h. = das heißt
s. o. = siehe oben (in den etymologischen Angaben, vgl. 4.)
sog. = sogenannte(n)
u. a. = und andere(s), unter anderem
u. Z. = unserer Zeitrechnung
vgl. = vergleiche
v.u.Z. = vor unserer Zeitrechnung
z. T. = zum Teil
°C = Grad Celsius
§ = Paragraph
% = Prozent

Mitarbeiterverzeichnis

Autoren:
Prof. Dr. em. sc. med. Lykke ARESIN, Leipzig,
Prof. Dr. habil. Rolf BORRMANN, Berlin,
Anneliese MÜLLER-HEGEMANN, Leipzig,
Prof. Dr. sc. med. Kurt ROTHE, Halle,
Prof. Dr. sc. Wolfgang SEIFERT, Leipzig,
Prof. Dr. sc. Hans-Joachim SCHILLE, Radebeul

Gutachter:
Dr. sc. phil. Siegfried SCHNABL, Karl-Marx-Stadt,
Prof. Dr. sc. rer. pol. Kurt STARKE, Leipzig

Fotos
J. Herrmann SCHÜTZ, Neu Ziddorf

einzelne Vorlagen lieferten
Sächsische Landesbibliothek Abt. Deutsche Fotothek, Dresden,
Privatier, Berlin,
Zentralbild, Berlin

Zeichnung
Gerd OHNESORGE, Magdeburg

A

Abartig oder *abwegig* ist ein Verhalten, das von den als üblich geltenden Normen abweicht. Biologisch gesehen versteht man darunter ein nicht der Art entsprechendes Verhalten.

Aberglaube ist Glaube an angeblich geheimnisvolle Zeichen und Wunder aus einer sog. übersinnlichen Welt. Auch im sexuellen Bereich spielte der Aberglaube eine beachtliche Rolle. Aus den Sternen, den Spielkarten, den Handlinien wollten manche Zukunft und Schicksal ihrer Liebe herausdeuten. Längst haben die Jugendlichen in unserem Staat gelernt und erkannt, daß Erscheinungen, Ereignisse und Wirkungen ihre Ursachen haben, daß nichts, auch nicht die Liebe, von Mächten gelenkt wird, die nur in der Phantasie existieren. Reste aus der Vergangenheit gibt es heute bei uns noch als Bräuche, die aber keinen ernsten Inhalt mehr aufweisen, so das Tragen von Amuletten, die vor Bösem schützen sollen, das Beachten von Vorzeichen („gutes" oder „böses Omen"), das Betreiben von „Liebeszauber" usw. Auch einige Hochzeitsbräuche, durch die Glück auf die junge Ehe herbeigewünscht werden soll, werden als fröhliche Unterhaltung weiter gepflegt. In Ländern, in denen der Profit regiert, werden allerdings mit abergläubischen Manipulationen üble Geschäfte gemacht, die Unwissenden menschlich und finanziell empfindliche Schäden zufügen können.

Abfahren heißt in der jugendlichen Umgangssprache sich begeistern, z. B. abfahren auf einen Partner, auf Musik.

Abgeilen, von ↑ geil, bedeutet, sich wieder beruhigen.

Die **Abmagerungskur** soll das Körpergewicht verringern. In der ↑ Pubertät versuchen Mädchen mit realem oder vermeintlichem Übergewicht manchmal gewaltsam abzunehmen, indem sie kaum noch etwas essen und den Hunger, z. B. durch Rauchen, unterdrücken. Solche unkontrollierten Kuren können gesundheitsschädlich sein (↑ Pubertätsmagersucht). Will man unbedingt abnehmen, sollte man sich ärztlich beraten lassen. Der Arzt stellt den Plan für die Kur auf und kontrolliert die Durchführung. Dem Organismus müssen weniger Nährstoffe zugeführt werden, als er benötigt. Dadurch werden die überflüssigen Fettdepots allmählich abgebaut. Der erstrebte Gewichtsverlust erfolgt nicht innerhalb weniger Tage. Hält man sich aber geduldig und konsequent an die vorgeschriebene Nahrungszufuhr, wird man nach Wochen und Monaten eine kontinuierliche Gewichtsabnahme feststellen. Ist das gewünschte Gewicht erreicht, muß ein neuer Ernährungsplan festgelegt werden, um das Gewicht zu halten.

Das **Abnabeln** ist die Durchtrennung der Nabelschnur durch den Arzt oder die Hebamme im Verlauf des Geburtsvorganges. Es geschieht durch Unterbinden der Nabelschnur auf der kindlichen Seite und Abklemmen auf der mütterlichen Seite, dazwischen wird die Nabelschnur durchschnitten. Damit wird das Neugeborene von der Mutter getrennt, und die Geburt des Kindes ist beendet. ↑ Nabel.

abnehmen ↑ Abmagerungskur.

Die **Abneigung** oder *Aversion* ist eine ablehnende psychische Haltung bzw. Einstellung des Menschen zu einem Gegenstand, einem Menschen oder einem Vorgang. Sie beruht z. T. auf eigenen Erfahrungen und persönlichen Eindrücken, mitunter aber auch auf Unkenntnis der Sache, des Menschen oder Geschehens. Im Geschlechtsleben sind z. B. gegen bestimmte Partnertypen oder gegen einzelne Formen des Intimkontaktes (↑ Cunnilingus, ↑ Fellatio), manchmal gegen den Geschlechtsverkehr generell, Aversionen festzustellen.

Abnorm [⟨ lat.] oder *anormal* nennt man ein Verhalten, das vom Normalen abweicht. Was allerdings als normal bzw. abnorm bezeichnet wird, hängt von der Ideologie der jeweiligen Gesellschaft ab.

Der **Abort** [⟨ lat.] oder die *Fehlgeburt* ist die Beendigung einer ↑ Schwangerschaft vor Ablauf der 28. Schwangerschaftswoche (Fruchtlänge unter 35 cm). Die Frucht ist in diesem Entwicklungsstadium noch unreif und außerhalb der Gebärmutter nicht lebensfähig. Die Ursachen sind mannigfaltig. Seelische und körperliche Erschütterungen, fieberhafte Erkrankungen und Stoffwechselstörungen der Mutter können ebenso wie Fehlbildungen und Muskelschwäche der Gebärmutter zur Fehlgeburt führen. Treten bei einer Frau mehrfach Fehlgeburten auf, liegt oft eine Verschlußschwäche des Gebärmutterhalskanals vor. Entwicklungsstörungen des Keimlings (Embryo) und der ↑ Eihäute können das Absterben und die Ausstoßung als Fehlgeburt verursachen. Bis zu 60% aller ungewollten Fehlgeburten beruhen auf Chromosomenanomalien. Erste Symptome einer Fehlgeburt sind wehenartige Schmerzen im Unterbauch und geringe Blutungen bei noch geschlossenem Muttermund. Eine solche drohende Fehlgeburt kann durch frühzeitige ärztliche Behandlung in vielen Fällen aufgehalten werden. Werden die Wehen kräftiger, verstärkt sich auch die Blutung, und der Muttermund wird eröffnet (in Gang befindliche Fehlgeburt). In solchen Fällen ist die Schwangerschaft nur selten zu erhalten. Fast immer kommt es nach Eröffnung des Muttermundes zur Ausstoßung der Frucht und von Teilen der Plazenta (↑ Mutterkuchen). Reste der Plazenta bleiben in der Gebärmutterhöhle zurück (unvollständige Fehlgeburt) und müssen durch eine anschließende Ausräumung (↑ Ausschabung) der Gebärmutterhöhle durch den Arzt entfernt werden. Besonders dringlich ist dieser Eingriff bei starker Blutung. Unterbleibt eine Ausschabung, können zurückgebliebene Reste der Plazenta zum Ausgangspunkt von Entzündungen werden. Solche fieberhaften Fehlgeburten können schwere Infektionen der Gebärmutterhöhle oder der Organe des kleinen Beckens auslösen. In schweren Fällen entsteht dadurch Lebensgefahr. Spätere ↑ Unfruchtbarkeit ist eine häufige Folge. Wird nach dem Absterben der Frucht diese nicht ausgestoßen (verhaltene Fehlgeburt), nimmt die Gebärmutter nicht mehr an Größe zu. In solchen Fällen muß nach wiederholten, gründlichen Kontrolluntersuchungen die Fehlgeburt durch Wehenmittel eingeleitet oder Frucht und Mutterkuchen müssen instrumentell aus der Gebärmutterhöhle entfernt werden. Als *legalen Abort* bezeichnet man auch die gesetzlich erlaubte ↑ Schwangerschaftsunterbrechung im Gegensatz zum *illegalen Abort*, der ungesetzlichen ↑ Abtreibung.

Die **Abrasio** [⟨ lat.] ↑ Ausschabung.

Sich **abreagieren** heißt, sich von aufgestauten inneren Spannungen und starken – sowohl freudigen als auch unangenehmen – Gefühlen zu befreien. Je nach Ausmaß und Veranlagung äußert sich das in mehr oder weniger heftigen Gefühlsausbrüchen, in Freudentränen, Schreien, Toben. Abreagieren kann man sich auch im sexuellen Bereich, indem man sich durch sexuelle Betätigung von den Spannungen löst.

Abschied in der Liebe ist das Verlassen des Partners bzw. der Partnerin. Oft begehrt nur einer der beiden, das Verhältnis für immer zu lösen, dann wird dem anderen damit Leid zugefügt. Das muß man beim Abschied bedenken. Deshalb sind Ehrlichkeit und Aufrichtigkeit dabei sehr wichtig, aber auch Rücksichtnahme und Takt. Nie darf man vergessen, daß man in Liebe zueinander fand und sich Glück schenkte. Einfaches „Sitzenlassen" etwa, indem man ohne Erklärung der Verabredung fernbleibt oder sich gar bei Begegnungen nicht mehr beachtet, zeugt von Egoismus oder Gefühlsroheit. Das kann den Partner tief verwunden und das Vertrauen zu anderen Menschen zerstören und dem oder der Verlassenen auf lange Zeit die Aufnahme einer neuen Liebesbeziehung unmöglich machen.

Das **Abstillen** ist die vorzeitige Beendigung des Stillens. Ist sie aus medizinischen Gründen erforderlich, wird das Abstillen unter ärztlicher Kontrolle durchgeführt. ↑ Stillen.

Abstinenz [⟨ lat.] bedeutet *Enthaltsamkeit.* Sie kann sich auf verschiedenen Gebieten äußern, z. B. in Bezug auf Alkohol. Man spricht direkt vom *Abstinenzler,* wenn sich jemand zum Verzicht auf Alkohol entschlossen hat. Sexuelle Enthaltsamkeit wird auch als ↑ Askese bezeichnet. Sie kann aufgezwungen oder freiwillig sein. Im allgemeinen ist sexuelle Abstinenz nicht schädlich, lange Unterdrückung kann allerdings bei manchen Personen zu neurotischen Störungen führen. Die Forderung nach Abstinenz geht oft von der falschen Voraussetzung aus, daß dadurch Energie gespart würde, die man besser für geistige Bereiche nutzen könnte. Das Gegenteil ist der Fall, sexuelle Aktivität und Liebe mehren Energie und wirken sich meist positiv auf das Leistungsvermögen aus. – Adjektiv: *abstinent.*

Die **Abtreibung** oder der *illegale Abort* ist der bewußt herbeigeführte vorzeitige Schwangerschaftsabbruch durch gesetzwidrige Maßnahmen. Die Folgen unsachgemäßer, oft von medizinischen Laien durchgeführter Eingriffe sind nicht selten ernste gesundheitliche Schäden oder sogar Todesfälle. Die Gefahren und oft dramatischen Folgen der Abtreibung bieten überzeugende Argumente für eine gezielte ↑ Empfängnisverhütung. Wer eine unzulässige Unterbrechung an der Schwangeren vornimmt oder sie dazu veranlaßt bzw. dabei unterstützt, wird bestraft.

Der **Abstrich** ist in der Medizin die Entnahme von Absonderungen der Schleimhäute, der Haut oder von Wunden zur mikroskopischen oder bakteriologischen Untersuchung.

Der **Abusus** [⟨ lat.] ↑ Mißbrauch.

Abwechslung suchen, bedeutet, sich von bestimmten Handlungen, Beziehungen bzw. Interessenobjekten und -richtungen ab- und anderen zuzuwenden. Damit soll Monotonie und Langeweile entgangen werden. Solange Abwechslung nicht Selbstzweck wird und zu Oberflächlichkeit führt, ist sie positiv zu werten. Ständiger Wechsel in Partnerbeziehungen führt aber dazu, daß keine tieferen Ge-

fühle – die nun einmal zur Entwicklung Zeit und Konzentration auf den Partner brauchen – entstehen können und so die Liebesfähigkeit beeinträchtigt wird. Im Jugendalter kann im Prozeß der Partnersuche ein gewisser Wechsel notwendig sein, wenn man sich noch kein sicheres Urteil über die Partnerwahl zutraut. – Bei jeder Partnerschaft sollte das Leben innerhalb der Beziehung abwechslungsreich gestaltet werden. Neue Interessen, wie gemeinsame Freundschaften, Geselligkeiten, Sport, Theater, Musik, Literatur oder Tanz, gehören ebenso dazu wie eventuell bestehende Intimbeziehungen abwechslungsreich und mit Phantasie zu gestalten.

abwegig ↑ abartig.

Die **Achtung der Persönlichkeit** ist wichtigster Ausdruck der sozialistischen Einstellung zum anderen Menschen. Achtung erweist man einem Menschen dann, wenn man ihn zu fördern und zu fordern bereit ist und sich ständig darum bemüht. Nur auf den eigenen Vorteil bedachte Strebungen (z. B. eigener beruflicher Aufstieg, Weiterbildung, Studium oder eigene Erholung) sind schädlich für ↑ Paarbeziehungen, weil sie die Entwicklungs- und Entfaltungsmöglichkeiten eines Partners schmälern und ihn abhängig machen. Die Achtung der Persönlichkeit ist in der DDR in der Verfassung verankert und damit geltendes Recht. Zum Schutz seiner Freiheit und der Unantastbarkeit seiner Persönlichkeit hat jeder Bürger den Anspruch auf die Hilfe der staatlichen und gesellschaftlichen Organe (Artikel 30, Abs. 3). Daraus resultieren auch die in der Verfassung fixierten Grundrechte und Grundpflichten, wie das Recht auf Schutz der Gesundheit des Bürgers, der besondere Schutz der Ehe, Familie, Mutterschaft usw. Die Jugend trägt selbst Verantwortung für ihre Entwicklung zu sozialistischen Persönlichkeiten (↑ Jugendgesetz). Für Sexualkontakte unterschiedlichster Art und Verbindlichkeit ist es die Achtung, die jeder der Persönlichkeit des anderen entgegenbringt, die eines der entscheidenden Kriterien für die gesellschaftlich-moralische Wertung eines Verhältnisses darstellt.

Adnexe [⟨ lat.; Singular: der Adnex] ist der medizinische Fachausdruck für die Anhänge der ↑ Gebärmutter (↑ Eileiter und ↑ Eierstöcke), die zu den inneren Geschlechtsorganen der Frau gehören und zu beiden Seiten der Gebärmutter liegen.

Die **Adnexitis** [s. o.] ist die Entzündung der Gebärmutteranhänge (↑ Adnexe), wobei jedoch fast nur die Eileiter betroffen sind. Die Entzündung wird durch spezifische Erreger verursacht (Bakterien aus der Gruppe der Eitererreger, seltener Erreger der Geschlechtskrankheiten). Die Häufigkeit von Adnexentzündungen ist aus der anatomischen Beschaffenheit der Genitalorgane der Frau erklärlich. Die Gebärmutterhöhle, aus der beide Eileiter abgehen, hat über die Scheide eine offene Verbindung zur Außenwelt. Infolgedessen können leicht Erreger von außen eindringen. Normalerweise sorgen Schutzvorrichtungen des weiblichen Organismus, wie z. B. der Säureschutz der Scheide und der zähe Schleimhautpfropf des Gebärmutterhalskanals dafür, daß keine Bakterien in höhere Abschnitte vordringen können. Eine Keiminvasion gelingt nur besonders aggressiven Erregern. Sind die Erreger bis in die Eileiter vorgedrungen, kommt es im ersten akuten Stadium zur Schwellung der Eileiter, verbunden mit Schmerzen im Unterbauch, verstärktem Ausfluß und oft auch Fieber. Mit der vom Arzt verordneten Bettruhe und wirksamen Medikamenten kann ein Fortschreiten der Erkrankung verhindert sowie eine Rückbildung der Anschwellung und Eiterabsonderung erzielt werden.

Nicht selten wird bei einer Adnexitis die Schleimhaut des Eileiters teilweise zerstört. Die sich anschließende Verklebung der Falten kann eine spätere Sterilität (↑ Unfruchtbarkeit) verursachen.

Als **Adoleszenz** [⟨ lat.] wird in der Medizin, der Anthropologie und z. T. in der Psychologie der letzte Abschnitt des Jugendalters bezeichnet. Er beginnt nach der eingetretenen Geschlechtsreife. In der Adoleszenz ist die physische und psychische Entwicklung zum Erwachsenen noch nicht völlig abgeschlossen. Eine genaue Altersbegrenzung ist nicht möglich. Die meisten Jugendlichen haben ihre erste sexuelle, meistens zum Geschlechtsverkehr führende Freundschaft schon vor der Adoleszenz.

Die **Adoption** [⟨ lat.] ↑ Annahme an Kindes Statt.

Der **Affekt** [⟨ lat.] ist ein Gemütszustand, eine Stimmung oder eine Gefühlsregung, die heftig verläuft und schnell abklingt, z. B. Entsetzen, Entzücken, Wut, spontane Zuneigung, Weinen. Das Affekterleben eines Menschen wird von seinem ↑ Temperament und seiner gefühlsmäßigen Ansprechbarkeit beeinflußt. Falsch wäre, sich den Affekten – vor allem den negativen – willenlos auszuliefern, sondern man muß versuchen, sie zu beherrschen. Bei sog. Affekthandlungen (Explosiv- oder Kurzschlußhandlungen) fällt die geistige Steuerung des Verhaltens infolge hochgradiger gefühlsmäßiger Erregung weitgehend aus. Negative Affekte und Affekthandlungen stellen für jede Partnerbeziehung eine ernste Belastung bzw. Gefährdung dar.

Im Strafrecht werden *verschuldeter* und *unverschuldeter Affekt* unterschieden. Letzteres liegt bei Körperverletzung z. B. dann vor, wenn der Täter ohne eigene Schuld durch eine ihm oder seinen Angehörigen von dem Geschädigten zugefügten Mißhandlung, schweren Bedrohung oder schweren Kränkung in einen Zustand hochgradiger Erregung versetzt und damit zur Tat hingerissen oder bestimmt worden ist. Unter solchen Voraussetzungen kann sich – wie auch bei anderen Straftaten – die Schuld des Täters so verringern, daß die Strafe herabgesetzt oder von Bestrafung abgesehen werden kann.

Affektiert [s. o.] nennt man einen Menschen, der durch unangenehme Eigenschaften, wie Überheblichkeit, geziertes, gekünsteltes Verhalten, übermäßige Eitelkeit usw., auffällt.

Der **After** oder *Anus* ist die durch

einen Ringmuskel verschlossene Austrittsstelle des Mastdarmes.

AIDS [⟨ engl.; Abk. für *a*cquired *i*mmune *d*eficiency *s*yndrome; dt. erworbenes Immundefektsyndrom] ist eine vermutlich aus Zentralafrika stammende und sich von dort über Haïti und die USA auch nach Europa ausbreitende Viruskrankheit, deren Besonderheit in einer zunehmenden Schwächung des Immunsystems besteht. Die Viren schädigen die der Abwehr von Krankheitserregern dienenden weißen Blutkörperchen, die sog. *T-Lymphozyten.* Infolgedessen sind die Erkrankten allen möglichen Infektionen ausgesetzt und können auch an bösartigen Geschwülsten erkranken. Der Verlauf ist schleichend und erstreckt sich über Jahre. Die Krankheit kann tödlich sein, da der Organismus keine Abwehrkräfte mehr aufbringt und es bisher – obschon in vielen Ländern daran gearbeitet wird – noch kein wirksames Gegenmittel gibt.

Allerdings erkrankt nicht jeder, bei dem die Erreger nachgewiesen wurden, zwangsläufig an AIDS, sondern die Krankheit kommt nur bei einem kleinen Prozentsatz zum Ausbruch. Bestimmte Personenkreise wie Homosexuelle mit häufig wechselnden Partnern, Bluter und Drogenabhängige sind besonders gefährdet. Die Erreger finden sich im Blut, im Speichel und im Samen. Übertragen wird die Infektion meist durch den ↑ Geschlechtsverkehr, allerdings nur dann, wenn kleine Schleimhautverletzungen vorhanden sind, die den Erregern den Eintritt in das Blut ermöglichen. Um vorzubeugen, sollte man daher solche sexuelle Handlungen vermeiden, bei denen man sich verletzen kann (z. B. ↑ Analverkehr). Auch das Benützen eines Kondoms kann schützen. Häufiger Partnerwechsel oder Intimkontakte mit nur flüchtig Bekannten erhöhen dagegen die Infektionsgefahr.

Die bisher bekannten Krankheitsfälle stammen hauptsächlich aus den USA (mehr als zehntausend) und der BRD (einige Hundert), doch läßt sich bei entsprechenden Kontakten eine Verschleppung auch in unser Land nicht ausschließen.

Die **Akne** [⟨ griech.] ist eine mit Pickeln, Knötchen und Mitessern einhergehende Hautkrankheit, die besonders in der Pubertät vorkommt. Infolge übermäßiger Talgproduktion und Stauung verstopfen sich die Ausführungsgänge der Talgdrüsen. Hinzukommende Infektion führt zur Vereiterung. Durch das bevorzugte Auftreten im Gesicht, im Nacken, auf Brust und Rücken wird das Aussehen beeinträchtigt, so daß Jugendliche oft auch seelisch darunter leiden. Meist bessert sich die Krankheit gegen Ende der Pubertät. Bei stärkerer Ausprägung sollte man den Hautarzt aufsuchen. Keinesfalls sollte man selbst daran herumdrücken, da sich die Infektion sonst weiter ausbreitet. Die Ursache liegt vermutlich in Störungen des Hormonstoffwechsels.

Der **Akt** [⟨ lat.] ist **1.** im sexuellen Leben gleichbedeutend mit dem ↑ Geschlechtsverkehr.

2. In der Kunst ist ein Akt die Darstellung des unbekleideten menschlichen Körpers.

Aktivität [⟨ lat.] bezeichnet ganz allgemein Tätigkeit oder Tätigsein. Im Gegensatz dazu steht die *Inaktivität* oder *Passivität.* Sexuell *aktiv* ist jemand, der sexuelle Handlungen anregt oder sich aus eigenem Verlangen daran beteiligt. *Inaktiv* verhält man sich, wenn man solche Handlungen ganz vermeidet oder sie nur passiv über sich ergehen läßt. Sexuelle Aktivität beider Partner trägt wesentlich zur gegenseitigen Befriedigung bei.

Die **Akzeleration** [⟨ lat.; accelere „beschleunigen"] ist eine Entwicklungsbeschleunigung, die man etwa seit dem Jahr 1900 bei den Menschen in vielen Ländern festgestellt hat. Sie äußert sich vielfältig in körperlicher, geistiger und auch sozialer Hinsicht. Anfangs wurde sie an Menarche (↑ erste Menstruation) und ↑ Ejakularche gemessen. Aber auch Geburtsgewicht und -größe nehmen zu. Die Kinder laufen, zahnen und sprechen eher. Die ↑ Wechseljahre und das Altern

setzen hingegen später ein. Festzustellen ist insgesamt eine Größen- und Gewichtszunahme gegenüber vorangegangenen Generationen.
Diese Entwicklungen sind innerhalb einer Generation individuell verschieden stark ausgeprägt, unterscheiden aber insgesamt eine Generation von den vorangegangenen. Ihre Ursachen sind vielfältig und in für die Entwicklung des Menschen günstiger gewordenen Lebensbedingungen zu suchen. Körperliche, psychische und soziale Persönlichkeitsreife vollziehen sich beim einzelnen Jugendlichen nicht gleichzeitig und gleich schnell.
Die in vielen Ländern beobachteten Unterschiede zwischen Kindern und Jugendlichen verschiedener gesellschaftlicher Schichten (auch zwischen Stadt und Land) sind in der DDR durch die für alle verbesserten Lebensumstände so gut wie verschwunden.
Man spricht von *individueller Akzeleration*, wenn sich einzelne Jugendliche schneller entwickeln als der Durchschnitt (Frühentwickler). Spätentwicklung nennt man *Retardation.*
Die **Alimente** [⟨ lat.] sind eine nicht mehr gebräuchliche Bezeichnung für ↑ Unterhalt.
Alkoholmißbrauch ist übermäßiger Alkoholgenuß, der – jahrelang und intensiv betrieben – zu chronischem Alkoholismus mit körperlichen und seelischen Schäden führt. Am häufigsten sind Leberleiden, Magenschleimhautentzündungen, Erkrankungen des Nerven- und Herzkreislaufsystems sowie Nachlassen der Potenz bis zur Impotenz. Typisch ist auch eine unbeständige Stimmungslage, sie schwankt zwischen auffallend heiterer oder alberner bis zur weinerlichen oder ängstlich-traurigen, mitunter aber auch reizbar-aggressiven Stimmung. Urteilsfähigkeit und Kritikvermögen lassen allmählich nach. Es entwickelt sich ein Abbau der Gesamtpersönlichkeit, der auch das ethische Verhalten beeinflußt. Alkoholiker neigen zur Gewalttätigkeit und Rücksichtslosigkeit, oft auch zur Eifersucht, wobei diese durch die verminderte sexuelle Leistungsfähigkeit noch gefördert wird. Unter starkem Alkoholeinfluß kann es zu sexuellen Entgleisungen und Kontakten kommen, die man spä-

ter bereut (↑ Geschlechtskrankheiten). Jugendliche sind besonders gefährdet, da sie die Wirkung des Alkohols häufig unterschätzen. Frühzeitige Gewöhnung an regelmäßigen Alkoholkonsum kann leicht zum Mißbrauch werden.
Beim Alkoholiker nimmt die Abhängigkeit vom Alkohol immer mehr zu, sie wird zur *Sucht.* Im Endstadium treten schwere Erregungs- und Verwirrtheitszustände auf (Alkoholdelire), die lebensgefährlich sind. Der Untergang von Nervenzellen im Gehirn führt schließlich zur Verblödung. Um einer solchen tragischen Entwicklung vorzubeugen, muß rechtzeitig eine ärztlich kontrollierte Entziehungskur durchgeführt werden. Diese wird jedoch nur dann erfolgreich werden, wenn die Umwelt, in erster Linie Familie und Arbeitskollegen, durch ihr Verhalten dazu beitragen, daß der Alkoholiker nicht wieder rückfällig wird. Abwertende Bemerkungen über „Abstinenzler" oder leichtfertige Verführung (ein Gläschen schadet schon nicht) können bei den meist ohnehin willensschwachen Personen erneut den Alkoholmißbrauch provozieren, die Ergebnisse der ärztlichen Behandlung zunichte machen und damit zum Untergang führen. Wer Kinder und Jugendliche zum Alkoholmißbrauch verleitet oder ihn begünstigt oder pflichtwidrig nicht dagegen einschreitet, kann gerichtlich bestraft werden. Besondere Verantwortung haben Eltern und Erzieher. Zu ihren Aufgaben gehört es, jungen Menschen eine gesunde Lebensweise anzugewöhnen. Dazu gehört die Zurückhaltung beim Genuß alkoholischer Getränke. Deren Verkauf an Kinder und Jugendliche wird durch die *Verordnung zum Schutz von Kindern und Jugendlichen* beschränkt. An Jugendliche bis zu 16 Jahren dürfen keine alkoholischen Getränke, an 16- bis 18jährige nur geringe Mengen mit einem Alkoholgehalt bis 20% abgegeben werden. Zuwiderhandlungen werden mit Ordnungsstrafe geahndet.
Alleinstehende Mütter (*und Väter*) mit Kindern erhalten besondere Unterstützung, um ihrer Erziehungsaufgabe gerecht werden zu können. Nicht oder nicht mehr verheiratete Mütter werden bevorzugt mit Kindergärten- und Krippenplätzen versorgt, haben Anspruch auf Unterstützung, wenn sie wegen fehlenden Krippenplatzes die Arbeit nicht aufnehmen bzw. fortsetzen können, und werden bei Arbeitsausfall wegen Krankheit des Kindes finanziell unterstützt. Damit sollen die größeren Schwierigkeiten ausgeglichen werden, die durch die alleinige Erziehungsverantwortung eines Elternteils bestehen können. Es gibt deshalb keinen ökonomischen Zwang, wegen eines Kindes die Ehe schließen zu müssen. Im Interesse geordneter Familienverhältnisse für Eltern und Kind sollte aber auch nicht wegen scheinbarer zeitweiliger materieller Vorteile auf die Eheschließung verzichtet werden, wenn die ernsthafte Absicht zu dauernder Gemeinschaft besteht.
Das **Alter** ist einer der Faktoren, die das menschliche Sexualverhalten maßgeblich beeinflussen. Während die in der Kindheit oft schon erkennbaren körperlichen sexuellen Regungen noch unbewußt und meist nicht zielgerichtet ablaufen, ändert sich das im Laufe der ↑ Pubertät. Hier verstärken sich die sexuellen Empfindungen und gehen zu bewußten sexuellen Aktivitäten über (↑ Selbstbefriedigung, ↑ Petting). In der Regel werden dann erste – meist noch unstabile – Partnerschaftsbeziehungen aufgenommen, die früher oder später zum ↑ ersten Geschlechtsverkehr (Kohabitarche) führen. Der Gipfel der sexuellen Leistungsfähigkeit liegt bei beiden Geschlechtern ungefähr zwischen dem 18. und 25. Lebensjahr, wobei er bei den Frauen etwas später einsetzt und dafür länger anhält. Danach läßt sie geringfügig nach, etwas stärker nach dem 50. Lebensjahr. Bei guter Gesundheit kann man bis ins hohe Alter sexuell aktiv bleiben, wenn sich auch Häufigkeit und Dauer des Geschlechtsverkehrs vermindern.
Die **Amenorrhoe** [sprich: -röh;

⟨ griech.] ↑ Ausbleiben der Menstruation.

Amme oder *Nährmutter* nannte man eine Frau, die neben ihrem eigenen Kind noch ein zweites mit ihrer Muttermilch stillte.

Das **Amnion** [⟨ griech.] ist die innere der beiden ↑ Eihäute.

Amor [⟨ lat.] ist der Liebesgott aus der antiken römischen Sagenwelt (griech.: *Eros*). *Abb.*

Amor. Ausschnitt aus dem Gemälde „Die Nymphe Syrinx von Pan verfolgt" von Nicolas Poussin. Staatliche Kunstsammlungen Dresden

Amoralisch [⟨ griech. + ⟨ lat.] ist, wer sittliche Grundsätze und Normen der in unserer Gesellschaft herrschenden ↑ Moral bewußt mißachtet und verletzt.

Amourös [sprich: amu-; ⟨ franz.] heißt die Liebe betreffend. Ein *amouröses Verhältnis* ist ein Liebesverhältnis, *amouröse Literatur* war eine früher gebräuchliche Sammelbezeichnung für Liebesgeschichten oder -romane.

Der **Analverkehr** [⟨ lat.; anal „den After betreffend"] stellt eine Sonderform des sexuellen Verkehrs dar, bei dem das Glied nicht in die Scheide, sondern in den After eingeführt wird. Bei männlichen Homosexuellen ist diese Art geschlechtlicher Beziehungen nicht ungewöhnlich, vereinzelt wird sie auch von heterosexuellen Paaren praktiziert. Frauen stehen dem Analverkehr oft ablehnend gegenüber, nicht zuletzt aus Furcht vor Schmerzen. Außerdem kommt es nicht selten zu Verletzungen (↑ AIDS).

Anbuffen, auch *anknallen*, ist ein vulgärer Ausdruck und bedeutet, ein Mädchen in den Zustand einer – meist unerwünschten – Schwangerschaft zu versetzen.

Androgene [⟨ griech.; Singular: das Androgen] sind Steroidhormone. Sie bewirken beim Mann die Ausbildung der sekundären Geschlechtsmerkmale. Androgene werden in den Keimdrüsen (Hoden und – in geringen Mengen – auch in den Ovarien) und in der Nebennierenrinde gebildet. Das stärkste Androgen ist das *Testosteron.*

Die **Androgyne** [⟨ griech.] ist ein ↑ Mannweib.

Die **Andrologie** [⟨ griech.] ist die medizinische Fachrichtung, die sich mit bestimmten Männerkrankheiten, wie z. B. Störungen der Fortpflanzung oder der Sexualfunktion, befaßt. Meist sind es Fachärzte für Haut- und Geschlechtskrankheiten, die sich zusätzlich für dieses Gebiet spezialisiert haben. Man nennt sie *Andrologen.* Das Gegenstück zur Andrologie bildet die *Gynäkologie*, die Frauenheilkunde.

Mit der **Anfechtung der Vaterschaft** wird durch eine Klage vor dem Kreisgericht geltend gemacht, daß der zur Zeit der Geburt mit der Mutter verheiratete Mann nicht der Vater des Kindes ist. Diese Feststellung können der betreffende Mann, die Mutter und der Staatsanwalt verlangen. Ihre Klage hat dann Erfolg, wenn eindeutig nachgewiesen wird, daß der Ehemann nicht der Erzeuger des Kindes sein kann. Der Antrag kann nur innerhalb eines Jahres ab Kenntnis der Umstände gestellt werden, die gegen die Vaterschaft sprechen. Die Frist beginnt frühestens mit der Geburt des Kindes.

Der Staatsanwalt kann die Anfechtungsklage im Interesse des Kindes jederzeit erheben. Hat die Klage Erfolg, erlöschen die Verwandtschaftsbeziehungen zum Kind rückwirkend ab Geburt. Es hat die Rechtsstellung eines außerhalb der Ehe geborenen Kindes, so daß dann die ↑ Feststellung der Vaterschaft in Betracht kommt.

Angehörige sind Personen, die eine familiäre oder ähnliche persönliche Beziehung zu einem Bürger haben, in erster Linie Ehegatte, Verwandte und Verschwägerte. *Verwandt* sind Personen, von denen eine von den anderen abstammt (*gerade Linie*), z. B. Eltern–Kinder, Großeltern–Enkel, oder die beide von gemeinsamen Vorfahren abstammen (*Seitenlinie*), z. B. Geschwister, Geschwisterkinder usw. Die Verwandtschaft wird in Grade eingeteilt, z.B. Eltern–Kind 1. Grad, Geschwister (in der Seitenlinie) 2. Grad. *Verschwägert* ist man mit den Verwandten seines Ehegatten.

Die Verwandtschaft hat Bedeutung im Erbrecht. Im Verhältnis zu bestimmten nahen Angehörigen gibt es Besonderheiten im Strafrecht und bei der Aussagepflicht im Gerichtsverfahren.

Angst ist ein Gefühlszustand, der als psychische Beengung, Erregung oder Verzweiflung erlebt wird und häufig die Willenskraft des Menschen bei schwierigen oder gefährlichen Handlungen hemmt. Sie kann sich auch körperlich in schnellerem Atem oder als Schwitzen, Herzklopfen, Zittern und Blässe äußern, wenn der Betroffene keine Möglichkeit hat, sich der Situation zu entziehen, die Angst hervorruft. Junge Menschen haben manchmal Angst vor der ersten intimen Begegnung, weil sie ihren Partner und auch ihre eignen Reaktionen nicht ausreichend kennen. Diese Angst verliert sich mit zunehmenden sexuellen Erfahrungen, und wenn man weiß, daß man dem anderen vertrauen kann. Später kann sich bei beiden Geschlechtspartnern die Angst des „Nichtgenügens" der eigenen geschlechtlichen Ausstattung und Funktion entwickeln. Beim Intimkontakt sind aber nicht die Maße der Geschlechtsorgane oder die sexuelle Potenz das Entscheidende, sondern der Grad der persönlichen Bindung, die Zuneigung, das Ungehemmtsein, das gegenseitige Rücksichtnehmen und Einander-glücklich-machen-wollen.

Wer ängstlich ist, fühlt sich unsicher und gehemmt. Liebevolle Zuwendung, Offenheit und Vertrauen helfen Angst und Unsicherheit zu überwinden. ↑ Erwartungsangst.

Animiermädchen [⟨ lat. + ⟨ dt.] sind Angestellte in Bars oder ähnlichen Unternehmen des kapitalistischen Amüsiermarktes, die, um den Profit des Unternehmers durch große Zechen zu erhöhen, die Gäste zum Trinken und Verzehren mit allen nur möglichen, auch sexuellen, Mitteln anregen (*animieren*) müssen.

anknallen ↑ anbuffen.

Eine **Anmache** ist ein Flirt. ↑ flirten.

Die **Annahme an Kindes Statt** oder *Adoption* ist eine Entscheidung der Jugendhilfsorgane, die für ein Kind bis zu 18 Jahren eine familienrechtliche Beziehung zu annehmenden Eltern begründet, welche der zu leiblichen Eltern entspricht. Sie besiegelt die Aufnahme des Kindes in die neue Familie und beendet das familienrechtliche Verwandtschaftsverhältnis zu leiblichen Eltern und deren Verwandten. Die Annahme an Kindes Statt setzt grundsätzlich die Einwilligung der erziehungsberechtigten Eltern, bei Jugendlichen über 14 Jahren auch deren Zustimmung voraus und ist nur in Ausnahmefällen nachträglich aufhebbar. Ihr geht die sorgfältige Prüfung voraus, inwieweit die Aufnehmenden fähig und bereit sind, dem Kind die Eltern dauerhaft zu ersetzen.

Die **Anorgasmie** [⟨ griech. + ⟨ lat.] ist das Ausbleiben des Höhepunktes (↑ Orgasmus) beim Geschlechtsverkehr oder anderen, auf sexuelle Befriedigung abzielenden Handlungen bei Mann und Frau. Das sexuelle Verlangen (*Libido*) kann, muß aber nicht beeinträchtigt sein. Anorgasmie kann zeitweilig oder ständig vorhanden sein. Wesentlich häufiger bei Frauen

als bei Männern vorkommend, führt sie bei längerem Bestehen zu Verstimmungen, Unzufriedenheit und Gereiztheit, gelegentlich auch zu körperlichen Beschwerden (Schmerzen im Unterbauch infolge verzögerter Rückbildung der durch die sexuelle Erregung eingetretenen Stauung der Blutgefäße im Genitalbereich).
Die Ursachen der Anorgasmie sind mannigfaltig und nicht immer ohne weiteres aufzufinden. Sie können einmal persönlichkeitsbedingt sein, öfters sind es jedoch ungünstige Umwelteinflüsse wie prüde, sexualfeindliche Erziehung, unerfreuliche Sexualerlebnisse in Kindheit oder Jugend, Abneigung gegenüber dem Partner oder Folge ungenügender Berücksichtigung der weiblichen Sexualreaktion (↑ Vorspiel, ↑ Kitzler). Anorgasmie kann auch als Reaktion bei ↑ Potenzstörungen auftreten, wenn z. B. infolge vorzeitigen Samenergusses die sexuelle Befriedigung ausbleibt.
Die großzügigere Einstellung gegenüber der Sexualität und die Durchsetzung der Gleichberechtigung der Frau wirken sich offensichtlich positiv auf das Sexualverhalten aus, denn es zeigt sich, daß die Zahl der anorgastischen Frauen abnimmt. Befragungen, wie sie z. B. vom Zentralinstitut für Jugendforschung Leipzig durchgeführt wurden, sprechen dafür, daß junge Mädchen heutzutage früher orgasmusfähig werden – teilweise auch zum Mehrfachorgasmus – als dies in der Vergangenheit der Fall war. Trotzdem dauert es manchmal Jahre, ehe man die volle Orgasmusfähigkeit erreicht. Auch ohne Orgasmus sind jedoch sexuelle Beziehungen möglich, die als angenehm und lustvoll empfunden werden können. Voraussetzung hierfür ist, daß man seinen Partner liebt und dieser wiederum Einfühlungsvermögen, Verständnis und Geduld aufbringt. Diese wiederholten positiven Erfahrungen gleichen einem Lernprozeß, der schließlich in volle Orgasmusfähigkeit einmünden kann. Leidet man unter der Anorgasmie, sollte man sich behandeln lassen. Durch eine gezielte ↑ Sexualtherapie bei einem Sexualberater oder Psychotherapeuten läßt sich in vielen Fällen die Störung beheben.
Auch bei Männern kann gelegentlich Anorgasmie vorkommen, besonders wenn eine innere Ablehnung der Partnerin gegenüber besteht. Es erfolgt zwar der Samenerguß, aber das lustbetonte Orgasmusgefühl bleibt aus. Hier sollte zunächst das Partnerschaftsverhältnis erforscht werden.

anormal [⟨ griech. + ⟨ lat.] ↑ abnorm.

Die **Anpassung** ist das Ergebnis einer Auseinandersetzung des Menschen mit seiner Umwelt. Eigenschaften und Wesensmerkmale, die ihm die Gewöhnung an Umweltbedingungen, das Bewältigen von Situationen im Umgang mit Menschen und bei Tätigkeiten erleichtern, werden entwickelt bzw. abgelegt. In dieser Auseinandersetzung ändert sich das Individuum selbst.
Jeder Mensch kann sich mehr oder weniger an andere Menschen anpassen, auch in sexueller Hinsicht. Die Anpassung in einer Freundschafts- oder Liebesbeziehung kann bewußt oder unbewußt erfolgen. In jedem Fall ist das Ergebnis eine konflikt- und reibungslosere Beziehung. Anpassung der Partner aneinander ist immer gegenseitige Beeinflussung. Sie ist keinesfalls mit bloßer Unterordnung oder mit Gehorsam gleichzusetzen und darf auch nicht dazu führen.
Für die Gestaltung der Intimbeziehungen ist es besonders wichtig, daß sich die Partner in den Bedürfnissen nach Sexualität, in der Erregbarkeit (↑ sexuelle Erregungskurve) und im Gefühlsleben einander anpassen, um miteinander glücklich zu werden. – Auftretende Unstimmigkeiten sollten schnell, am besten durch ein ehrliches, taktvolles Gespräch, geklärt werden.

Anregungsmittel ↑ Liebesmittel.

Anschaffen ist auf den Strich gehen, sich prostituieren (↑ Prostitution). Der Ausdruck ist auch in der Drogenszene der kapitalistischen Welt gebräuchlich, da die Drogensüchtigen meist arbeitsunfähig sind, kriminell werden oder sich durch Prostitution die hohen Geldsummen beschaffen, die sie zum illegalen Kauf der Drogen brauchen.

Anstand bedeutet kultiviertes Verhalten in den zwischenmenschlichen Beziehungen. In einer Partnerbeziehung ist er eine Grundbedingung für deren Bestand. Der Anstand umfaßt eine große Zahl von guten charakterlichen Eigenschaften, die sich im Verhältnis zueinander zeigen und bewähren müssen. Das beginnt schon beim Kennenlernen. Achtung und Höflichkeit gegenüber anderen Menschen, auch z.B. beim Abschlagen eines Tanzes, gehören zum Anstand. Der junge Mann muß bei seinem Verlangen nach Zärtlichkeit herausfinden, wie weit er bei seinem Mädchen gehen, was er von ihm erwarten kann. Rücksicht und Einfühlungsbereitschaft sichern einem Verhältnis längere Dauer als egoistisches Draufgängertum, dem es nur auf die Durchsetzung des eigenen Verlangens ankommt. Geduld und Einfühlungsvermögen muß aber auch das Mädchen aufbringen, z. B. wenn sein Freund noch unerfahren ist.

Zum Anstand gehört auch, daß man sich sauber und ordentlich kleidet und bei aller Fröhlichkeit nicht in grobes rowdyhaftes Benehmen entgleist. Will man eine Partnerschaft lösen, so zeigt sich der Anstand auch beim ↑ Abschied.

Die **Antikonzeption** [⟨ griech. + ⟨ lat.; anti „gegen", „wider", lat. conceptio „Empfängnis"] ↑ Empfängnisverhütung.

Antikonzeptionsmittel [s. o. + ⟨ dt.] ↑ Empfängnisverhütung.

Die **Antipathie** [s. o. + ⟨ griech.] ist Abneigung und das Gegenteil von ↑ Sympathie. Sie schließt Freundschaft und Liebe aus. Man kann sogar jemanden *unsympathisch* finden, ohne ihn näher zu kennen.

Der **Antrieb** ist eine psychische Eigenschaft, die bei allen Menschen unterschiedlich stark ausgebildet ist. Er stimuliert das Verhalten. Antriebe sind z. B. Bedürfnisse, Interessen, Neigungen, Einstellungen, die zum Handeln veranlassen, wenn das Ziel des Handelns wertvoll erscheint, oder zur Abwehr, wenn es abgelehnt wird. Die meisten Antriebe erwirbt sich das Individuum im Verlauf seiner Gesamtentwicklung. Notwendig ändern sich daher auch die Antriebe der Persönlichkeit im Prozeß ihrer Auseinandersetzung mit der Umwelt. Sie erhalten einen anderen Inhalt oder dessen Wertigkeit ändert sich.

Aphrodite Kallipygos. Aus dem 3. Jh. v. u. Z. Nationalmuseum Neapel

Sexuelle Antriebe bilden sich erst mit der einsetzenden Sexualentwicklung heraus. Sie sind notwendig bei der Partnerfindung und für den Geschlechtsverkehr. Der Grad der Ausprägung solcher geschlechtsbezogener Antriebe ist von Mensch zu Mensch unterschiedlich. Partner können voneinander Denkweisen, Umgangsformen übernehmen und so in ihren Antrieben mehr und mehr übereinstimmen. Dieser gegenseitige Lernprozeß ist wesentlich für die Beständigkeit und das Funktionieren von Jugendfreundschaften, Geschlechtspartnerschaft und Ehe.

Der **Anus** [⟨ lat.] ↑ After.

Das **Aphrodisiakum** [nach der griech. Göttin ↑ Aphrodite; Plural: Aphrodisiaka] ↑ Liebesmittel.

Aphrodite ist die Göttin der Liebe und Schönheit (daher ↑ Aphrodisiakum). In der römischen Sagenwelt entspricht ihr die *Venus.* Aphrodite erhielt von dem trojanischen Königssohn Paris den Preis der Schönheit zugesprochen. *Abb.*

Die **Askese** [⟨ griech.] ist ganz allgemein Enthaltsamkeit, Entsagung von sinnlichen Freuden und Genüssen (↑ Abstinenz, ↑ Keuschheit). Der bewußte Verzicht auf sexuelle Betätigung findet sich als ethische Forderung in verschiedenen Religionen. Die katholische Kirche verlangt sie heute noch von Priestern, Mönchen und Nonnen. Die Keuschheit soll Gott besonders wohlgefällig sein, weil man sich ihm dann ganz zuwenden könne und nicht von sexuellen Gefühlen abgelenkt würde. Durch diese Einstellung des Christentums wurde die Sexualität jahrhundertelang nur im Zusammenhang mit der Zeugung für berechtigt gehalten und dann innerhalb einer kirchlich sanktionierten Ehe. Alle anderen geschlechtlichen Beziehungen wurden von der Kirche nicht gebilligt bzw. sogar verurteilt. Daß lebenslängliche Askese sich nur ausnahmsweise und unter bestimmten Bedingungen verwirklichen läßt, zeigen die vielen aus der Geschichte bekannten Verstöße gegen das Keuschheitsgebot, an denen auch Päpste beteiligt waren.

Asoziale Lebensweise [⟨ griech. + ⟨ lat. bzw. ⟨ dt.] ist ein der sozialistischen Moral zuwiderlaufendes Verhalten, bei dem sich jemand aus Arbeitsscheu der geregelten Arbeit entzieht, obwohl er dazu imstande ist, und seinen Lebensunterhalt auf Kosten der Gesellschaft meist mit unlauteren Mitteln wie ↑ Prostitution, Bettelei, Diebstahl und anderen strafbaren Handlungen bestreitet. Wird dadurch das gesellschaftliche Zusammenleben der Bürger oder die öffentliche Ordnung und Sicherheit beeinträchtigt,

kann asoziales Verhalten bestraft werden. Verleiten Erwachsene Kinder und Jugendliche zu solcher Lebensweise, machen sie sich strafbar, da sie deren geistige und sittliche Entwicklung gefährden. Im Gegensatz zur sozialistischen Ordnung, die gesicherte Arbeitsmöglichkeiten bietet, gibt es in der kapitalistischen Gesellschaft durch krisenbedingte Massenarbeitslosigkeit, vor allem Jugendlicher, fehlende Ausbildungsplätze und Zukunftsungewißheit soziale Ursachen für eine solche Lebensweise.

Ästhetisch [⟨ griech.] heißt, dem Gesetz des Schönen entsprechend, geschmackvoll. Ein ästhetischer Mensch ist auch im täglichen Leben sauber, gepflegt, sorgsam gekleidet, achtet auf Sauberkeit am Arbeitsplatz, auf Ordnung in der Wohnung usw. In der Partnerschaft spielen ästhetische Gesichtspunkte eine wichtige Rolle.

Auf den Strich gehen bedeutet sich zu prostituieren (↑ Prostitution), auf Männerfang gehen. ↑ Strich.

Das **Aufgebot** war die früher gesetzlich vorgeschriebene öffentliche Bekanntmachung einer beabsichtigten ↑ Eheschließung. Heute ist es nicht mehr üblich.

Aufklärung ist das Bemühen, in allen Fragen über Natur und Leben Unwissenheit und falsche Vorstellungen durch sachliche Darstellungen zu überwinden. Die oft noch als „Aufklärung" bezeichnete ↑ sexuelle Information geht weit über die Belehrungen über Geschlechtsorgane und Fortpflanzung hinaus. Sie ist als Bestandteil des gesamten Erziehungsprozesses zu verstehen und beschränkt sich nicht auf ein einmaliges Gespräch. ↑ Erziehung, ↑ Sexualerziehung.

Aufreißen ist in der jugendlichen Umgangssprache sowohl das Erschließen neuer Interessen als auch – sehr taktlos – das Herumkriegen eines Mädchens.

Die **Ausbildungsbeihilfe** gewährt der sozialistische Staat im Rahmen seiner Jugendförderung allen Schülern der 11. und 12. Klassen der erweiterten Oberschulen und Spezialschulen im Bereich der Volksbildung. Damit werden die Anforderungen bzw. Leistungen im Lernprozeß materiell anerkannt. Es entsteht dadurch grundsätzlich keine Minderung des ↑ Unterhalts der Eltern.

Das **Ausbleiben der Menstruation** oder *Amenorrhoe* ist bei sonst regelmäßig menstruierenden Frauen oft der erste Hinweis auf eine Schwangerschaft, wenn nicht andere Ursachen, wie Klimawechsel, berufliche oder psychische Belastungen, anstrengende Reisen oder schwere Erkrankungen, vorliegen. Auch nach dem Absetzen der Pille kann es zu einer Verspätung der Regelblutung oder in seltenen Fällen zu einer Amenorrhoe kommen.

Außerehelicher Geschlechtsverkehr wird außerhalb der ehelichen Gemeinschaft vollzogen. Die Partner können zwar verheiratet sein, aber nicht miteinander (↑ Ehebruch).

Ein **außerhalb der Ehe geborenes Kind** ist jedes Kind, dessen Mutter zur Zeit der Geburt nicht verheiratet ist. Früher galt dies als Makel für Mutter und Kind, das als „unehelich" oder „illegitim" verachtet wurde. Mit der Verfassung von 1949 wurden in der DDR alle Rechtsnormen aufgehoben, die Mutter und Kind benachteiligten. Seitdem wurde auch in der allgemeinen Meinung die Geringschätzung oder Herabsetzung nichtehelicher Geburt überwunden. Das Familiengesetzbuch spricht nur von Kindern, deren Eltern bei ihrer Geburt nicht miteinander verheiratet sind, und sieht für diese Kinder eine ↑ Feststellung der Vaterschaft vor. Spätere Eheschließung der Eltern gibt ihnen die Rechtsstellung ehelicher Kinder.

Ausfluß oder *Fluor* nennt man bei der Frau jede vermehrte Sekretabsonderung aus der Scheide. Erst stärkere Absonderungen sind krankhaft. Man unterscheidet zwischen klarem, schleimigem, eitrigem und blutigem Fluor. Am häufigsten stammt der Fluor aus der Scheide und dem Gebärmutterhals. Nichteitriger Ausfluß ist meist dünnflüssig, milchig getrübt und Folge einer unspezifischen Scheiden-

entzündung (*Kolpitis*). Klarer, schleimiger Ausfluß stammt meist aus dem Gebärmutterhals (*Zervixkatarrh*) und ist oft nervös bedingt. Eitriger Ausfluß ist immer die Folge einer starken Entzündung der Scheide durch bakterielle Infektionen, chemische Reizung (z. B. Spülungen) oder Fremdkörper sowie in seltenen Fällen einer Gebärmuttervereiterung. Eitriger Ausfluß durch ↑ Tripper ist dickflüssig und grünlich gefärbt. Dünnflüssigen, schaumigen Ausfluß von süßlichem Geruch verbunden mit Juckreiz verursachen Trichomonaden (Geißeltiere), die vorwiegend durch Geschlechtsverkehr übertragen werden. Ausfluß infolge einer Pilzinfektion geht ebenfalls mit heftigem Juckreiz einher (↑ Pilzinfektionen). Das Auftreten von anhaltendem Fluor bedarf immer der Klärung durch einen Arzt. Besonders dringend ist dies bei blutigem Fluor, da dieser nicht selten das erste Anzeichen für eine ernste Erkrankung ist.

Ausgeflippt ist, wer die Kontrolle über sich verloren hat.

aushalten ↑ sich aushalten lassen.

Bei der **Ausschabung** oder *Abrasio* wird mit der Kürette, einem löffelartigen Instrument, die Gebärmutterschleimhaut zur Klärung von Blutungsstörungen oder zur Entfernung von Resten der Nachgeburt bei Fehlgeburten ausgekratzt.

Die **Aversion** [⟨ franz.] ↑ Abneigung.

B

Als **Backfisch** [⟨ engl.] wurden häufig halbwüchsige Mädchen bezeichnet.

Basaltemperaturmessung [⟨ griech. + ⟨ lat. + ⟨ dt.] oder *morgendliche Aufwachtemperaturmessung* beruht auf der Tatsache, daß bei der gesunden Frau 1–2 Tage nach dem Eisprung die morgendliche Körpertemperatur ansteigt. Ursache ist, daß das im Gelbkörper des Eierstocks gebildete *Gelbkörperhormon* (Progesteron) das Temperaturzentrum beeinflußt. Vor dem ↑ Eisprung, also in der ersten Zyklushälfte, liegt die Körpertemperatur zwischen

36,4 °C und 36,8 °C. 1–2 Tage nach dem Eisprung kommt es zu einem Temperaturanstieg um 4–6 Zehntelgrade. Die Zeit der erhöhten Temperatur (37,0 °C–37,3 °C) dauert vom Tag des Temperaturanstiegs bis zum Beginn der folgenden Regelblutung und wird als *hypertherme Phase* bezeichnet. Da der Eisprung konstant 1–2 Tage vor dem Temperaturanstieg erfolgt, besteht mit Hilfe der Basaltemperatur die Möglichkeit, den Termin des Eisprunges (Ovulation) mit ausreichender Genauigkeit bestimmen zu können. Das ist sowohl wichtig bei Regeltempostörungen und bei dringendem Kinderwunsch als auch zum Zwecke der Empfängnisverhütung. Vom 2. Tag nach vollendetem Temperaturanstieg bis zur folgenden Regelblutung ist eine Befruchtung nicht möglich.
Basaltemperaturmessungen zur Ermittlung dieser unfruchtbaren Phase sind eine wirksame Form der Empfängnisverhütung. Man spricht von der *„strengen Form der Temperaturmethode"*, wenn Geschlechtsverkehr ausschließlich in dieser Phase erfolgt. In der übrigen Zeit empfehlen sich andere Methoden der ↑ Empfängnisverhütung.

Bei der Anwendung dieser Methode ist die gewissenhafte Beachtung folgender Punkte wichtig:
1. Die Körpertemperatur muß jeden Morgen immer zur gleichen Zeit gemessen werden, da sie im Laufe des Tages ansteigt und nachts abfällt.
2. Die Temperatur muß vor dem Aufstehen im Bett gemessen werden, da jede Bewegung ein geringes Ansteigen verursacht.
3. Die Nachtruhe muß mindestens 6–8 Stunden betragen, sonst ist am nächsten Morgen die Temperatur noch zu hoch. Außerdem sollte möglichst vor 8 Uhr gemessen werden.
4. Als Thermometer sind alle üblichen Fieberthermometer brauchbar. Spezialthermometer bieten keine größere Genauigkeit, erleichtern jedoch das Ablesen. Da auch geeichte Thermometer geringe Abweichungen untereinander aufweisen, ist stets dasselbe Thermometer zu benutzen.
5. Die Messungen erfolgen im After 5 Minuten. Messungen in der Achselhöhle sind ungeeignet. Vor jeder Messung muß die Quecksilbersäule heruntergeschlagen werden.
6. Die gemessene Temperatur wird in ein Kurvenblatt eingetragen, in dem

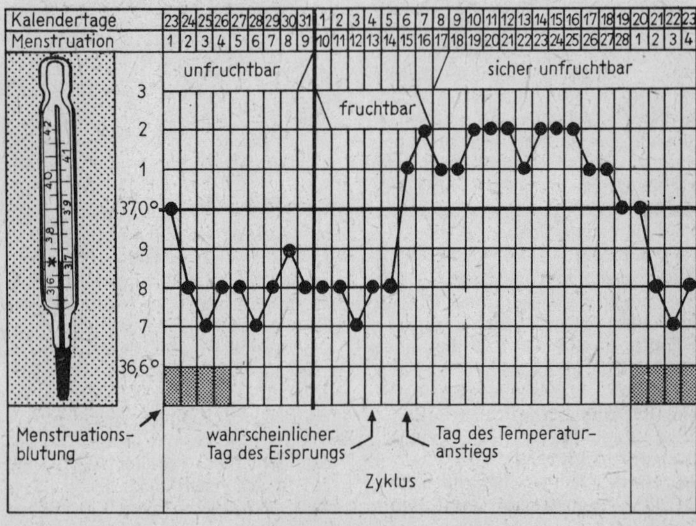

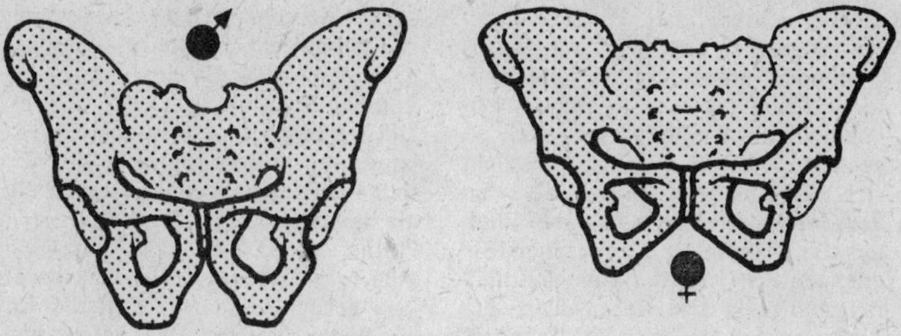

Becken: links männliches, rechts weibliches Becken

auch die Regelblutung oder Erkältungsinfekte vermerkt werden.
Ehe man die Temperaturmessung zur Empfängnisverhütung benutzt, sollte man zunächst einige Monate die Temperatur genau registrieren, um den Verlauf der Temperaturkurve auch deuten zu können. *Abb.*
Ein **Bastard** [⟨ franz.] ist im biologischen Sinne ein Abkömmling von ungleicherbigen (heterozygoten) Eltern. Auf den Menschen bezogen wurde die Bezeichnung Bastard zu einem Schimpfwort, mit dem früher Nachkommen von Eltern belegt wurden, die unterschiedlichen Gesellschaftsklassen zugehörten oder nicht miteinander verheiratet waren. Die übelste Bedeutung legte ihm die unwissenschaftliche faschistische Rassenlehre bei, die jeden Menschen, der von Eltern unterschiedlicher Rassen abstammte, mit diesem Schimpfwort abwertete.
Als **Bauchhöhlenschwangerschaft** bezeichnet man in der Umgangssprache alle Schwangerschaften *außerhalb* der Gebärmutterhöhle (medizinisch *Extrauteringravidität.*) Die Häufigkeit beträgt 1 Fall je 200 Geburten, wobei es sich zu 98% um *Eileiterschwangerschaften* handelt. Andere Formen sind die *Eierstockschwangerschaft* und die extrem seltene *Bauchfellschwangerschaft.*
Das **Becken** ist der von den beiden Hüftbeinen und dem Kreuzbein umschlossene Raum. Die Hüftbeine sind aus Darmbein, Schambein und Sitzbein zusammengesetzt. Die einzelnen Beckenknochen sind durch Knochenbänder miteinander verbunden. Bei der Frau ist das Becken flacher, breiter und geräumiger als beim Mann (*Abb.*). Es bestimmt damit wesentlich die typisch weibliche Form der Figur. Bei der Frau ist das kleine Becken der knöcherne Geburtskanal. Seine Form und Geräumigkeit bilden eine wichtige Voraussetzung für den normalen Ablauf der Geburt. Zu einem Mißverhältnis zwischen kindlichem Kopf und Becken kann es kommen, wenn das Becken zu klein oder der Kopf zu groß ist. Von Bedeutung für den Geburtsverlauf ist auch der Beckenboden, der aus flächenhaften Muskeln besteht, die teilweise trichterförmig angeordnet sind. Diese Muskelpartien haben die Aufgabe, das kleine Becken nach unten abzuschließen bzw. bei der Geburt eine möglichst weite Öffnung für den Durchtritt des Kindes entstehen zu lassen.
Befriedigung ↑ sexuelle Befriedigung.
Die **Befruchtung** ist die Vereinigung von Ei- und Samenzelle und das Verschmelzen der Zellkerne. Dieser Vorgang nimmt bei der menschlichen Fortpflanzung einen komplizierten Verlauf, der nur dann mit der Entstehung eines neuen Lebewesens endet, wenn bestimmte Voraussetzungen erfüllt sind. Dazu gehört die Reifung der Ei- und der Samenzelle, bei der deren Chromosomenzahl auf die Hälfte vermindert wird (*Reduktionsteilung*). Die noch unbefruchtete Eizelle gelangt nach dem ↑ Eisprung in den ↑ Eileiter und durchwandert rasch den unteren Eileiterabschnitt. Hier findet

die Befruchtung statt. Die Samenzellen (Spermien) benötigen weniger als 2 Stunden, um durch den Gebärmutterhalskanal und die Gebärmutterhöhle in die Ampulle der Tuben zu gelangen. Auf diesem Wege vollzieht sich durch den Kontakt mit Sekreten der Gebärmutterhöhle und des Eileiters die Reifung der Samenzellen. Sie erlangen erst jetzt die volle Befruchtungsfähigkeit. Die Lebensdauer der Spermien beträgt rund 50 Stunden, die der Eizelle 12–24 Stunden. Die Eizelle wird gewöhnlich innerhalb von 12 Stunden nach der Ovulation befruchtet. Der Vorgang der Befruchtung beginnt mit dem Eindringen einer befruchtungsfähigen Samenzelle in eine befruchtungsfähige Eizelle (Besamung oder Imprägnation; *Abb.*). Das Eindringen anderer Samenzellen ist dann nicht mehr möglich. Die Zellkerne von Ei- und Samenzelle mit halbem Chromosomensatz wandern zur Mitte und verschmelzen miteinander (*Konjugation*). Damit sind die Befruchtung und die Entstehung der Zygote abgeschlossen. In der Zygote sind mütterliche und väterliche Anlagen vereinigt und die volle Chromosomenzahl von 46 (44 Autosomen + 2 Geschlechtschromosomen) wieder hergestellt. Das genetische Geschlecht der Zygote ist entweder weiblich (44 XX) oder männlich (44 XY). Die Geschlechtschromosomen bestimmen das Geschlecht des Keimlings schon nach vollendeter Vereinigung von Ei- und Samenzelle.

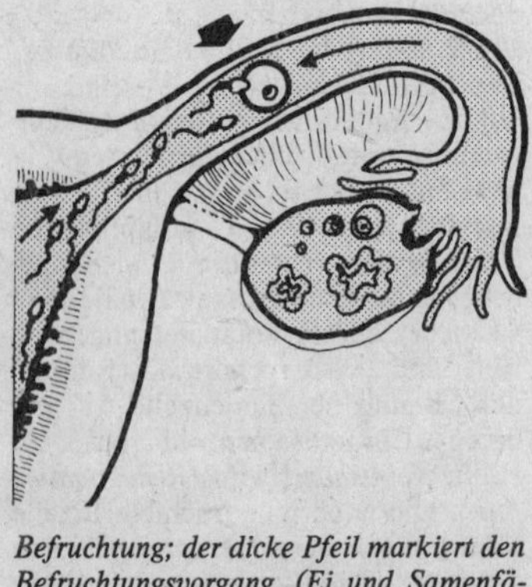

Befruchtung; der dicke Pfeil markiert den Befruchtungsvorgang. (Ei und Samenfäden sind stark vergrößert dargestellt)

Die **Begierde** ist ein intensives Verlangen, etwas Bestimmtes zu tun oder sich aneignen zu wollen. Sexuelle Begierde ist darauf gerichtet, mit einem Partner sexuelle Kontakte aufzunehmen, die bis zum ↑ Geschlechtsverkehr gehen. Es kann sich hierbei um ein flüchtiges Gefühl handeln, das – nachdem das Ziel erreicht wurde – schnell wieder abklingt. Begierde kann aber auch Bestandteil einer echten Zuneigung sein, bei der man sich nach sexuellen Beziehungen sehnt, nach körperlicher Vereinigung mit dem geliebten Menschen, ebenso sehr aber auch nach geistiger Harmonie und Übereinstimmung. Erst beide Komponenten zusammen bilden die Basis für eine stabile Partnerschaft und Ehe.

Beginn der Ehe ↑ Eheschließung.

Beischlaf ↑ Geschlechtsverkehr.

Die **Beispielwirkung** ist die Beeinflussung des Denkens, Fühlens und Handelns eines Menschen durch ein positives oder auch negatives Vorbild. Beispielwirkungen für den Intimbereich haben vor allem die Eltern durch die Art und Weise ihres Zusammenlebens sowie gleichaltrige Jugendliche und nicht zuletzt die Massenmedien. Auch Kunstwerke (Filme, Theaterstücke, Bücher, Gemälde u. a.) geben dem Menschen Beispiele und Vorbilder für den Inhalt und die Gestaltung von Freundschafts-, Liebes- und Ehebeziehungen.

Die **Bekanntschaft** ist eine lose Beziehung zwischen Menschen, die zu nichts verpflichtet und nur einen geringen Vertraulichkeitsgrad besitzt. Sie kann jedoch auch Vorstufe für eine ↑ Kameradschaft oder ↑ Freundschaft sein.

Die **Beratung** ist eine meist mündliche Form der Hilfeleistung, die Sachkundige und Erfahrene anderen Menschen bei der Lösung ihrer Probleme zuteil werden lassen. Dabei wird nicht nur, wie bei einer Belehrung, Wissen

vermittelt, sondern es werden durch Empfehlungen und Ratschläge Anleitungen zum Handeln gegeben. Im Prozeß der ↑ Sexualerziehung hat neben der Belehrung, der richtigen Wertung des Sexuellen sowie der Charakter- und Verhaltensformung die Beratung wesentliche Bedeutung.
Als Berater werden von jungen Menschen vor allem Kontaktpersonen angenommen, die – seien es Eltern, ältere Geschwister, Lehrer oder auch Freunde – als erfahren, sachkundig und für Gespräche aufgeschlossen eingeschätzt werden und von denen Verständnis und Einfühlungsvermögen erwartet werden kann. In vielen Kreisen unserer Republik sind den bereits länger bestehenden ↑ Ehe-, Familien- und Sexualberatungsstellen solche für Jugendliche angegliedert worden. In ihnen sind als Berater Psychologen, Mediziner, Juristen und auch Pädagogen tätig, die sich besonders gut mit Jugendproblemen auskennen, fähig und bereit zu unaufdringlicher Hilfe bei deren Bewältigung sind.
Beratungsstellen ↑ Ehe-, Familien- und Sexualberatungsstellen.
Beschlafen ist eine abwertende Bezeichnung für den ↑ Geschlechtsverkehr, wobei die Frau als völlig passiv gesehen wird.
Die **Beschneidung** ist die operative Entfernung der ↑ Vorhaut am männlichen Glied. Man unterscheidet zwischen einem völligen Abschneiden (*Zirkumzision*, d. h. Rundbeschneidung) und einem Kürzen oder Einschneiden (*Inzision*) der Vorhaut. Da es sich nur um kleine operative Eingriffe handelt, ist kein Krankenhausaufenthalt notwendig.
Manchmal ist bei Säuglingen oder in den ersten Lebensjahren eine Beschneidung erforderlich, um Vorhautverengungen zu beseitigen oder Komplikationen vorzubeugen (↑ Vorhautverengung). In verschiedenen Ländern werden sowohl aus medizinisch-hygienischen Gründen als auch aus religiösen Motiven (z. B. bei vielen Völkern Afrikas, bei Moslems und orthodoxen Juden) Beschneidungen durchgeführt, die oft mit rituellen Handlungen (Mannbarkeitsfesten) verbunden sind. Bei einigen Völkern oder ethnischen Gruppen ist auch die Beschneidung

von Mädchen üblich. Kitzler und Teile der Schamlippen werden entfernt, um die Lustempfindung zu beeinträchtigen, damit die Mädchen ihren Männern treu sind. Da diese Eingriffe, wenn sie von Laien vorgenommen werden, außer mit großer Schmerzhaftigkeit oft mit schweren, teilweise sogar lebensgefährlichen Entzündungen einhergehen, sind sie unbedingt abzulehnen. Im Gegensatz zur Beschneidung des Mannes, dessen sexuelle Funktion und Erlebnisfähigkeit nicht beeinflußt wird, gleichen die bei der Frau durchgeführten Operationen zwangsweisen Verstümmelungen.

Besteigen ist eine Vulgärbezeichnung für den Sexualverkehr, wobei die Frau nur als passiver Partner gesehen wird, den der aktive Mann „besteigt". ↑ vulgär.

Die **Bigamie** [⟨ lat. + ⟨ griech.] ↑ Doppelehe.

Bindungsfähigkeit ist eine komplexe menschliche Eigenschaft, die für tragfähige Paarbeziehungen und wirkliche Partnerschaft unerläßlich ist. Sie äußert sich in der Bereitschaft, auf den anderen Menschen zuzugehen, sich ihm zu erschließen ohne Angst, Mißtrauen und Vorbehalte und ihn als Persönlichkeit mit seinen Besonderheiten anzunehmen. Bindungsfähigkeit erlernt und übt man durch die intimen Beziehungen des Lebens in der Familie, im vertrauten Umgang mit nahestehenden Menschen von der frühesten Kindheit an. Zunächst erlebt man sie, später gestaltet man sie mit. Ohne die Erfahrung wechselseitig vertrauens- und hingebungsvollen Zusammenlebens ist die Herausbildung perspektivreicher Bindungen, die in Freundschaft oder gar Liebe münden, äußerst fragwürdig. Allzu häufiger Partnerwechsel und die Angst, sich an einen Menschen zu verlieren, läßt immer auf unzureichend entwickelte Bindungsfähigkeit schließen.

Bisexualität [⟨ lat.] heißt Doppelgeschlechtlichkeit. Entwicklungsgeschichtlich besitzt der Mensch wie die meisten höher entwickelten Lebewesen anfangs noch Anlagen beider Geschlechter. In der Fetalzeit bilden sich jedoch normalerweise die männlichen zugunsten der weiblichen zurück oder umgekehrt, so daß bei der Geburt nur Merkmale eines Geschlechts vorhanden sind, nach denen sich die Geschlechtsbestimmung richtet. In seltenen Fällen können als Folge einer Fehlentwicklung beide Anlagen erhalten bleiben. Man spricht vom ↑ *Zwitter* oder *Hermaphroditen.*

Es gibt aber auch Bisexualität im psychischen Bereich. Diese Personen sind eindeutig männlich oder weiblich, fühlen sich aber in sexueller Hinsicht zu beiden Geschlechtern hingezogen, wobei die hetero- und homosexuellen Perioden nacheinander auftreten, sich aber auch überschneiden können. Bisexuelles Verhalten kann auch im Anfangsstadium der ↑ Homosexualität vorkommen, in dem man sich über seine eigentliche Neigung noch nicht ganz klar ist und daher zwischen dem eigenen und dem anderen Geschlecht schwankt.

Blutgruppen kennzeichnen Bluteigenschaften, die bei den Menschen unterschiedlich sind. Daher ist das Blut verschiedener Menschen nicht immer gegenseitig übertragbar. Die roten Blutkörperchen (*Erythrozyten*) besitzen genetisch festgelegte, also angeborene Eigenschaften – die *Agglutinogene* –, durch die sie bestimmten Blutgruppen zugehören. Die Bezeichnung der Blutgruppen erfolgt nach der Art des vorhandenen Blutgruppenmerkmals (Agglutinogen). Beim Menschen wurden zunächst 2 verschiedene Agglutinogene gefunden, die man mit A und B bezeichnete. Diese Blutgruppenmerkmale kommen beim Menschen so vor, daß eine Gruppe das Agglutinogen A, eine andere das Agglutinogen B besitzt, eine 3. Gruppe beide, A und B, in sich vereinigt (AB) und einer 4. Gruppe beide, sowohl A als auch B, fehlen (0). Nach diesen Blutkörpercheneigenschaften wurden von dem Wiener Wissenschaftler Karl Landsteiner (1868 bis 1943) 1900 die Blutgruppenbezeichnungen A, B, AB und 0 eingeführt. Man nennt es das *AB0-System.* Analog zu den Blutkörpercheneigenschaften finden sich in der Blutflüssigkeit (*Plasma*) Substanzen, sog. *Agglutinine,* die ein Zusammenklumpen von roten Blutkörperchen gruppengleichen Blutes verursachen. Diese Agglutinine werden nach der Art der Agglutinogene, mit denen sie reagieren können, als Anti-A oder α und Anti-B oder β bezeichnet. Bei Blutübertragungen (Transfusion) gruppenungleichen Blutes kann es durch Reaktion der Agglutinine mit den dazu passenden Agglutinogenen zum Verklumpen und Auflösen der roten Blutkörperchen kommen, wodurch schwere bis tödliche Zwischenfälle entstehen. Zur Bluttransfusion eignet sich deshalb nur gruppengleiches Blut.

Die Blutgruppen sind verschieden verteilt. In der DDR haben rund 40% Blutgruppe 0, 43% Blutgruppe A, 12% Blutgruppe B und nur 5% Blutgruppe AB. Die Blutgruppenvererbung erfolgt streng gesetzmäßig.

Außer den Agglutinogenen A und B konnten inzwischen noch weitere Faktoren (M/N, P, S) nachgewiesen werden. Ihre Wirksamkeit ist gering, ihre Feststellung ist deshalb vor Bluttransfusionen nicht unbedingt erforderlich. Sie spielen jedoch in der gerichtlichen Medizin zur Identifizierung eines bestimmten Blutes eine Rolle.

Unabhängig von den 4 klassischen Blutgruppen A, B, AB und 0 ist ein weiterer Blutfaktor von Bedeutung, der in bestimmten Fällen Störungen bei Blutübertragungen verursachen kann, der ↑ *Rhesusfaktor.*

Das **Blutgruppengutachten** spielt eine wichtige Rolle bei der gerichtlichen ↑ Feststellung der Vaterschaft oder bei der Anfechtung der Ehelichkeit eines Kindes (↑ Blutgruppen). Im blutgruppenserologischen Gutachten werden neben den 4 klassischen Blutgruppen (sog. *AB0-System*) die Rh-Eigenschaften und die Blutfaktoren M/N, P und Kell untersucht. Neuerdings werden zusätzlich auch bestimmte Bluteiweißeigenschaften bestimmt. Die Vaterschaft eines bestimmten Mannes kann dann ausgeschlossen werden, wenn das Kind eine Blutkörpercheneigenschaft aufweist, die es vom Vater geerbt haben muß, die dieser aber nicht besitzt. Die übersichtlichen Vererbungsregeln der Blutgruppeneigenschaften verleihen dem Blutgruppengutachten eine hohe Aussagesicherheit. Es ist jedoch damit nur möglich, einen bestimmten Mann als Vater auszuschließen. Dieser negative Beweis erlaubt dann dem Gericht das Urteil „Vaterschaft offenbar unmöglich“. An Untersuchungsverfahren, die den Beweis erbringen, daß ein bestimmter Mann der Erzeuger des Kindes ist, wird noch gearbeitet.

Die **Blutschande** oder der *Inzest* ist Geschlechtsverkehr zwischen Verwandten gerader Linie (Vater und Tochter, Mutter und Sohn) oder zwischen leiblichen Geschwistern. Er ist verboten, und Erwachsene können dafür bestraft werden. Inzestverbote sind historisch entstanden (↑ Tabu). Man wollte damit sowohl Kontakte zu unterschiedlichen Herkunftsfamilien entwickeln als auch das Vererbungsrisiko von ungünstigen Anlagen einschränken, die sich bei Nachkommen von nahen Angehörigen summieren könnten.

Blutsverwandte sind Personen, die voneinander oder von einer gemeinsamen dritten Person abstammen (Eltern-Kinder, Geschwister).

Blutung ↑ Menstruation, ↑ Menstruationsstörungen.

Das **Bordell** [⟨ franz.], auch *Freudenhaus* oder umgangssprachlich *Puff,* ist in der sog. „freien“ Welt eine Einrichtung, meist ein Haus, auch eine ganze Straße oder sogar ein Stadtteil, in dem Mädchen, die wie in einem Ghetto leben, sich gegen Bezahlung zum Geschlechtsverkehr hergeben. Diese Mädchen sind *Prostitutierte* (↑ Prostitution), auch *Freudenmädchen.*

Bordelle, oft in den Händen profitgieriger Unternehmer, sind Orte schamloser Ausbeutung und Entwürdigung von Frauen und Männern. Um die inzwischen allgemein anrüchig gewordenen Bezeichnungen wie Bordell und Puff zu umgehen, bieten heute in der westlichen Welt „Eroscenter“ oder „Massagesalons“ die gleichen „Dienstleistungen“ an. Die Achtung vor der Frau verbietet in sozialistischen Ländern derartige Einrichtungen; die Geschlechtsbeziehungen sollen Ausdruck und Beweis von Zuneigung und Liebe sein und nicht Gegenstand des Verkaufs und Kaufs und der Abmachung mit einem unbekannten Partner. ↑ Strich.

Die **Brunst** bedeutet bei Tieren die mit sexueller Erregung einhergehende *Paarungsbereitschaft.* Dieser periodisch auftretende Zustand, dessen Rhythmus je nach Tierart wechselt, wird hormonell gesteuert und dient der Fortpflanzung.

Beim Menschen gibt es keine Brunstzeiten mehr. Sein Verlangen nach sexueller Aktivität gilt durchaus nicht immer dem Wunsch, ein Kind zu zeugen, sondern viel häufiger geht es ihm darum, den Partner und sich selbst sexuell zu befriedigen. Im Laufe der menschlichen Entwicklung hat sich dieses Verlangen verselbständigt und von der Fortpflanzung gelöst. Deshalb ist nach Eintritt der Geschlechtsreife die sexuelle Aktivität nicht an bestimmte Tage gebunden, sondern praktisch jederzeit möglich.

Brust ist die vereinfachte Bezeichnung für die beiden Brustdrüsen (medizinische Bezeichnung *Mamma*). Die Brüste der geschlechtsreifen Frau bestehen aus dem eigentlichen Drüsenkörper sowie Fett- und Bindegewebe. Der Drüsenkörper umfaßt 12–20 voneinander isolierte Drüsenläppchen, die einen eigenen Milchgang besitzen. Diese münden in die *Brustwarze*, die vom *Warzenhof* umgeben ist. Die Öffnungen der Milchgänge (*Milchporen*) sind von kleinsten Muskelfasern umgeben, die ein Öffnen und Schließen ermöglichen. Daraus resultiert auch die Schwellfähigkeit der Brustwarzen. Die Brustentwicklung ist bei Mädchen meist das erste sichtbare Zeichen der beginnenden Geschlechtsreifung. Sie beginnt etwa um das 11. Lebensjahr. Unter der Einwirkung der Eierstockhormone (↑ Eierstöcke) vollzieht sich das Wachsen des Drüsenkörpers und die Entwicklung des umgebenden Fettgewebes. Die Menge des Fett- und Bindegewebes bestimmt Größe und Form der Brüste. An diesen anlagenmäßigen Unterschieden läßt sich nur wenig ändern. Die Wirkung der meisten Mittel, die zur Entwicklung einer festen Brust angepriesen werden, beruhen auf der Förderung des Fettansatzes. Inwieweit die Brüste schlaff oder fest sind, hängt vorwiegend von der Beschaffenheit des Fettpolsters ab. Die Pflege der Haut, z. B. durch Bürstenmassagen, kann mit zur Erhaltung einer festen Brust beitragen.

Die Brüste der Frau spielen in der menschlichen Sexualität eine große Rolle. Die Berührung der Brustwarzen und der Brüste kann die sexuelle Erregung der Frau und des Mannes erhöhen (↑ erogene Zonen).

Der **Brustkrebs** ist eine bösartige Geschwulst der Brustdrüse. Er beginnt mit einer einfachen Wucherung und Knotenbildung, die zunächst keine Schmerzen verursacht. Der Knoten ist

derb und meist noch gut verschiebbar. Unter der Brustwarze liegende Knoten können diese einziehen. Rechtzeitiges Erkennen des Brustkrebses ist Vorbedingung für eine erfolgreiche Behandlung. Deshalb gehört zu jeder frauenärztlichen Vorsorgeuntersuchung das Abtasten der Brüste.

Brustwarze ↑ Brust.

Buhlen ist ein schon im Mittelhochdeutschen (z. B. bei den Minnesängern) gebräuchliches Wort für *lieben.* Der *Buhle* ist der Liebhaber, die *Buhlin* die Geliebte, während die *Buhlerin* abwertend gebraucht wurde.

Die **Bulbourethraldrüsen** [sprich: bulbo-urethral-; ⟨ lat. + ⟨ griech. + ⟨ dt.] oder *Cowperschen Drüsen* sind etwa erbsengroß und liegen in der Nähe der Gliedwurzel des Mannes. Bei sexueller Erregung sondern sie ihr Sekret in den vorderen Teil der Harnröhre ab, wo es sich mit den anderen Bestandteilen der Samenflüssigkeit vermischt.

Bumsen ist eine in der jugendlichen Umgangssprache zwar verbreitete, doch eindeutig auf Lautmalerei hinausgehende Bezeichnung für den Sexualverkehr (↑ vulgär). Das Wort ist auch enthalten in *Bumslokal* für eine minderwertige Animierkneipe.

Der **Busen** ist die Vertiefung (Längsfurche) zwischen den beiden Brüsten. In der Umgangssprache wird auch die weibliche ↑ Brust Busen genannt.

Giacomo Casanova

C

Ein **Call-Girl** [sprich: ko(r)l-; ⟨ engl.; call „Telefonanruf"] ist im kapitalistischen Amüsierbetrieb eine Prostituierte (↑ Prostitution), die telefonisch gerufen werden kann, in manchen Hotels als „Dienst am Kunden".

Casanova [sprich: ka-] nennt man den Typ eines leichtfertigen, unausgesetzt nach Liebesbeziehungen jagenden Mannes. Der Name kommt von dem italienischen Abenteurer und späteren Schriftsteller Giovanni Giacomo *Casanova* (1725–1798), der in seinen Memoiren zahlreiche Liebesabenteuer, aber auch den Sittenverfall des späten Feudalregimes – einschließlich der Geistlichkeit – schonungslos darstellte. *Abb.*

Der **Charakter** [sprich: ka-; ⟨ griech.; Plural: Charaktere] umfaßt die im

Zärtliche französische Liebesspiele. Tel. 72 83 72

X „Rassiges Mädchen“
Sehr hübsch u. schlank, zärtlich u. charm., in gemütl., privater Atmosphäre. Nähe Friedberger Platz, Mo.-Sa. ab 10 Uhr.
Tel. Ffm. 59 26 42 (auch Hausbes.)

Stute sucht Reiter, wenn Du da bist geht's weiter mit Klistierspiele. Tel. 44 06 06

Nette Hausfrau, 34 J., gute Fig. u. viel Zeit, Tel. (06 11) 44 49 87

Erfahrene DOMINA
voll eingerichtet. Leder-Lack-Gummi bietet den 1. Klasse-Service, Mo.-Fr. v. 13–20 Uhr
Tel. (06 11) 49 22 93

ALLE FARBEN + Spezialitäten, (0 60 73) 20 70, was denn sonst?

Lieben Sie französisch und griechisch?
Dann erwarte ich Ihren Anruf, auch Haus- u. Hotelbesuche.
Tel. (06 11) 39 76 11, auch So.

Zierl. hübsches Mädchen
sehr zärtlich mit Niveau hat viel Zeit
NUR

Rothrg. Fuchsweibchen, 30 J., erwartet den seriösen Herrn, Tel. (06 11) 52 58 68

Junge Philippinin
jung, nett und charmant, Bergerstr. 93, 2. Stock bei Tessi, v. 9 bis 18 Uhr

Dame mit Niveau, Mitte 30, Tel. 5 48 15 74 ab 12–22 Uhr

Vollbusig. Negerin
temperamentvoll u. zärtl. – bildhübsch, Spezial-Service in Spezial-Chamber – engl. Service, Tonfilm u. exclusive Atmosphäre, auch Sa. u. So.
Tel. (06 11) 44 48 20

Kaffeebraunes Girl
Neu Nied. Tel. (06 11) 39 83 51

Schwarzhaarige, strenge, verführerische Strapslady
ganz privat, oder Hotel- u. Hausbesuch.
Tel. (06 11) 62 47 95

Neu Thailänderin Neu
Hainerweg 104, App. 20, 3. Stock

Hübsche Französin, BH 8, Ffm./Höchst, Tel. (06 11) 30 68 17

18jähriger Teenager braun gebrannt, sehr nett Neu Isenburg Tel. (0 61 02) 3 70 25

Die Gärtnerin mit viel Zeit was sie anfaßt wächst und gedeiht, auch Haus- u. Hotelbesuche. Tel. 44 06 06

Extravagante, tolerante Lady, 24 J. 1,72 groß, 95–64–95, verwöhnt od. quält (06 11) 46 23 48

Süße Schmusekatze
Tel. (06 11)55 93 81 u. 55 94 53

Blondine, BH 7, Tel. (06 11) 51 39 82

Gepflegte Frau in den mittleren Jahren erwartet sie in angenehmer Umgebung, Tel. 5 97 17 34

Junge Thailänderin
nett charm. frdl. Bade- u. Mass.-Service, direkt am Hbf. Tel. (06 11) 25 18 69

Elegante Negerin, Tel. 62 18 90

NEGERIN (06 11) 44 63 68
v. 7–2 Uhr nachts, Bornheim, Heidestr., a. Hausbes. a. Sa. u. So.

Natürliches Mädchen mit
RUBENSFIGUR
excl griechischem und französischem Service, tägl. bis 4 Uhr früh. Tel. (06 11) 28 51 18, auch Hausbesuche.

Call-Girl: neben dem „Straßenstrich“ bieten sich in Wochenendblättern kapitalistischer Zeitungen Mädchen im „Zeitungsstrich“ an

Lauf der Entwicklung erworbenen und verfestigten Eigenschaften der Persönlichkeit, die die für sie spezifischen Beziehungen zur gesellschaftlichen und natürlichen Umwelt und vor allem zu anderen Menschen bestimmen. In der Umgangssprache wird das Wort Charakter verschieden verwendet, am häufigsten als Summe bestimmter Eigenschaften. Da der Charakter erwachsener Menschen weitgehend stabil ist, ändert er sich nicht von heute auf morgen. Er ist eine der bestimmenden Größen bei der ↑ Partnerwahl und beeinflußt maßgeblich die Entwicklung von ↑ Sympathie oder ↑ Antipathie. Der Charakter eines Menschen äußert sich in dessen Tätigkeiten und ist am besten an den Zielen und Aufgaben, die er sich stellt, und an den Wegen und der Ausdauer bei ihrer Erfüllung zu erkennen.

Der **Charme** [sprich: scharm; ⟨ franz.; „Reiz“, „Anmut“] auch *Scharm*, ist eine Wesensart, die weder von Schönheit, Alter noch Geschlecht abhängt. Geistige Beweglichkeit, körperliches Gepflegtsein, Anmut, Liebenswürdigkeit, Takt, Humor und ein gesundes Selbstbewußtsein machen einen Menschen charmant. Mit *Charmeur* bezeichnet man jemanden, der meist oberflächliche Komplimente macht, um sich bei Mädchen in ein gutes Licht zu setzen.

Chemische Methoden zur Empfängnisverhütung wurden bereits im Altertum angewandt und spielten bis zur Einführung der *Pille* in Kombination mit mechanischen Methoden (*Pessar, Kondom*) eine wichtige Rolle. Man unterscheidet Tabletten, Zäpfchen, Cremes und Schaum-Sprays. Die chemischen Verhütungsmittel enthalten Substanzen, die die Samenfäden abtöten. Ihre Zuverlässigkeit hängt wesentlich von der Verteilung in der Scheide ab. Deshalb muß die Anwendung mindestens 10 Minuten vor dem Geschlechtsverkehr erfolgen. In der DDR sind derartige Mittel als Zäpfchen *Nona-Gel* im Handel.

Chromosomen [sprich: kro-; ⟨ griech.; Singular: das Chromosom] sind fadenförmige Strukturen in den Kernen der Körperzellen. Durch die Chromosomen wird das Erbgut von den Eltern auf die Kinder übertragen. In jeder Zelle sind 46 Chromosomen. Der Größe und Form nach geordnet, ergibt dies 23 Chromosomenpaare. Die Geschlechtschromosomen (*Gonosomen*) bestimmen das Geschlecht des Keimlings sofort nach vollendeter Vereinigung von Ei- und Samenzelle. Es sind beim Menschen das X-Chromosom und das kleinere Y-Chromosom. Die übrigen 44 Chromosomen, *Autosomen* genannt, unterscheiden sich nicht untereinander. Jede Zelle besitzt also 44 Autosomen und 2 Gonosomen. Beim Menschen und den meisten Tierarten sind beim weiblichen Geschlecht die Geschlechtschromosomen XX vorhanden. Das männliche Geschlecht hat dagegen die beiden unterschiedlichen Geschlechtschromosomen X und Y (XY). Vereinigt sich eine reife Eizelle mit einer Samenzelle, die auch ein X-Chromosom besitzt, so entsteht ein Keim mit der Chromosomenkombination 44 und XX, sein Geschlecht ist weiblich. Erfolgt dagegen die Vereinigung einer reifen Eizelle mit einer Samenzelle, die ein Y-Chromosom besitzt, entsteht ein Junge. Der Vater gibt sein Y-Chromosom nur seinen Söhnen, sein X-Chromosom seinen Töchtern weiter. Die Mutter steuert dagegen stets ein X-Chromosom zum Chromosomenbestand ihrer Kinder bei. Die Chromosomen sind Träger der ↑ Gene (Erbanlagen). ↑ Befruchtung. *Abb.*

Chronische Morgenlatte [sprich: kro-] ist in der jugendlichen Umgangssprache die Ersatzbezeichnung für die morgendliche ↑ Erektion.

Die **Clitoris** [sprich: kli-; ⟨ griech.] ↑ Kitzler.

Der **Coitus** [sprich: ko-; ⟨ lat.] oder *Koitus* ↑ Geschlechtsverkehr.

Der **Coitus interruptus** [s. o. bzw. ⟨ lat.] bedeutet *unterbrochener* ↑ *Geschlechtsverkehr,* sachlich richtig müßte es *abgebrochener Geschlechtsverkehr* heißen. Um eine unerwünschte Schwangerschaft zu verhindern, wird das Glied kurz vor dem bevorstehenden Samenerguß schnell aus der Scheide gezogen, damit dieser außerhalb erfolgt. Dies ist eine seit langem bekannte und noch immer weit verbreitete Methode der ↑ Empfängnisverhütung, die aber nicht zuverlässig ist und daher ärztlicherseits nicht empfohlen wird. Ein weiterer Nachteil besteht darin, daß das plötzliche Aufhören das sexuelle Lustempfinden der Partnerin bremst, so daß sie nicht zum Orgasmus kommt. Das Ausbleiben der sexuellen Befriedigung kann – wenn nicht durch andere sexuelle Handlungen des Partners doch noch der Orgasmus ausgelöst wird – zu ↑ sexuellen Funktionsstörungen der Frau führen.

Cowpersche Drüsen [sprich: kauperscheche …] ↑ Bulbourethraldrüsen.

Der **Cunnilingus** [sprich: ku-; ⟨ lat.] besteht im Küssen der äußeren weiblichen Geschlechtsteile, besonders des ↑ Kitzlers, in der Berührung und Reizung durch Lippen und Zunge seitens des Partners. Da er vor allem die Frau sexuell erregt, wird er oft beim Vorspiel oder als Variante des ↑ Geschlechtsverkehrs, zur Steigerung des Lustempfindens angewandt. Die frühere Ansicht, Cunnilingus sei ein abnormes Verhalten, ist heutzutage widerlegt. Dem Cunnilingus der Frau entspricht die ↑ Fellatio beim Mann,

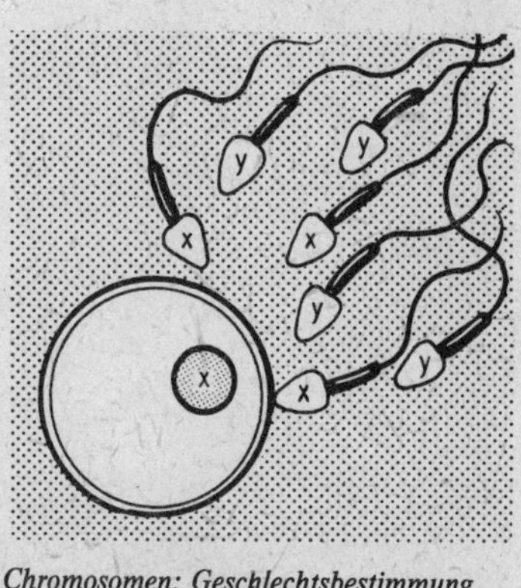

Chromosomen: Geschlechtsbestimmung

beide können durch Einnahme entsprechender ↑ Positionen miteinander verbunden werden.

Cupido [sprich: ku-; ⟨ lat.] ist eine andere Bezeichnung für den römischen Liebesgott ↑Amor. Er ist die Allegorie (das Sinnbild) für das drängende Liebesbegehren.

D

Der **Damm** ist die Region zwischen Scheide und After bei der Frau und zwischen Hodensack und After beim Mann. Die Muskeln des Dammes gehören zur Beckenbodenmuskulatur und umschließen die After- und Genitalöffnung.

Das **Deflorieren** [⟨ lat.] ↑ Entjungfern.

Das **Dekolleté** [⟨ franz.] ist ein tiefer Ausschnitt an Kleidungsstücken, der den Hals oft bis zum Brustansatz oder den Rücken (Rückendekolleté), gelegentlich bis zur Gürtellinie, frei läßt. Eine gepflegte, reine Haut vorausgesetzt, ist ein schönes Dekolleté ästhetisch und ein sexuelles Reizmittel. Es muß allerdings in Form und Schnitt den körperlichen Gegebenheiten angepaßt sein, Schönes hervorheben, Mängel, z.B. tiefe „Salzfässer" an mageren Halsknochen, verbergen.

Die **Depression** [⟨ lat.] ist eine traurige Gemütsverstimmung. Sie äußert sich als Niedergeschlagenheit, Lustlosigkeit, innere Unruhe, Angst, Schlaflosigkeit bis hin zu tiefer Verzweiflung mit Selbstmordgedanken. Eine Depression kann sich aus verständlichen Gründen, z. B. nach dem Tode eines geliebten Menschen, entwickeln und wird dann als *reaktive Depression* bezeichnet. Hierzu gehört auch der ↑ Liebeskummer, der sich nach einer Enttäuschung durch den Partner einstellt. Diese Verstimmungen klingen meist nach einigen Wochen wieder ab. Hilfreich ist, wenn man jemanden hat, mit dem man sich aussprechen oder dem man sich anvertrauen kann – u. a. auch ein ↑ Tagebuch. Schwere Depressionen finden sich bei Gemütskrankheiten, sie dauern länger

und bedürfen nervenärztlicher Behandlung.

Das **Detail** [⟨ franz.] ist eine Einzelheit, das Einzelne. Im Sexualleben spielen Details oft eine stimulierende, erotisierende Rolle, so die Haut und ihr Duft, das Haar, Hände, Augen, Zähne, die Brust usw. Welche Details Reize auf den einzelnen Menschen ausüben, ist individuell sehr unterschiedlich.

Die **Deviation** [⟨ lat.; deviare „abirren“, „irreführen“] heißt allgemein *Abweichung.* Man verwendet diesen Begriff heutzutage auch für bestimmte sexuelle Verhaltensweisen (z. B. Pädophilie) und will damit ausdrücken, daß hier eine von der durchschnittlichen Norm abweichende Verhaltensweise vorliegt. Die Bezeichnung *sexuelle Deviation* ist besser, als von einer sexuellen Perversion zu sprechen, eine in der Vergangenheit übliche, aber oft mit unsachlicher und abwertender Beurteilung verbundene Bezeichnung.

Das **Diaphragma** [⟨ griech.] ↑ Pessar.

Dirne nennt man eine Prostituierte (↑ Prostitution). Die ursprüngliche Bedeutung, nach der die Dirne ein „jungfräuliches Mädchen“ war, hat sich also im Laufe der Zeit in ihr Gegenteil verkehrt. Ein „Dirnchen“ hingegen war ein Mädchen, das den Männern gefällig und leichtlebig war.

Die **Diskothek** [⟨ griech.] ist – wörtlich genommen – eine Schallplattensammlung oder ein Schallplattenarchiv. Meist wird sie nur kurz „Disko“ genannt und ist – in Schulen oder in Jugendklubhäusern veranstaltet – ein gern besuchter Treff für junge Leute. Man trifft sich zwanglos, hört Schlager, auch gelegentlich interessante jugendgemäße Vorträge und tanzt. Es ist eine gute Gelegenheit, neue Freunde kennenzulernen, und mancher verliebt sich hier zum ersten Mal.

Die **Diskretion** [⟨ franz.] ist Verschwiegenheit. Gerade in Liebesdingen ist sie erforderlich. *Indiskret* sind Menschen, die Erlebnisse herumerzählen oder sogar mit Sexualerlebnissen renommieren wollen. Die Gründe für solche Taktlosigkeiten sind häufig Unreife, mangelnde Erfolgserlebnisse auf sexuellem Gebiet und Minderwertigkeitsgefühle. Wer indiskret ist, steht immer im Verdacht aufzuschneiden

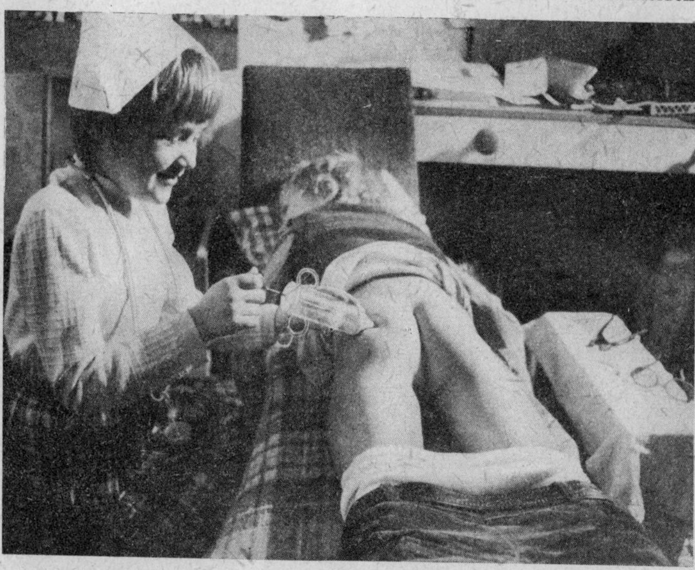

und mit Erlebnissen zu prahlen, die er gar nicht hatte.

Das **Doktorspiel** ist wohl die bekannteste Form des sexuellen Spiels in der Kindheit. Sein Inhalt beschränkt sich meist auf das Ansehen und Betasten der äußeren Geschlechtsteile anderer Kinder des gleichen sowie des anderen Geschlechts und die Zurschaustellung der eigenen. Diese häufig in Spielhandlungen eingekleideten Beobachtungen und Manipulationen dienen den Kindern vornehmlich zum Kenntniserwerb und zur Befriedigung einer begreiflichen Neugierde. Diese wird nicht zuletzt durch prüde, d. h. absichtlich und ängstlich alle geschlechtsbezogenen Kenntnisse vor den Kindern verheimlichende oder verschleiernde Haltung von Eltern genährt. Der sexuelle Charakter des Inhalts dieses Spiels ist den Kindern meist gar nicht bewußt. Eltern und Erzieher können das Auftreten und die Häufigkeit dieses Spiels weitgehend einschränken, indem sie den Kindern Gelegenheit bieten, ihren diesbezüglichen Wissensdurst in anderer, weniger auffälliger Form zu stillen, z. B. indem sich die Eltern auch ohne Scham und Scheu den Kindern – etwa bei der Morgentoilette – nackt zeigen.

Don Juan [sprich: -*ch*uan; ⟨ span.] ist ursprünglich eine Gestalt der spanischen Literatur, dargestellt als skrupelloser Frauenjäger und -verführer. Sein Charme und sein Feuer machten ihn unwiderstehlich. Ein „Don Juan" in der Liebe ist ein gewissenloser Mensch, der sexuelle Erlebnisse mit Frauen sucht, ohne diese zu lieben, nur um sich in seinem Selbstwertgefühl zu bestätigen und seinen sexuellen Jagdtrieb zu befriedigen.

Die **Doppelehe** oder *Bigamie* entsteht, wenn ein bereits Verheirateter eine zweite Ehe schließt. In der DDR ist sie verboten (↑ Eheverbot), sie kann auf Antrag durch gerichtliches Urteil für nichtig erklärt werden. Wer die Ehe mit dem Wissen, daß er in gültiger Ehe lebt oder sein Partner verheiratet ist, eingeht, wird bestraft. Dadurch schützt der Staat das historisch entstandene Prinzip der ↑ Monogamie, das zum Bestandteil der europäischen Kultur geworden ist und zur gleichberechtigten Partnerschaft in einer Ehe gehört.

Doppelgeschlechtlichkeit ↑ Bisexualität.

Die **doppelte Moral** ist im Bereich der Geschlechterbeziehung zunächst die unterschiedliche Wertung des Sexualverhaltens von Mann und Frau. Sie entstand aus der ökonomischen Vormachtstellung des Mannes in der Ausbeutergesellschaft, der aus dieser das Recht ableitet, moralische Wertmaßstäbe in seinem Sinne zu setzen. Den Männern wurde unter diesen Bedingungen eine unvergleichlich größere sexuelle Freizügigkeit zugebilligt als den Frauen – wenn man überhaupt Freizügigkeit gestattete. So fand man es auch normal, wenn ein Mann – im Gegensatz zur Frau – sexuelle Erlebnisse vor oder außerhalb seiner Ehe hatte.

Von doppelter Moral spricht man aber auch hinsichtlich der 2 Moralebenen in Bourgeoisie und Kleinbürgertum der kapitalistischen Gesellschaft: hier die offizielle Moral mit Prüderie und Heuchelei in sexuellen Fragen, dort das wirkliche Sexualleben mit ungezügeltem Ausleben, Verachtung für den Sexualpartner (z. B. Prostitution u. a.), Rücksichtslosigkeit und heimlichem Laster.

Draufgänger werden in den Beziehungen zwischen den Geschlechtern solche Menschen genannt, die schnell und nicht immer mit rücksichtsvollen Methoden Kontakte zu Partnern suchen, diese „im Sturm erobern" wollen, und die bestrebt sind, bald intim zu werden.

Als **Dreiecksverhältnis** bezeichnet man Intimbeziehungen zwischen 3 Personen verschiedenen oder gleichen Geschlechts, bei denen ein Partner zu den beiden anderen sexuelle Kontakte unterhält. Ein Dreiecksverhältnis steht im Widerspruch zu einem echten Liebesverhältnis, das zwischen 2 Personen besteht. Schon nach kurzer Zeit ruft das Dreiecksverhältnis innere

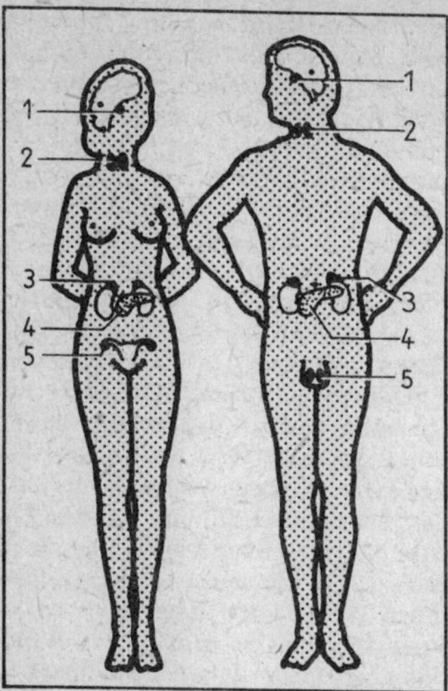

Drüsen mit innerer Sekretion: 1 *Hypophyse,* 2 *Schilddrüse mit Nebenschilddrüse,* 3 *Nebennieren,* 4 *Bauchspeicheldrüse,* 5 *weibliche bzw. männliche Keimdrüse*

Konflikte hervor. Dem eigentlichen Partner wird die andere Beziehung meist verheimlicht, Lügen überschatten das Verhältnis, keiner der Beteiligten wird auf die Dauer glücklich. Man sollte daher – wenn man sich in einem solchen inneren Zwiespalt befindet – möglichst bald eine klare Entscheidung anstreben, sich einem Partner ganz zuwenden und die Beziehungen zu dem anderen beenden.

Drüsen mit innerer Sekretion sind *Hormondrüsen,* die ihr Sekret (↑ Hormone) unmittelbar in die Blutbahn abgeben. Obwohl die Hormone mit dem Blut im gesamten Körper verteilt werden, entfalten sie ihre Wirkung nur an bestimmten Zellen. Für die Funktion des Organismus ist es wichtig, daß die im Blut zirkulierenden Hormonmengen den jeweiligen Erfordernissen entsprechen. Der Hormonspiegel der verschiedenen innersekretorischen Drüsen wird daher durch Steuerungsmechanismen auf einem bestimmten Niveau gehalten. Zu den Drüsen mit innerer Sekretion gehören: *Hypophyse* (1), die *Schilddrüse* mit *Nebenschilddrüsen* (2), die *Nebennieren* (3), die *Bauchspeicheldrüse* (Langerhansschen Inseln; 4) und die *männlichen* und *weiblichen Keimdrüsen* (5 und 6). Diese Hormondrüsen werden wiederum von übergeordneten Zentren im Zwischenhirn gesteuert. *Abb.*

Die **Dysmenorrhoe** [sprich: -röh; ⟨ griech.] ist die medizinische Bezeichnung für eine *übermäßig schmerzhafte Regelblutung* (Regelstörung). Die krampfartigen Schmerzen setzen im allgemeinen unmittelbar vor oder am ersten Tag der Blutung ein. Zugleich tritt häufig ein allgemeines Krankheitsgefühl („Unwohlsein") auf, das sich in Übelkeit, Brechreiz und Kopfschmerz äußert. Als Ursache findet man bei jungen Mädchen und Frauen, die noch nicht geboren haben, eine kleine, noch nicht vollentwickelte Gebärmutter, deren Muskulatur sich infolge Übererregbarkeit des vegetativen Nervensystems schmerzhaft zusammenzieht. Oft liegt gleichzeitig eine Leistungsschwäche der Eierstöcke vor.

E

Der **Egoismus** [⟨ franz.] ist eine negative Charaktereigenschaft eines Menschen. Sie bewirkt, daß das gesamte Denken, Fühlen und Handeln nur auf sich selbst und den eigenen Vorteil bezogen wird. Rücksichtslosigkeit, Gleichgültigkeit anderen gegenüber, Karrierismus, Gewinnsucht, übersteigertes Geltungsbedürfnis sind wesentlicher Ausdruck eines egoistischen Charakters. Auch in einer Partnerbeziehung äußert sich Egoismus nicht selten als bloßes Streben nach eigenem Genuß, als „Gebrauch" des Partners bloß zur eigenen Bedürfnisbefriedigung, ohne auf dessen Erleben und Fühlen Rücksicht zu nehmen.

Die **Ehe** ist eine durch übereinstimmende Willenserklärung von Mann und Frau vor dem staatlichen Organ begründete, auf Lebenszeit geschlossene Gemeinschaft. Im Unterschied zu Lebensgemeinschaften wird sie von Staat und Gesellschaft besonders gefördert und geschützt. Sie begründet Rechte und Pflichten der Ehegatten zueinander, zu den Kindern und zwischen Ehegatten und Staat. Sie kann zu Lebzeiten der Partner nur durch gerichtliche Entscheidung aufgelöst werden (↑ Ehescheidung). Die Ehe beruht auf gegenseitiger Liebe und Achtung und setzt Treue, Verständnis und Vertrauen der Partner voraus. Sie müssen sich als gleichberechtigt achten und immer neu um Übereinstimmung in allen wesentlichen Fragen bemühen. Das erfordert Verantwortungsbewußtsein füreinander und für die Gemeinschaft, Unterordnung persönlicher Interessen unter gemeinschaftliche.
Aus der Ehe soll die Familie durch die Geburt von Kindern erwachsen. Deren Erziehung zu verantwortungsbewußten, allseitig gebildeten Menschen verbindet die Partner und bereichert das gemeinsame Leben. Dem Entschluß, eine Ehe zu schließen, muß die ernsthafte Prüfung der Partner vorausgehen, ob sie in ihren grundlegenden charakterlichen Eigenschaften, in Weltanschauung und Lebensauffassung, Interessen und Zielen soweit übereinstimmen, daß sie in gegenseitiger Liebe ihre Gemeinschaft auf Lebenszeit sinnvoll gestalten werden.

Ehebruch war nach bürgerlichem Recht der ↑ außereheliche Geschlechtsverkehr und ein Ehescheidungsgrund. Ehebrecher konnten bestraft werden, und durften einander, wenn wegen ihrer Verfehlung die Ehe geschieden worden war, nicht ohne besondere staatliche Genehmigung heiraten. Im Familienrecht der DDR wird die ↑ Ehescheidung nicht mehr von einzelnen Verfehlungen sondern davon abhängig gemacht, ob die Ehe ihren Sinn für die Partner und die Gesellschaft verloren hat. Untreue eines oder beider Ehegatten kann wesentlich zur Zerrüttung der Ehe beitragen oder Ausdruck dafür sein. Das kann nur im Zusammenhang mit dem Gesamtverlauf der Ehe – insbesondere der Reaktion des anderen – beurteilt werden. Außereheliche Beziehungen werden meist die eheliche Gemeinschaft gefährden, müssen aber nicht in jedem Fall die Ehe sinnlos werden lassen.

Ehefähigkeit ist dann gegeben, wenn ein mindestens 18jähriger Mensch bereit ist, sich der Ehe als Aufgabe zu stellen, das Wissen und Können hat, das für deren Erfüllung unerläßlich ist, und soweit über soziale Sicherheit verfügt, daß ein eigener Haushalt materiell möglich ist. Eine wesentliche Voraussetzung für eine stabile, funktionierende Ehe ist die ↑ Bindungsfähigkeit beider Partner, die im allgemeinen nur in Paarbeziehungen entwickelt und ausgeprägt werden kann. Unter unseren gesellschaftlichen Bedingungen wird Ehefähigkeit bei beiden Geschlechtern gleichermaßen gefordert, weil die sozialistische Ehe mit der für sie typischen Arbeitsteilung Frau und Mann nicht nur gleiche Rechte zubilligt, sondern auch gleiche Pflichten auferlegt, z. B. bei der Führung des Haushalts und bei der Sorge um den gemeinsamen Unterhalt und die Kinder.

Die **Ehe-, Familien- und Sexualberatungsstellen** sollen denjenigen Bürgern helfen, die mit ihren Problemen nicht allein fertig werden. Das 1966 in Kraft getretene Familiengesetz (§ 4, Absatz 2) sieht die Einrichtung derartiger Stellen vor: „Durch die staatlichen Organe sind in Zusammenarbeit mit den gesellschaftlichen Organisationen Ehe- und Familienberatungsstellen einzurichten, in denen lebenserfahrene, sachkundige Bürger denen Rat und Hilfe gewähren, die vor einer Eheschließung stehen oder sich sonst in Familienangelegenheiten an sie wenden. Die Mitarbeiter sind zur vertraulichen Behandlung der ihnen vorgetragenen Anliegen verpflichtet."

In der DDR gibt es gegenwärtig weit über 200 Einrichtungen dieser Art, wovon die meisten in das System der medizinischen Betreuung der Bevölkerung eingegliedert sind. Die Fachberater sind entweder Ärzte (z. B. Gynäkologen, Andrologen, Nervenärzte, Jugendärzte, Sozialhygieniker) und Fürsorgerinnen oder auch klinische Psychologen, Familienrichter und Pädagogen. Da die Probleme fast alle Bereiche des familiären Lebens umfassen, ist es wichtig, einen möglichst großen und vielseitigen Mitarbeiterstab zu haben. Alle Beratungen sind kostenlos und stehen jedem, ob verheiratet oder ledig, offen.

In einer am 8. 1. 1968 erlassenen Richtlinie des Ministeriums für Gesundheitswesen wurden für den medizinischen Zweig Grundsätze, Aufgaben, Organisation und Arbeitsweise festgelegt. Die Beratungen sollen zur Durchsetzung sozialistischer Rechts- und Verhaltensnormen im Bereich ehelicher und familiärer Beziehungen beitragen und außerdem durch die Erkennung, Vorbeugung und Beseitigung von Störungen in den Bereichen des sexuellen, partnerschaftlichen und familiären Lebens deren gesundheitliche, psychologische und gesellschaftliche Folgen verhüten. Hauptaufgaben sind neben dem Komplex der ↑ Familienplanung Beratung bei sexuellen Problemen und anderen Konfliktsituationen sowie Mitwirkung bei der Vorbereitung auf Ehe und Familie. Mehr und mehr Beratungsstellen befassen sich jetzt mit Beratung und teilweise auch Behandlung von sexuellen Funktionsstörungen, weil ein Bedürfnis hierfür besteht.

Neben diesen medizinisch-psychologisch ausgerichteten Stellen gibt es weitere, die etwas anders aufgebaut sind und andere Aufgaben haben, z. B. solche, die vom DFD organisiert werden.

Der **eheliche Geschlechtsverkehr** findet zwischen dem Ehepaar innerhalb ihrer Ehe statt. Ihre Liebe zueinander äußert sich nicht nur in einem Streben nach weitgehender seelisch-geistiger Übereinstimmung, sondern sie bestätigt und festigt sich auch in gegenseitiger sexueller Befriedigung und Beglückung. Deshalb gehört der ↑ Geschlechtsverkehr im allgemeinen mit zum ehelichen Leben, sofern er nicht durch besondere Umstände (z. B. Krankheit oder Störungen der Sexualfunktion) nicht durchführbar ist.

Als **eheliches Kind** bezeichnet man ein Kind, dessen Mutter zur Zeit der Geburt verheiratet ist. Der Ehemann gilt als Vater, solange nicht auf dem Wege der ↑ Anfechtung der Vaterschaft gerichtlich etwas anderes festgestellt wird. In verschiedener Hinsicht wird dem ehelichen Kind dasjenige gleichgestellt, welches innerhalb von 302 Tagen nach Auflösung der mütterlichen Ehe geboren wird. Ein ↑ außerhalb der Ehe geborenes Kind erhält die Rechtsstellung des ehelichen, wenn nach seiner Geburt die Eltern die Ehe eingehen.

Eine **Ehe mit Ausländern** darf nur mit besonderer Zustimmung der Personenstandsorgane geschlossen werden. Zuvor sind die damit verbundenen Probleme zu klären, z. B. Aufenthaltserlaubnis für den Ausländer, Ausreiseerlaubnis für den DDR-Angehörigen einschließlich des nach fremdem Recht möglichen Erwerbs einer anderen Staatsangehörigkeit. Es wird geprüft, ob auch nach dem Recht des Ausländers kein ↑ Eheverbot vorliegt. Deshalb muß er ein Ehefähigkeitszeugnis seiner Heimatbehörde vorlegen. Unabhängig von diesen juristischen Besonderheiten müssen sich die Partner daraufhin prüfen, ob sie in Lebensauffassung, Mentalität und Temperament trotz der nationalen Verschiedenheit übereinstimmen und auch unter Bedingungen eines Landes mit anderen Gebräuchen und Traditionen eine dauerhafte Gemeinschaft gestalten können.

Mit **Ehemündigkeit** bezeichnet man das gesetzlich bestimmte Mindestalter, von dem an jemand die ↑ Ehe schließen kann: das ist in der DDR für Mann und Frau gleichermaßen ab Vollendung des 18. Lebensjahres.

23

Die **Ehescheidung** ist die auf Klage eines der Ehegatten durch das Gericht ausgesprochene Auflösung der Ehe. Diese ist beendet, sobald das Urteil unanfechtbar (rechtskräftig) geworden ist. Ihm geht ein Verfahren voraus, in dem das Gericht in mündlicher Verhandlung mit den Ehegatten untersucht, ob sich im Verlaufe der Ehe ernstliche Gründe ergeben haben, die einen Fortbestand der Gemeinschaft sinnlos erscheinen lassen. Es wird auch erörtert, ob eine Aussöhnung möglich erscheint. Um Ansätze in dieser Richtung zu fördern, kann das Gericht das Verfahren bis zur Dauer eines Jahres aussetzen. Besonders geprüft wird, ob die Ehe im Interesse minderjähriger Kinder erhaltenswert ist oder ob unzumutbare Härten für den verklagten Ehegatten entstehen. Die Klage auf Ehescheidung ist der äußerste Ausweg aus einer Ehekrise, weil die Folgen immer mit Problemen für die Beteiligten verbunden sind, vor allem für die Kinder, die von einem Elternteil getrennt werden. Bei Schwierigkeiten in der Ehe sollen die Beteiligten zunächst versuchen, sie in sachlicher Aussprache miteinander selbst oder mit Hilfe einer Eheberatungsstelle zu überwinden (↑ Ehe-, Familien- und Sexualberatungsstelle).

Die **Eheschließung**, auch *Heirat, Trauung* oder *Vermählung*, ist der Beginn der Ehe. Sie erfolgt in feierlicher Form, indem die Partner vor dem Leiter des Standesamtes oder einem anderen dazu befugten staatlichen Beauftragten übereinstimmend persönlich erklären, miteinander die Ehe eingehen zu wollen. Dieser Vorgang wird ins Ehebuch eingetragen, was die Partner mit ihrer Unterschrift bestätigen. Sie erhalten darüber eine – oft in einem *Buch der Familie* – Urkunde, die sie als verheiratet ausweist. Der Antrag auf Eheschließung kann bei jedem Standesamt gestellt werden, das soll in der Regel mindestens 4 Wochen vor dem beabsichtigten Termin geschehen. Entsprechend der Religionszugehörigkeit können der staatlichen Eheschließung kirchliche Trauungszeremonien folgen, die für die Rechtswirkung der Ehe keine Bedeutung haben. ↑ Ehe mit Ausländern.

Die **Eheschule** ist eine in vielen Krei-

sen der DDR entstandene Einrichtung, die Jugendlichen beiderlei Geschlechts in Veranstaltungsreihen und festen Kursen hilft, sich auf Ehe und Familie vorzubereiten. Die Eheschulen werden häufig durch Berufsschulen, aber auch Gemeinden oder gesellschaftliche Organisationen wie die Urania, den DFD usw. eingerichtet. Als Lehrer wirken Pädagogen, Ärzte, Juristen, Psychologen, Fürsorgerinnen, Köche und andere Fachkräfte. Der Inhalt der Veranstaltungen reicht von der Sexualproblematik über das Ehe- und Familienrecht, die Haushaltsführung bis hin zur Säuglingspflege und Kindererziehung. Der Besuch solcher Eheschulen und ähnlicher Kurse mit entsprechenden Aufgaben ist freiwillig.

Das **Eheverbot** untersagt die Eheschließung solchen Personen, die bereits verheiratet sind (↑ Doppelehe), die miteinander in gerader Linie verwandt sind (↑ Angehörige), zwischen Geschwistern und Halbgeschwistern, sowie den durch die ↑ Annahme an Kindes Statt Verbundenen. Auch wer entmündigt ist, darf nicht heiraten. Die entgegen dem Verbot geschlossene Ehe kann durch gerichtliches Urteil – rückwirkend – für nichtig erklärt werden.

Eibläschensprung ↑ Eisprung.

Die **Eichel** oder *Glans* ist das halbkugelig verdickte Ende des ↑ Gliedes, das teilweise von der Vorhaut bedeckt wird. In der Mitte befindet sich die Harnröhrenöffnung. Die Eichel ist mit zahlreichen Nervenkörperchen versehen und infolgedessen sehr berührungsempfindlich. Zartes Streicheln wirkt meist sexuell erregend, derber Druck dagegen schmerzhaft.

Eier werden in der jugendlichen Umgangssprache die ↑ Hoden genannt.

Die beiden **Eierstöcke** oder *Ovarien* sind die weiblichen Keim- oder Geschlechtsdrüsen. In ihnen entwickelt sich alle 4 Wochen ein Follikel zum Eibläschen, welches das reifende Ei enthält. Die regelmäßige Bereitstellung von reifen Eiern findet nur während der Geschlechtsreife statt. Diese beginnt während der Pubertät mit der ersten Regelblutung (*Menarche*) und endet mit der letzten Regelblutung (*Menopause*). Der reibungslose Ablauf der monatlichen Eireifung und des ↑ Eisprunges wird von speziellen Geschlechtshormonen der Hirnanhangsdrüse (Hypophyse) und des Zwischenhirns durch einen fein abgestimmten Regelmechanismus gesteuert (↑ Zyklus).

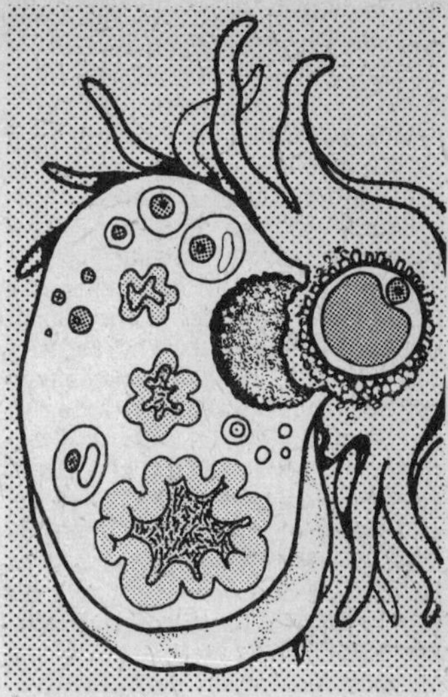
Eierstock

Außer dieser Fortpflanzungsfunktion haben die Eierstöcke noch die wichtige Aufgabe, in den Primär-, Sekundär- und Tertiärfollikeln Eierstockhormon (Follikelhormon) zu produzieren. Es wird bereits vor der Geschlechtsreife gebildet und ist als das Wachstumshormon neben der Wachstumsanregung der Gebärmutterschleimhaut vor allem für die Ausbildung der weiblichen Körperformen und der Entwicklung der sekundären weiblichen Geschlechtsmerkmale verantwortlich. *Abb.*

Die **Eierstockentzündung** ist eine nicht ganz zutreffende Krankheitsbezeichnung, da es sich meist um eine

Entzündung der ↑ Eileiter oder *Tuben* handelt. Nur selten werden auch die Eierstöcke in den Entzündungsprozeß einbezogen. ↑ Adnexitis.

Eifersucht in der Liebe ist ein Gefühl, dessen Hauptmerkmal ein übertriebener Besitzanspruch an die geliebte Person ist. Eifersucht entwickelt sich aus einer inneren Unsicherheit heraus. Man ist sich der Zuneigung und ↑ Treue des Partners nicht sicher, hat Angst, ihn oder sie zu verlieren und beobachtet daher alle Beziehungen zu anderen mit Mißtrauen.

In gewissen Grenzen kommt Eifersucht wohl bei jedem einmal vor. Sie verschwindet aber normalerweise, wenn man weiß, daß man seinem Partner vertrauen kann. Andererseits kann man Eifersucht auslösen oder noch verstärken, wenn man bewußt mit anderen kokettiert (↑ kokettieren) oder den anderen betrügt. Der Eifersüchtige leidet und erschwert durch sein Mißtrauen, manchmal auch Nachspionieren, und seine Vorwürfe das Zusammenleben. Man sollte deshalb niemals jemanden absichtlich „aus Spaß" eifersüchtig machen. Die besten Mittel gegen Eifersucht sind Offenheit, Ehrlichkeit und Vertrauen. Liebe darf nicht so verstanden werden, daß man dem Partner keinen persönlichen Freiraum mehr läßt, seine Entwicklung behindert und ihn als Alleineigentum betrachtet. Dieses veraltete Besitzdenken verstößt gegen die ↑ Achtung der Persönlichkeit und bremst die freie Entfaltung. Die einem eingeräumte Freiheit sollte man aber nicht mißbrauchen.

Unbegründete und übersteigerte Eifersucht wirkt sich nachteilig auf die Partnerschaft aus und kann das Verhältnis zerstören.

Die **Eihäute** bilden den Eihautsack, der Frucht und Fruchtwasser einhüllt. Die äußere *Zottenhaut* umgibt die gesamte Fruchtanlage und sorgt durch Einwachsen der Zotten in die mütterliche Schleimhaut der Gebärmutterhöhle für die Ernährung der Frucht. Die innere Eihaut (das ↑ Amnion) ist die *Schafhaut oder Wasserhaut.* Sie produziert schon sehr frühzeitig das Fruchtwasser.

Die **Eileiter** oder *Tuben* sind etwa 10–15 cm lange Muskelröhren, die an

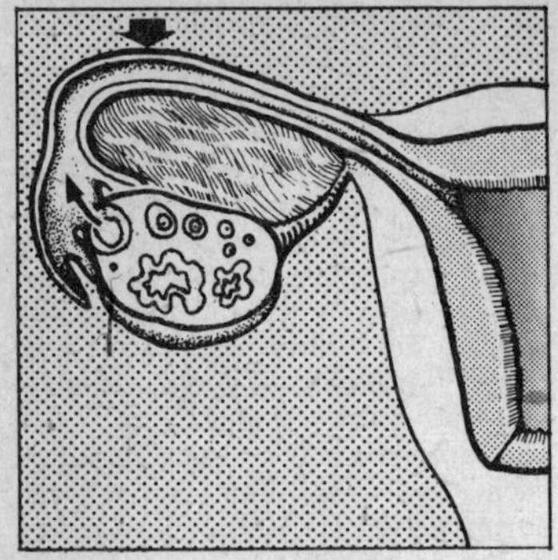

Eileiter

den oberen Seitenkanten in die Gebärmutterhöhle münden. Die Innenseite weist zahlreiche Längsfalten auf und besitzt eine Schleimhaut, die feine Flimmerhaare trägt. Diese unterhalten einen ständigen Flüssigkeitsstrom in Richtung Gebärmutterhöhle. Unterstützt wird die Funktion der Flimmerhaare durch wellenförmige Bewegungen der Eileitermuskulatur. Der Flüssigkeitsstrom fördert einerseits die Vorwärtsbewegung der Samenzellen, die immer gegen den Strom schwimmen, und unterstützt andererseits den Transport des befruchteten Eies. *Abb.*

Die **Eileiterschwangerschaft** oder *Tubargravidität,* ist die häufigste Form der Schwangerschaften außerhalb der Gebärmutter (*Extrauteringravidität*).

Nistet sich das befruchtete Ei im gebärmutternahen, engen Teil des Eileiters ein, wird schon nach wenigen Wochen die Eileiterwand durchbrochen. Sie zerreißt an dieser Stelle, und es kann zu starken Blutungen in die Bauchhöhle kommen. Plötzliche heftige Schmerzen im Unterbauch, die später bis zum Rippenbogen und Schulterblatt ausstrahlen, auffällige Blässe und Ohnmacht sind die äußeren Zeichen. Ärztliche Hilfe ist sofort nötig, da durch die innere Blutung Lebensgefahr auftreten kann. Bei Ansiedlung im erweiterten Teil des Eileiters kommt es nach einigen Wochen zu einer Lockerung und Unterblutung der Fruchtkapsel. Die Zotten lösen sich aus der Eileiterwand, es treten dadurch Sickerblutungen in die Bauchhöhle und Eileiterwehen auf. Die Frucht geht durch Sauerstoffmangel zugrunde, und der Fruchtsack wird in die Bauchhöhle ausgestoßen. *Abb.*

Einfühlungsvermögen ist die Fähigkeit eines Menschen, sich in das Denken, Fühlen und Handeln eines anderen zu versetzen. Es setzt Wissen um den anderen voraus. Für jede Partnerschaft, Liebe, Ehe und Familie, deren Entwicklung positiv verlaufen soll, ist Einfühlungsvermögen bei den Beteiligten erforderlich. Für die Geschlechtspartnerschaft junger Menschen ist es vor allem wichtig, den anderen glücklich zu machen, seine Bedürfnisse nach Zärtlichkeit und Liebe zu kennen und zu achten, seine erotischen und sexuellen Reaktionen mit den eigenen Reaktionen abzustimmen.

Der **Eisprung**, auch *Eibläschen-* oder *Follikelsprung* bzw. *Ovulation*, ist der Abschluß der Phase der Eireifung, während der aus dem ↑ Eierstock ein befruchtungsfähiges Ei „springt“ oder ausgestoßen wird.

Nach dem Zerreißen der Follikelwand wird die Eizelle herausgespült und vom ↑ Eileiter aufgenommen. Im Eileiter kann die Eizelle nur innerhalb von 6 bis 12 Stunden nach der Ovula-

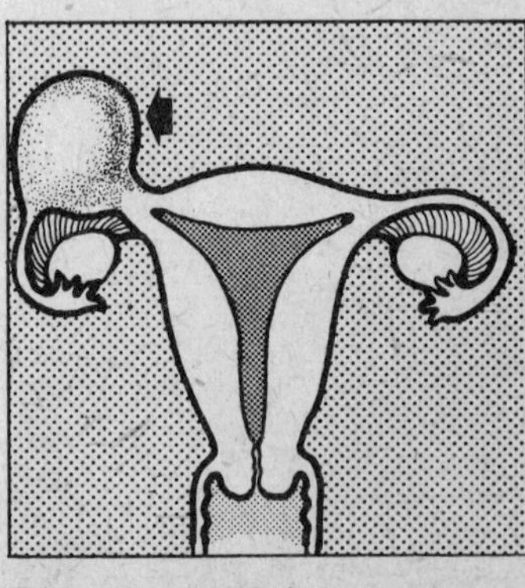

Eileiterschwangerschaft

tion von Samenzellen befruchtet werden. Unterbleibt eine Befruchtung, verliert die Eizelle ihre Lebensfähigkeit und wird aufgelöst.
Der Vorgang des Eisprungs wird von den meisten Frauen nicht gespürt. Ausnahmsweise kann es mit dem Einreißen der Follikelwand zu einem geringen Blutaustritt in die Bauchhöhle und dadurch zu einem kurzen Schmerzgefühl kommen, dem sog. *Mittelschmerz.* Den Zeitpunkt des Eisprunges kann jede Frau durch ↑ Basaltemperaturmessungen ermitteln.
Die weibliche **Eizelle** ist die größte Zelle des menschlichen Körpers (Durchmesser 0,1–2 mm). Die meisten Eibläschen enthalten nur eine Eizelle, in seltenen Fällen auch zwei. Jede Eizelle ist von einer zelligen Hülle umgeben.
Die **Ejaculatio praecox** [⟨ lat.]: vorzeitiger ↑ Samenerguß.
Die **Ejaculatio retardata** [s. o.]: verzögerter ↑ Samenerguß.
Die **Ejakularche** [s. o.] ist der medizinische Fachausdruck für die erste Ejakulation oder den ersten ↑ Samenerguß. Sie tritt im Durchschnitt etwas später als die erste Menstruation (Menarche) bei den Mädchen auf, nämlich um das 13.–14. Lebensjahr herum. Der erste Samenerguß kennzeichnet das Einsetzen der Geschlechtsreife. Er erfolgt meist unwillkürlich – oft nachts im Schlaf – als ↑ Pollution.
Das **Ejakulat** [s. o.] ↑ Samen.
Die **Ejakulation** [s. o.] ↑ Samenerguß.
Die **Ekstase** [⟨ griech.] ist ein Zustand höchster, oft rauschhafter Verzückung. Er kann z. B. während des ↑ Orgasmus eintreten und ist dann Ausdruck stärkster sexueller Erregung bei besonders leidenschaftlichen Personen.
Mit **elterlicher Erziehung** bezeichnet das Familiengesetzbuch das Recht und die Pflicht, die Kinder bis zum 18. Lebensjahr in engem Zusammenwirken mit den gesellschaftlichen Verantwortlichen – Kindergarten, Schule usw. – zu verantwortungsbewußten gebildeten Staatsbürgern zu erziehen (↑ Eltern, ↑ Eltern-Kind-Beziehung).
Die **Eltern** sind die leibliche Mutter und der leibliche Vater eines Kindes. Sind sie verheiratet, üben sie gemeinsam das Erziehungsrecht aus. Für die Eltern ist die Erziehung der Kinder eine bedeutende staatsbürgerliche Aufgabe, deren Erfüllung durch eine Reihe sozialpolitischer Maßnahmen seitens des sozialistischen Staates wesentlich erleichtert wird. Zu ihren Aufgaben gehören die Befriedigung der Bedürfnisse der Kinder und die Sicherung ihres Unterhalts, ihre Betreuung, Beaufsichtigung, rechtliche Vertretung. Die Eltern haben das Recht, den Aufenthalt der Kinder zu bestimmen, und die Pflicht, für ihre Ausbildung zu sorgen. Verletzen die Eltern schuldhaft schwer ihre Pflichten gegenüber den Kindern, kann ihnen im äußersten Falle das Erziehungsrecht entzogen werden. Bei der Scheidung wird es meist einem Elternteil zugesprochen. Im allgemeinen werden als Eltern auch Stief-, Adoptiv- und Pflegeeltern bezeichnet.
Die **Eltern-Kind-Beziehung** ist eine besondere Form der zwischenmenschlichen Beziehungen, die durch ihre Dauerhaftigkeit, Intimität und Intensität einen wesentlichen Einfluß auf die kindliche und jugendliche Psyche hat. Sie ist – auch in gesellschaftlicher Hinsicht – die wichtigste Bedingung für die Entwicklung und Erziehung des Kindes in der Familie. Ihr Charakter wird von den Persönlichkeitseigenschaften der Eltern, insbesondere durch deren weltanschauliche, moralische und Erziehungsauffassungen bestimmt.
Während für das Kindesalter die Eltern eindeutig die führende Rolle innerhalb der Eltern-Kind-Beziehung haben, entwickeln sich diese Beziehungen im Jugendalter der Kinder mehr und mehr zur gleichberechtigten Partnerschaftsbeziehung. Spannungen und Konflikte zwischen Eltern und Kindern im Jugendalter treten vor allem auf, wenn die Stellung des Jugendlichen in der Familie, seine größere Selbständigkeit, sein Streben nach Verantwortung und Eigenstän-

digkeit nicht genügend berücksichtigt werden, aber auch, wenn Jugendliche meinen, auf die Eltern keine Rücksicht mehr nehmen zu müssen. Wer in einer Familie lebt, ob jung oder alt, muß sich in sie einfügen und seinen Anteil zu ihrem Leben beitragen. Eltern-Kind-Beziehungen müssen auch nicht gestört werden, wenn das Kind eine sexuell-heterogene Freundschaft oder Ehe eingeht, sie verändert aber deren Inhalt und Charakter. Junge Menschen sollten ihren Eltern vertrauensvoll sagen, daß sie eine Freundin oder einen Freund haben, sollten diese den Eltern vorstellen und sich deren Ansichten zur Partnerwahl nicht verschließen.

Die **Emanzipation** [⟨ lat.; emancipatio „Entlassung aus der väterlichen Gewalt"] ist ganz allgemein die *Befreiung aus Abhängigkeit.* Die Emanzipation *der Frau,* die in den sozialistischen Länder verwirklicht ist, bedeutet die Befreiung der Frau von der entwürdigenden materiellen, sozialen und rechtlichen Abhängigkeit vom Mann und somit ihre gesellschaftliche Gleichstellung. In den vorsozialistischen Klassengesellschaften unterlag die Frau härtester Ausbeutung, im Beruf durch die Besitzer der Produktionsmittel und in der Familie durch den eigenen Mann. Die materielle und rechtliche Gleichstellung der Frau in der sozialistischen Gesellschaft, d. h. die Aufhebung der seit Jahrhunderten herrschenden Benachteiligung der Frau, die Entwicklung gesellschaftlicher Dienstleistungen für die Familie lösen jedoch nicht alle Fragen der Gleichberechtigung der Frau. Schon von Kindheit an müssen die Männer dazu erzogen werden, ihren Arbeitsanteil in Ehe, Familie und Haushalt so zu leisten, daß auch die Frau soviel Zeit und Kraft behält, um die gleichen Entwicklungsmöglichkeiten in der Aus- und Weiterbildung, der gesellschaftlichen Tätigkeit wahrzunehmen und über Freizeit zu verfügen. Ein nach den Normen der sozialistischen Moral gestaltetes Familienleben, auch die Anerkennung der Arbeit für die Familie, eine entwickelte Teilung der Arbeit in der Familie zwischen Mann, Frau und Kindern tragen wesentlich zur vollen Verwirklichung der Emanzipation der Frau bei. ↑ Gleichberechtigung der Geschlechter.

Der **Embryo** [⟨ lat. ⟨ griech.] ist die medizinische Bezeichnung für die wachsende Frucht bis zum Ende des 3. Schwangerschaftsmonats. Die *Embryonalentwicklung* beginnt mit der Vereinigung der Eizelle und der Samenzelle zur entwicklungsfähigen Zygote und endet mit dem Abschluß der Organentwicklung. Zu diesem Zeitpunkt ist der Embryo ungefähr 9 cm groß und 35 g schwer. Danach wird die Frucht als ↑ Fetus bezeichnet. *Abb.*

Die **Embryonalentwicklung** [s. o. + ⟨ dt.] beginnt nach Abschluß der ↑ Befruchtung. Es folgen zahlreiche Zellteilungen, durch die aus der *Zygote* (befruchtete Eizelle) ein locker gefügter Zellhaufen von 8 bis 16 Zellen entsteht (*Morula*). Danach bildet sich die Morula zur Keimblase (*Blastozyste*) um, deren Wand aus flachen Zellen besteht. Unter den Randzellen liegt im Inneren der Keimblase ein knotenförmiger Zellverband (*Embryoblast*), aus dem später der Keimling hervorgeht. Die Randzellen der Keimblase (*Trophoblast*) übernehmen die Ernährung des Keimlings. Um den 3.–4. Tag nach der Befruchtung erreicht die Keimblase die Gebärmutterhöhle, wo sie vermutlich 2–3 Tage frei beweglich bleibt. Die Trophoblastzellen erlangen die Fähigkeit, die zum Eibett vorbereitete Gebärmutterschleimhaut (*Dezidua*) aufzulösen. Dieser Vorgang beginnt am 7. Tag nach der Befruchtung und wird als Eieinnistung (*Implantation*) bezeichnet. Es entsteht eine immer tiefere Grube in der Dezidua, in die sich die Blastozyste hineinsenkt. Dabei kommt es durch rege Zellteilung an der Oberfläche der Blastozyste zum Aussprossen von Zotten, die in kurzer Zeit die gesamte Oberfläche bedecken (*Zottenei*). Am Ende schließt sich die Gebärmutterschleimhaut über der Blastozyste. Damit ist der Vorgang der Einnistung beendet, er dauert etwa vom 7.–13. Tag nach der Befruchtung. Unter dem Einfluß

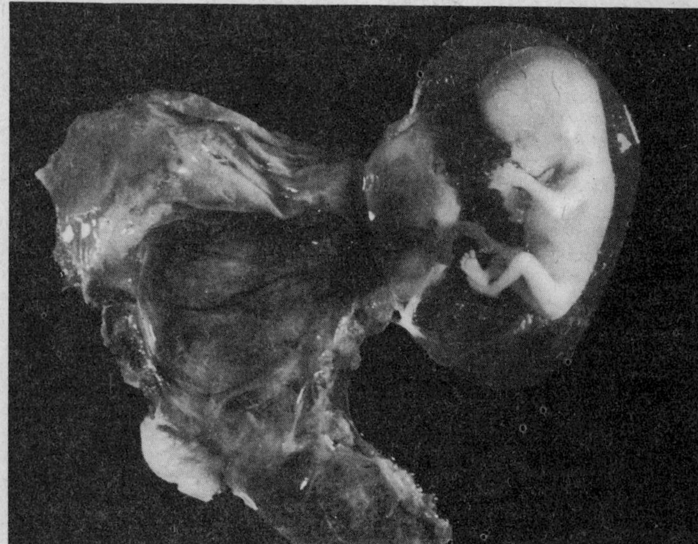

Embryo mit Eihaut und Mutterkuchen

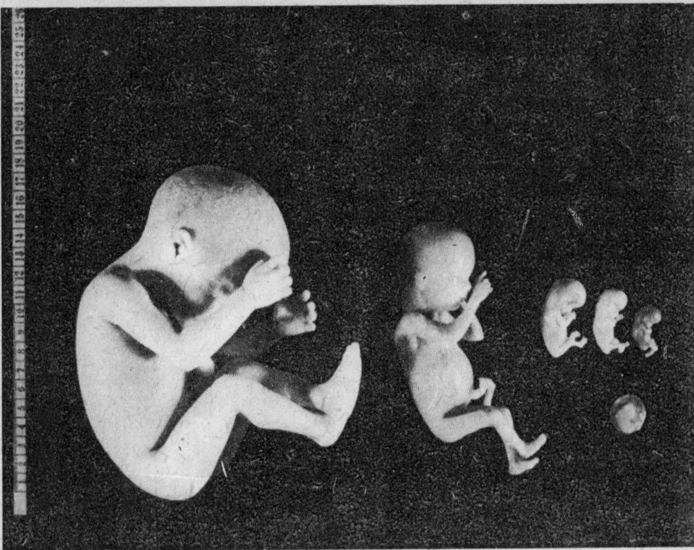

Embryonalentwicklung

des Schwangerschaftsgelbkörpers werden in die Dezidua reichlich Nährstoffe eingelagert. Der optimale Ablauf dieses Vorganges ist abhängig von einer genügend hohen Menge an ↑ Gelbkörperhormon. Es schützt den Keimling während der ersten Monate vor einer Mangelernährung. Mit dem Beginn der Implantation werden auch mütterliche Blutgefäße eröffnet, so daß schon sehr bald die Trophoblastzellen von mütterlichem Blut umspült werden. Damit ist es den Zotten möglich, Nährstoffe direkt aus dem mütterlichen Blut zu entnehmen. Durch starkes Zottenwachstum an dem zur Gebärmutterwand gelegenen Teil des Trophoblasten entsteht unter Mitbeteiligung der für die Schwangerschaft umgebauten Gebärmutterschleimhaut der ↑ Mutterkuchen. Die Embryonalentwicklung ist bis zur 11. Schwangerschaftswoche abgeschlossen. Es schließt sich die Fetalentwicklung an (↑ Fetus). *Abb.*

Die **Emotion** [⟨ lat.] ist eine Gemütsbewegung, ein Gefühlserlebnis, wie Trauer, Freude, Wut (↑ Gefühl). Emotionen sind, als besondere Form des menschlichen Erlebens, nicht ohne weiteres durch Verstand oder Willen zu steuern. Sie stimulieren die zielgerichtete Tätigkeit, widerspiegeln aber auch – z.B. als Lust und Unlust – den Zustand des eigenen Körpers. Emotionen können erotische und sexuelle Handlungen bei einem Menschen anregen, z. B. den Austausch von Zärtlichkeiten oder die Aufnahme des Geschlechtsverkehrs. Zu jedem glücklichen Intimkontakt gehört bei beiden Partnern ein hohes Maß an Emotionalität. In der Umgangssprache werden solche Erscheinungen oft *Gefühle* genannt, die im psychologischen Sinne eigentlich gar keine sind, z. B. „unsicheres Gefühl" anstelle von „Unsicherheit". Alle Emotionen werden durch die in einem Gesellschaftssystem herrschenden Normen, Sitten und Gewohnheiten beeinflußt.

Empfängnis oder *Konzeption* nennt

man die zur ↑ Befruchtung führende Kohabitation.

empfängnisverhütende Pille ↑ Pille.

Empfängnisverhütung hat zum Ziel, den Befruchtungsvorgang, d. h. das Zusammentreffen von Eizelle und Samenzelle, oder die Einnistung eines befruchteten Eies zu verhindern. Man spricht deshalb auch von *Antikonzeption* oder *Kontrazeption.* Heute gibt es viele Möglichkeiten zur Empfängnisverhütung. Für die Beratung über in Frage kommende Methoden stehen Ärzte in ↑ Ehe-, Familien- und Sexualberatungsstellen oder in frauenärztlichen Sprechstunden zur Verfügung. Nahezu alle Methoden setzen die Befolgung ärztlicher Anweisungen voraus. Von großer praktischer Bedeutung ist die Zuverlässigkeit der angewandten Antikonzeptionsmittel. Man berechnet die Zahl der Versager auf 1200 Anwendungsmonate, das wären 100 Jahre. Ohne Empfängnisverhütung muß man mit 60–80 Schwangerschaften je 1200 Anwendungsmonate rechnen. Faßt man die verschiedenen Methoden nach ihrer Zuverlässigkeit zusammen, ergibt sich folgendes: Sichere Methoden: 1. Ovulationshemmer (↑ Pille), Versager je 1200 Anwendungsmonate 0,5; 2. ↑ Basaltemperaturmessung, Versager je 1200 Anwendungsmonate 3; 3. ↑ Intrauterinpessar, Versager je 1200 Anwendungsmonate 3. Methoden mittlerer Zuverlässigkeit: Die Versagerquote je 1200 Anwendungsmonate schwankt in dieser Gruppe zwischen 7–20, es gehören dazu das ↑ Kondom, das ↑ Pessar, kombiniert mit einer Creme, Vaginal-Schaum-Spray und Schaum-Ovulum (↑ chemische Methoden). Unzuverlässige Methoden haben eine Versagerquote über 20, dazu gehören der ↑ Coitus interruptus, die Methode nach Knaus-Ogino (↑ fruchtbare Tage) und die Anwendung von Vaginaltabletten (eine chemische Methode).

Entbindung ist der Vorgang der ↑ Geburt eines Kindes.

Entblößen bedeutet eigentlich *sich ausziehen.* Wird demonstrativ in der Öffentlichkeit nur die Genitalregion zur Schau gestellt – meist mit versteiftem Glied –, während der übrige Körper bedeckt bleibt, spricht man von *exhibitionieren.* Hier handelt es sich um eine fast nur bei Männern vorkommende, sexuell abartige Verhaltensweise, den ↑ Exhibitionismus.

Enthaltsamkeit ↑ Abstinenz.

Entjungfern oder *Deflorieren* ist das Einreißen des Jungfernhäutchens (Hymen), das den Scheideneingang nach außen je nach seiner Größe mehr oder weniger abschließt. Bei vorsichtiger Dehnung (Finger oder Glied) ist dieser Vorgang nicht schmerzhaft. Die oft damit verbundene leichte Blutung hört meist nach kurzer Zeit von selbst auf. Danach kann das Glied in die Scheide eingeführt werden. Ist das Jungfernhäutchen ausnahmsweise recht derb, kann der Frauenarzt einen kleinen Einschnitt vornehmen.

Entsprechend den bürgerlichen Moralbegriffen hatte das Mädchen unberührt in die Ehe zu treten, deshalb wurde in der Vergangenheit größter Wert auf die Unversehrtheit des Jungfernhäutchens gelegt, dessen Einreißen dem Ehemann in der Hochzeitsnacht vorbehalten war. Heute sind diese Vorstellungen überholt, und die Defloration erfolgt im Rahmen vorehelicher sexueller Beziehungen wesentlich früher (↑ erster Geschlechtsverkehr).

Das **Entkleiden** der Partnerin oder des Partners kann in einem bestehenden Liebesverhältnis zu einer reizvollen Art des ↑ Vorspiels für den Liebesakt werden. Eine zufällige Gelegenheit, bei der man mit Störungen oder Überraschungen rechnen muß, eignet sich dazu jedoch nicht. Zu einem wirklich innigen und genußvollen Liebesvorspiel gehören Entspanntheit und Ruhe. Glück und Erfüllung werden dann groß sein. Goethe beschreibt das in seinem Gedicht „Brautnacht" so: „Schnell hilft dir Amor sie entkleiden,/ Und ist nicht halb so schnell als du;/ Dann hält er schalkhaft und bescheiden,/ Sich fest die beiden Augen zu."

Entmannung ↑ Kastration.

Die **Erektion** [⟨ lat.; erectus „aufrecht“, „gespannt“] oder die *Versteifung* des Gliedes ist für den Mann eine der wichtigsten Voraussetzungen für die Durchführung des vaginalen Geschlechtsverkehrs. Spontane Erektionen kommen schon beim Säugling und Kleinkind vor. Sie verstärken sich in der Pubertät infolge der vermehrten Produktion der männlichen Geschlechtshormone (Androgene). Erektionen können sowohl unwillkürlich und ungewollt als auch bewußt ausgelöst werden. Dabei spielen sowohl psychische Reize (Phantasievorstellungen, Sehen von erotischen Szenen im Film) als auch direkte körperliche Stimulierung (↑ erogene Zonen) eine Rolle. Morgendliche Gliedversteifungen sind meist nicht sexuell bedingt, sondern – wie die im Schlaf auftretenden – spontaner Natur. Die Fähigkeit zu mehrfachen Erektionen innerhalb einer begrenzten Zeit und ihre Dauer ist beim jungen Mann am stärksten und läßt mit zunehmendem Alter – besonders nach dem 50. Lebensjahr – allmählich nach. Dem älteren Mann ist das Aufrechterhalten der Gliedversteifung oft nur über einige Minuten möglich, dem jungen bei entsprechender Stimulierung bis zu einer Stunde, wobei allerdings große individuelle Unterschiede vorkommen. Der Erektionswinkel verläuft anfangs vertikal bis horizontal und verkleinert sich mit zunehmendem Alter.

Ermöglicht wird die Erektion durch den besonderen Bau der Schwellkörper des Gliedes, der durch eine zeitweilige Blutstauung eine Vergrößerung und Versteifung bewirkt. Das Zentrum des Erektionsreflexes befindet sich im unteren Abschnitt des Rückenmarks, wobei die Reize vom Glied hin und zurück über nervöse Fasern verlaufen. Übergeordnet ist die Großhirnrinde, deren Erregung ebenfalls eine Erektion auslösen kann.

Die Erektion wird von vielen Faktoren beeinflußt. Begünstigend sind Zuneigung und andere positive Empfindungen, hemmend wirken psychische Belastungen wie Konflikte, Streßsituationen, gestörte Partnerbeziehung. Vorübergehende ↑ Erektionsschwäche kommt bei jedem einmal vor und ist kein Grund zur Besorgnis. Erst bei wiederholtem Auftreten sollte man sich an einen Sexualberater wenden.

Bei der Frau zeigt der ↑ Kitzler während sexueller Erregung ebenfalls eine gewisse Versteifung und Aufrichtung, doch ist das Ausmaß viel geringer als beim männlichen Glied.

Darstellungen des versteiften oder erigierten Penis findet man in vielen alten Kulturen als Sexual- oder Fruchtbarkeitssymbol (z. B. in Indien als Phallus- oder Lingamkult).

Die **Erektionsschwäche** [s. o. + ⟨ dt.] gehört zu den ↑ Potenzstörungen und zeigt sich in einer teilweisen oder vollständigen Unfähigkeit zur Versteifung des Gliedes, wodurch der Geschlechtsverkehr erschwert oder unmöglich gemacht wird. Sie kann allein oder zusammen mit anderen sexuellen Funktionsstörungen (vorzeitiger ↑ Samenerguß) auftreten.

Während eine einmalige oder kurzfristig bestehende Erektionsschwäche, wie sie z. B. nach stärkerer psychischer und körperlicher Belastung oder nach Krankheiten vorkommen kann, meist nicht behandlungsbedürftig ist, sondern bei Verständnis der Partnerin sich meist von selbst bessert, ist es anders bei länger anhaltender Erektionsschwäche. In diesen Fällen ist eine Behandlung durch einen Andrologen (↑ Andrologie) oder einen Sexualberater (↑ Ehe-, Familien- und Sexualberatungsstellen) notwendig (↑ Sexualtherapie). Die Heilungsaussichten sind um so günstiger, je eher die Behandlung beginnt.

Erogene Zonen [⟨ griech. bzw. ⟨ lat.] sind bestimmte Bereiche des Körpers von Mann und Frau, deren Berührung oder Streicheln sexuelle Lustempfindungen auslöst oder bereits vorhandene steigert. Ihre Ausprägung ist individuell verschieden. Im allgemeinen gehören dazu die äußeren Geschlechtsorgane einschließlich benachbarter Regionen, die Brüste mit Brustwarzen, der Nacken, der Mund,

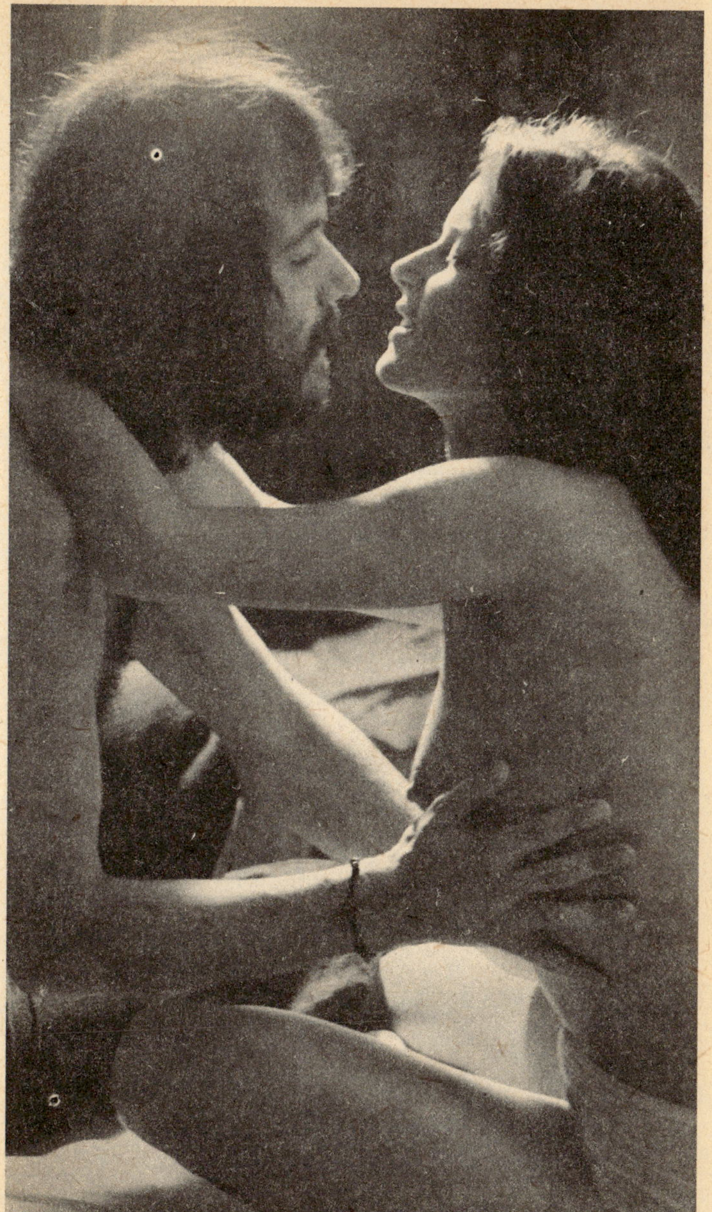

die Achselhöhlen und Handflächen. Einige Frauen reagieren besonders intensiv, wenn man sie im Bereich der Harnröhrenöffnung stimuliert. Die hier befindlichen kleinen Drüsen schwellen an und können ein Sekret absondern, das dem Samenerguß des Mannes ähnelt. Diese erogene Zone wird auch als *Gräfenberg-Spot* bezeichnet, weil der Berliner Frauenarzt Gräfenberg sie erstmals beschrieben hat.
Beim Liebesspiel sollte man gegenseitig diese Zonen erforschen und ihre Stimulierung in den Austausch von Zärtlichkeiten einbeziehen.

Eros [⟨ griech.] ↑ Amor.

Eroscenter [sprich: -sentər; s. u. + ⟨ engl.] ↑ Bordell.

Die **Erotik** [nach Eros, dem griech. Gott der Liebe] umfaßt alle Bereiche der sinnlichen Liebe. In der *erotischen Kunst* werden alle möglichen Variationen sexueller Verhaltensweisen dargestellt. Entsprechende Werke findet man in vielen Kulturen, wie z. B. Afrika, Indien, China und Japan sowie im klassischen Griechenland.

Die **Erotisierung** [s.o.] ist ein Vorgang im menschlichen Geschlechtsempfinden, bei dem sexuelle Interessen entstehen und sich steigern. Sie kann natürliche Ursachen haben, z.B. den Anblick eines geliebten Menschen, das Lesen von Liebesromanen, auch Musik kann erotisieren. Zu allen Zeiten hat man sich auch mit künstlichen Liebesmitteln befaßt, die erotisierend wirken sollten, hat Liebestränke gemischt u. ä. Immer spielte dabei der ↑ Aberglaube eine Rolle. Präparate, die unter Verwendung von nervenanregenden Stoffen (sog. *Aufputschmitteln*) hergestellt werden, können als Begleiterscheinung erotisierende Wirkungen haben. ↑ Liebesmittel.

Erregung ↑ sexuelle Erregung.

Erregungskurve ↑ sexuelle Erregungskurve.

Der **erste Geschlechtsverkehr** im engeren Sinn, auch *Kohabitarche*, ist der erstmalige intime Kontakt mit einem Partner, bei dem sich die Genitalorgane vereinigen. Man geht hier einen Schritt weiter als beim ↑ Petting, die Kommunikation ist besonders innig, es besteht die Möglichkeit, daß eine Befruchtung erfolgt. Das gegenseitige Verhältnis gewinnt dadurch eine neue Qualität, die Verantwortung füreinander erhöht sich. Dessen sollte man sich immer bewußt sein, wenn man den Geschlechtsverkehr aufnimmt.
Voraussetzung dafür ist für die meisten Jugendlichen die Liebe zu ihrem Partner. Das Durchschnittsalter liegt für Jungen und Mädchen um das 17. Lebensjahr herum. Einige beginnen früher, andere später. Jeder muß hier für sich entscheiden, keiner sollte sich aus Neugier dazu verleiten lassen oder weil die Mehrzahl der Freunde es tun. Falsch ist es auch, dem Drängen des Partners nachzugeben – etwa aus Angst, ihn sonst zu verlieren –, obwohl man sich innerlich noch nicht so weit fühlt. Beginnt man zu früh, ist man meist in sozialer Hinsicht noch nicht reif genug für eine stabile Partnerschaft. Dadurch besteht die Gefahr, den Partner häufig zu wechseln und später zu keiner dauerhaften Bindung mehr fähig zu sein. Längeres Abwarten schadet nicht. Man lernt sich dadurch besser kennen und kann eher beurteilen, ob man zueinander paßt. Dann sollte man sich allerdings auch im Intimbereich prüfen.
Wie der erste Geschlechtsverkehr erlebt wird, hängt weitgehend von der Zuneigung zueinander, dem Vorgehen, dem Einfühlungsvermögen und Verständnis sowie den äußeren Umständen ab. Anfängliche Unsicherheit und Ungeschicklichkeit sind normal, geben sich bei rücksichtsvollem und zärtlichem Verhalten in der Regel schnell. Ist die Gliedversteifung zunächst noch nicht ausreichend, geht nach anfänglicher Steife wieder zurück oder setzt der Samenerguß vorzeitig ein, so sind dies verständliche Anpassungsschwierigkeiten, meist durch übergroße emotionale Erregung hervorgerufen. Einfühlsames Verhalten der Partnerin trägt entscheidend zur baldigen Normalisierung bei. Spöttische Bemerkungen oder Vor-

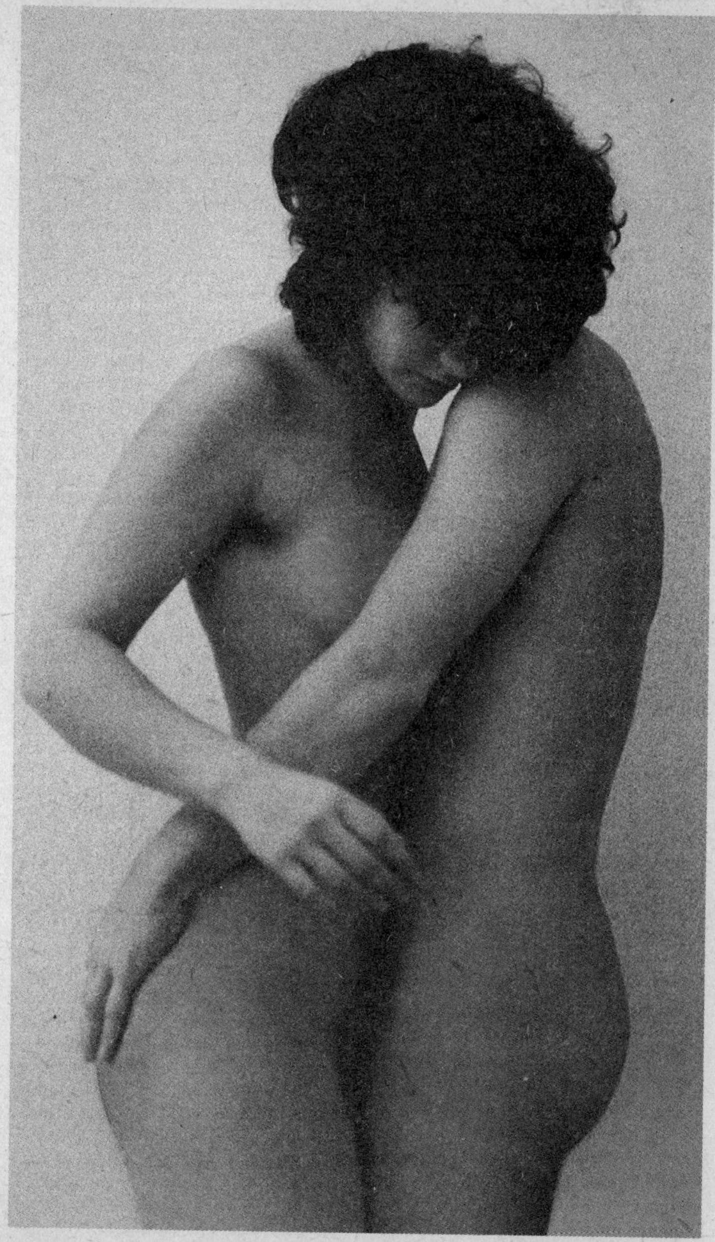

würfe können dagegen eine echte ↑ Potenzstörung auslösen. Beide Partner müssen wissen, daß es fast immer eine gewisse Zeit dauert, ehe man sich im Intimbereich anpassen und verstehen lernt.
Deshalb braucht es mitunter auch länger, ehe das Mädchen voll orgasmusfähig wird. Neue Untersuchungen vom Zentralinstitut für Jugendforschung Leipzig sprechen dafür, daß heute die Orgasmusfähigkeit früher eintritt, was sich positiv auf die Möglichkeit zu mehrfachem Orgasmus auswirkt. Die Aufnahme von Intimbeziehungen bringt nicht nur beglückende Erlebnisse, sondern unter Umständen auch Gefahren mit sich. So kann man sich mit einer ↑ Geschlechtskrankheit infizieren, vor allem bei oberflächlicher Bekanntschaft – oft unter Alkohol – und raschem Partnerwechsel oder wenn man keine Sicherheitsvorkehrungen (↑ Kondom) trifft. Eine andere Möglichkeit ist das Eintreten einer noch nicht erwünschten Schwangerschaft. Deshalb sollte man sich unbedingt vor Aufnahme des Verkehrs über die Anwendung von Verhütungsmitteln verständigen und die Methode oder das Mittel, für das man sich entscheidet, auch regelmäßig anwenden. Diese Vorsichtsmaßnahmen tragen entscheidend dazu bei, die Liebesbeziehungen problem- und konfliktfrei nur von ihrer positiven Seite zu erleben.
Die **erste Liebe** wird im Jugendalter sehr unterschiedlich, aber meist überschwenglich als glückhafte Begegnung mit einem Partner erlebt. Dieses Erlebnis wird als einmalig, unvergleichlich und nicht wiederholbar empfunden. Man hält sie für unzerstörbar und erleidet tiefen Schmerz, wenn sie vergeht. Die erste Liebe ist gekennzeichnet durch eine stark gefühlsbetonte Bindung an den Partner. Sehr oft entsteht sie zu einer Zeit, in der Jugendliche noch unerfahren und unsicher in der Partnerwahl, im Umgang mit Angehörigen des anderen Geschlechts überhaupt sind. Aus diesem Grunde erweist sich die erste Liebe meist als wenig dauerhaft. Aber auch bei schmerzlichem Ausgang bleibt sie oft in glücklicher Erinnerung, weil sie sich mit zunehmendem Abstand immer mehr verklärt.
Die **erste Menstruation** [⟨ dt. bzw. ⟨ lat.] oder *Menarche* ist ein wichtiges Merkmal der einsetzenden Geschlechtsreife der Frau. Sie tritt in Mitteleuropa durchschnittlich zwischen dem 12. und 14. Lebensjahr ein. In der DDR hat die Hälfte der Mädchen die erste Menstruation mit 13,6 Jahren hinter sich. Die Dauer der ersten Menstruation ist meist verlängert, da zu diesem Zeitpunkt die Gebärmutterschleimhaut noch nicht voll ausgereift ist. Außerdem findet noch kein regelmäßiger ↑ Eisprung statt, d. h., es kommt zwar zu monatlichen Blutungen, ohne daß jedoch ein Ei ausgestoßen wird. Im Alter von 12 Jahren haben nur etwa 30% aller Mädchen Eisprünge (Ovulationen). Der Eintritt der ersten Menstruation ist individuell recht verschieden. Wenn die erste Blutung vor dem 8. Lebensjahr eintritt, sollte unbedingt ein Frauenarzt aufgesucht werden, da ein krankhaftes Geschehen vorliegen kann. Eine Verspätung muß nicht immer auf einer Entwicklungsstörung beruhen. Sollte jedoch mit Ablauf des 16. Lebensjahres die Menarche noch nicht eingetreten sein, muß man sich ebenfalls an einen Frauenarzt wenden. Es ist Aufgabe der Erzieher, vor allem der Eltern, die Mädchen vor Eintritt der ersten Menstruation über deren Bedeutung aufzuklären. Auch Jungen sollten darüber Bescheid wissen.
Erwartungsangst besteht vor Situationen, mit denen man nicht fertig zu werden fürchtet. Sie kann die Handlungsfähigkeit des Betroffenen beeinträchtigen und sogar lähmen. Je häufiger eine solche Situation eintritt, um so mehr kann sich die Erwartungsangst verfestigen und zur krankhaften Haltung werden.
Im Geschlechtsleben ist die Angst, beim Geschlechtsverkehr nicht zu genügen, die häufigste Form der Erwartungsangst, die – besonders stark aus-

geprägt – Ursache für ↑ Potenzstörungen sein kann. Der Intimkontakt sollte nicht mit festgelegten Zielen, Absichten aufgenommen oder mit bestimmten Berechnungen gestaltet werden. Das erhöht die Neigung zur Erwartungsangst. Alles sollte zunächst zwanglos dem natürlichen Ablauf überlassen werden.
Die bei Jugendlichen mitunter bestehende Angst vor dem sexuellen Erstkontakt kann nicht als Erwartungsangst in diesem Sinne verstanden werden. Sie verliert sich, weil sie meist nur Angst vor Neuem ist, mit zunehmenden Erfahrungen.

Die **Erziehung** ist bewußte, planmäßige, leitende und gestaltende, mehr oder weniger organisierte Einwirkung auf Menschen. Im Sozialismus verfolgt Erziehung das Ziel, allseitig und harmonisch entwickelte Persönlichkeiten heranzubilden. Erziehung umfaßt sowohl die Einwirkung auf die Persönlichkeit als auch auf die Einwirkung auf die Entwicklungsprozesse, z. B. die geistigen, sozialen und sexuellen (↑ Sexualerziehung). Da sich der Mensch vor allem in und durch die Tätigkeit entwickelt, ist Erziehung besonders Führung zu Tätigkeiten und sozialen Beziehungen. Für die Persönlichkeitsentwicklung des Jugendlichen wird die Erziehung erst dann voll wirksam, wenn sie eigene Interessen und Aktivitäten für die Entwicklung seiner Persönlichkeit auslöst. Zunächst ist der junge Mensch nur Gegenstand, auf den sich die Erziehung richtet, später wird er zunehmend handelndes Subjekt, beginnt er selbst an seiner Entwicklung planmäßig zu arbeiten. Er erkennt, sei es nun in der Schule oder im Beruf, das Verhältnis und gegebenenfalls die Widersprüche zwischen seinen Handlungen und Tätigkeiten und den Forderungen der Gesellschaft, zwischen seinem Individualitätsstreben und den Ordnungsgrundsätzen seiner sozialen Umwelt. Aus diesen Wechselwirkungen erwachsen, unterstützt durch die von Eltern, Schule und Jugendverband bewußt gestaltete Umwelt, die eigenen Triebkräfte seiner Persönlichkeitsentwicklung. So ist Erziehung – soll sie wirksam sein – immer zugleich ↑ Selbsterziehung.

Die **Ethik** [⟨ griech.; ethos „Sitte", „Brauch", „Sittlichkeit"] ist die Lehre vom Sittlichen, von der Moral der Menschen. Die Herkunft des Wortes (seine Etymologie) weist auf den Zusammenhang zwischen Zusammenleben und Sittlichkeit hin, und zwar insofern, als die gesellschaftlich (durch Produktion und Lebensweise) bedingte Art des Zusammenlebens der Menschen bestimmte Verhaltensweisen, Bräuche, Sitten und auch dementsprechende Anschauungen, Gefühle und Normen hervorbringt. Diese wiederum wirken aktiv auf das gesellschaftliche Leben der Menschen zurück. Diese materialistisch-dialektischen Erklärungen der Zusammenhänge prägen den wissenschaftlichen Charakter der Lehre von der Ethik im Unterschied zu idealistischen vormarxistischen Ethikdefinitionen.

Der **Eunuch** [⟨ griech.] ist ein Mann, dem man operativ die Hoden oder alle äußeren Geschlechtsteile entfernt hat (↑ Kastration). Durch den Wegfall der Keimdrüsenhormone entwickeln sich Ausfallerscheinungen, die um so größer sind, je jünger der Mann zum Zeitpunkt der Kastration war. Erfolgt sie vor Eintritt der Geschlechtsreife, bleibt bei Knaben u. a. die Sopran- oder Altstimme erhalten, da kein Stimmbruch stattfindet. Im 16.–18. Jh. erfreuten sich die Stimmen der *Kastraten* infolge ihrer besonderen Klangfülle und Reinheit so großer Beliebtheit, daß man bewußt an Knaben derartige Eingriffe vornahm. Berühmte Komponisten wie Händel, Gluck und Mozart schrieben spezielle Gesangspartien für die Kastraten. Erst allmählich gab man diese barbarischen Verstümmelungen auf.
Eine andere Nebenwirkung ist die Hemmung oder völlige Unterdrükkung des sexuellen Verlangens. Aus diesem Grund benutzte man früher im Orient Eunuchen als Haremswächter. Man konnte annehmen, daß sie zu

den ihnen anvertrauten Haremsfrauen keine sexuellen Beziehungen aufnahmen.

exhibitionieren [⟨ lat.; exhibere „zeigen", „darbieten"] ↑ Exhibitionismus, ↑ Entblößen.

Der **Exhibitionismus** [s. o.] ist eine sexuell abartige Verhaltensweise, bei der die sexuelle Erregung und Befriedigung durch das ↑ Entblößen der eigenen Geschlechtsorgane in der Öffentlichkeit erreicht wird. Meist handelt es sich um zunächst ganz unauffällig erscheinende Männer, die plötzlich durch das Vorzeigen ihres versteiften Gliedes die Aufmerksamkeit anderer Personen – in der Regel weiblicher Jugendlicher oder Frauen – auf sich zu lenken versuchen. Es geht ihnen dabei nicht um direkten körperlichen Kontakt, sondern um das Erblicktwerden und die damit verbundenen Reaktionen der Zuschauer wie Aufschreien, Erschrecken, Davonlaufen oder Beschimpfen.

Die Ursache dieses eigentümlichen Verhaltens ist unbekannt. Allerdings vermutet man, daß eine krankhafte Störung vorliegt, zumal alle Exhibitionisten übereinstimmend angeben, daß sie vorher eine dranghafte innere Unruhe verspüren, die sich ständig steigert, bis es zum Entblößen kommt. Danach fühlen sie sich befriedigt und ruhig. Eine erfolgreiche Behandlung dieser abnormen Verhaltensweise gibt es bisher nicht. Man kann nur versuchen, durch bestimmte Medikamente das starke sexuelle Verlangen abzudämpfen. Bei regelmäßiger Einnahme geht die Neigung zum Entblößen deutlich zurück. Werden die Medikamente eigenmächtig abgesetzt, ist die Rückfallgefahr groß. Erfahrungsgemäß kann trotz guter Vorsätze der Drang so übermäßig stark werden, daß er willensmäßig nicht mehr beherrscht werden kann. Im allgemeinen nehmen die Personen, die mit einem Exhibitionisten konfrontiert werden, keinen ernsteren Schaden.

extrakorporale Befruchtung [⟨ lat. bzw. ⟨ dt.; extra „außerhalb", corpus „Körper"] ↑ In-vitro-Befruchtung.

Die **Extroversion** [⟨ lat.], auch *Extraversion*, kennzeichnet die nach außen, auf die Umwelt gerichtete Haltung eines Menschen. Der extrovertierte Mensch sucht den Kontakt zu seiner Umwelt, äußert sich gern und vielfältig, nimmt tätigen Anteil am Leben und unterscheidet sich in dieser Hinsicht vom Introvertierten (↑ Introversion). Extroversion und Introversion sind keine wesentlichen Kennzeichen für die Beurteilung eines Menschen, zumal die Grenzen zwischen beiden Haltungen fließend sind und eine Zuordnung nie frei von subjektiven Eindrücken ist.

Der **Exzeß** [⟨ lat.; excessus „Übermaß"] ist, bezogen auf den Sexualbereich, übermäßig häufiger Geschlechtsverkehr oder andere sexuelle Handlungen, die zur totalen körperlichen Erschöpfung führen und infolgedessen die Gesundheit beeinträchtigen können.

F

Die **Familie** [⟨ lat.] ist die kleinste soziale Einheit innerhalb der Gesellschaft und das zentrale Bindeglied zwischen ihr und dem Individuum. Als Familie wird im allgemeinen die engere Lebensgemeinschaft begriffen, zu der Eltern, Kinder und weitere im gemeinsamen Haushalt lebende Verwandte gehören. Zur Familie im weiteren Sinne gehören alle Menschen, die miteinander verwandt oder verschwägert sind.

Der Charakter einer Familie und ihre Entwicklung sind abhängig von der Gesellschaft, in der sie existieren. Der neue Familientyp unserer Gesellschaftsordnung, die *sozialistische Familie*, ist gekennzeichnet durch bewußt bejahende, aktiv mitgestaltende Einstellung zur und in der Gesellschaft, durch steigendes materielles und kulturelles Lebensniveau, auf dem Prin-

zip der Gleichberechtigung beruhende Beziehungen der Ehepartner, durch wachsende Bildungs-, Qualifikations- und Kulturbedürfnisse sowie zunehmend bewußtere Einstellung der Eltern zum Kind (↑ Familienplanung) und zu seiner Erziehung. Diese Merkmale unterscheidet sie von allen ihren historischen Vorläufern.
Die Familie hat biologische, ökonomische, soziale und kulturell-erzieherische Grundfunktionen. Parallel mit den Fortschritten auf ökonomischem Gebiet, wie sie mit der Lösung unseres ↑ sozialpolitischen Programms erreicht werden, gewinnt auch die kulturell-erzieherische Funktion an Bedeutung. Die Familie ist die Basis der Kindererziehung, in ihr verwirklichen sich die ersten Anfänge der Bildung einer sozialistischen Persönlichkeit, noch ehe die gestaltenden Einflüsse der Gesellschaft direkt auf das Kind einsetzen. Die bewußte Mitwirkung aller Familienmitglieder, auch der Jugendlichen, an der Persönlichkeitsentwicklung in der Familie ist eine entscheidend wichtige Aufgabe. Sie zu erkennen und erfüllen zu können gehört zur ↑ Ehefähigkeit und Familientüchtigkeit.
Der in der spätbürgerlichen Familie häufig auftretende ↑ Generationskonflikt zwischen den Familienmitgliedern hat in einer sozialistischen Familie keinen Raum. In den Beziehungen von Eltern und Kindern auftretende Probleme erweisen sich bei beiderseitiger Bereitschaft als vorübergehend und durchaus lösbar, weil sie nicht antagonistisch (d. h. unversöhnlich) sind. Alle Versuche, die sich aus den Widersprüchen der bürgerlichen Gesellschaft ergebenden Konflikte der Familie zu lösen, indem man die auf Verwandtschaft beruhende Familie durch andere Formen, wie z. B. Großfamilie oder Kommune, ersetzt, können praktisch als gescheitert angesehen werden. Noch immer stellt die Kleinfamilie die erste Möglichkeit für dauerhaftes intimes Zusammenleben und das Aufziehen von Kindern dar. Gegenseitige Liebe, ↑ Achtung der Persönlichkeit, Ehrlichkeit und Vertrauen, Treue und Verantwortungsbewußtsein, Fürsorge und Hilfsbereitschaft, Selbstbeherrschung, Taktge-

fühl und das unbedingte Einstehen füreinander erzeugen das Glück und die Geborgenheit, die für die Entwicklung von Persönlichkeit, Familie und Gesellschaft von unschätzbarem Wert sind.

Gemäß Artikel 38 der Verfassung werden Ehe, Familie und Mutterschaft unter den Schutz des Staates gestellt. Das ↑ Familienrecht dient diesem Anliegen. Im ↑ Familiengesetzbuch sind die Rechte und Pflichten der Bürger in Ehe und Familie enthalten. Auch andere Regelungen nehmen Einfluß auf die familiären Lebensverhältnisse. Dazu gehören insbesondere Rechtsvorschriften über sozialpolitische Maßnahmen für Familien mit Kindern und für ↑ junge Eheleute. ↑ Alleinstehende Mütter.

Die **Familienerziehung** [s. o. + ⟨ dt.] umfaßt alle bewußten, aber auch unbewußt sich vollziehenden Einwirkungen der Eltern auf die allseitige Entwicklung ihrer Kinder. Besondere Erziehungsbedingungen ergeben sich aus der Situation innerhalb der ↑ Familie. Tiefe emotionale (gefühlsmäßige) Bindungen an die Familienangehörigen, Geborgenheit in einer stabilen Gemeinschaft („Nestwärme") verstärken die erzieherischen Bemühungen, vor allem, da die Familienerziehung schon sehr frühzeitig einsetzt und lange und auf alle Seiten der Persönlichkeit wirken kann, wofür die ↑ Intimität des Zusammenlebens in der Familie alle Voraussetzungen liefert. Die Erziehung besteht nicht nur in der direkten Einwirkung der Eltern auf die Kinder und Jugendlichen, wichtig ist die gesamte Organisation des Lebens in der Familie, das ↑ Familienklima, die Verbundenheit der Familie mit dem gesellschaftlichen Leben und vor allem auch das Vorbild der Eltern. Erfüllt eine Familie ihre Aufgaben schlecht und sind Erziehung und Entwicklung des Kindes gefährdet, hat das Organ der ↑ Jugendhilfe nach besonderen gesetzlichen Bestimmungen Maßnahmen zu treffen.

Die Familienerziehung hat wesentlichen Einfluß auf die Entwicklung des Sozialverhaltens aller ihrer Mitglieder, besonders auch zur Vorbereitung der Heranwachsenden auf Liebe, Sexualität, Ehe und Familie. Die Möglichkeiten, die das Leben in der Familie für die Entwicklung der Persönlichkeit bietet, sind durch keine andere Erziehungsinstitution zu ersetzen. Sie kommen jedoch nur dann voll zur Geltung, wenn sie zu den Zielen und Maßnahmen der Bildung und Erziehung aller anderen Erziehungskräfte, wie Schulen und Jugend- und Kinderorganisationen nicht im Gegensatz stehen, sondern mit ihnen abgestimmt sind.

Im **Familiengesetzbuch** [s. o. + ⟨ dt. + ⟨ dt.] regelt der sozialistische Staat die Beziehungen zwischen Ehegatten, Eltern und Kindern und die wechselseitige Verantwortung der Familie einerseits, Staat und Gesellschaft andererseits. Das Gesetz leitet die Bürger dazu an, ihre Familienbeziehungen harmonisch und sinnvoll zu gestalten, es verpflichtet die Beteiligten im notwendigen Umfang zu bestimmtem Verhalten und umfaßt Formen für die Lösung von Konflikten in eigener Verantwortung oder mit staatlicher Hilfe.

Der **Familienhaushalt** [s. o. + ⟨ dt.] ist die wirtschaftliche Gemeinschaft der Ehegatten oder Eltern und Kinder, die zusammen wohnen, die Einrichtung gemeinsam nutzen und füreinander sorgen. Jeder trägt aus seinem Einkommen und durch Arbeitsleistungen dazu bei, daß die gemeinsamen Bedürfnisse und die jedes einzelnen Mitglieds entsprechend ihrer Dringlichkeit befriedigt werden. Kinder und Jugendliche können vor allem durch Arbeit im Haushalt die Eltern unterstützen. Haben sie eigenes Einkommen als Schüler, Lehrling oder Student, sind sie auf Geheiß der Eltern auch zu Beiträgen für das Wirtschaftsgeld zur Deckung laufender Ausgaben verpflichtet. Von einem bestimmten Alter an können die Eltern den Kindern Taschengeld gewähren, um sie zum eigenverantwortlichen Umgang mit Geld zu erziehen.

Mit **Familienklima** [s. o. + ⟨ griech.] kennzeichnet man die Art und Weise der Beziehungen zwischen den Familienmitgliedern, d. h. die Beziehung zwischen Vater und Mutter, Eltern und Kindern und zwischen den Geschwistern. Sind diese Beziehungen geordnet und ausgeglichen, entsteht eine Atmosphäre des Vertrauens und der gegenseitigen Achtung, die das Gefühl der Geborgenheit in der Familie erzeugt. Ein günstiges Familienklima fördert die Gesamtentwicklung der Persönlichkeit jedes einzelnen Familienmitglieds und wirkt weit über die Familie hinaus. Es befähigt den Heranwachsenden auch zu einem guten Partnerwahlverhalten und prägt maßgeblich die Vorstellungen, wie er sein künftiges Ehe- und Familienleben gestalten will.

Das **Familienleben** [s. o. + ⟨ dt.] ist die Gestaltung des Miteinanders aller Familienmitglieder in allen Tätigkeiten für die Familie sowie in Freizeit und Erholung. Je besser die Lebensordnung gefügt, der Tagesablauf geplant, die Arbeitsteilung organisiert und die Interessen aufeinander abgestimmt sind, desto reibungsloser verläuft es. Ein ausgewogenes Familienleben sichert aber nicht nur die Befriedigung der materiellen und kulturellen Bedürfnisse aller Familienmitglieder innerhalb der eigenen vier Wände. Die gegenseitige Achtung, Hilfe und Rücksichtnahme, die ein harmonisches Familienleben kennzeichnen, schaffen auch die besten Voraussetzungen für die Erfüllung schulischer, beruflicher und gesellschaftlicher Verpflichtungen der einzelnen Familienmitglieder.

Der **Familienname** [s. o. + ⟨ dt.] ist wesentlicher Teil des Namens, d. h. der Bezeichnung des Menschen in den gesellschaftlichen und rechtlichen Beziehungen. Im Gegensatz zum Vornamen, den die Eltern bei Anmeldung der Geburt zu bestimmen haben, wird der Familienname nach gesetzlichen Regeln übertragen, weil er die Zugehörigkeit des Menschen zu einer Familie, bzw. seine Abstammung zum Ausdruck bringt. Das Kind erhält den Namen, den zur Zeit seiner Geburt die Eltern führen. Ist die Mutter nicht verheiratet, erhält es ihren Familiennamen. Ehegatten führen einen gemeinsamen Familiennamen. Sie müssen sich bei der ↑ Eheschließung entscheiden, ob sie den Namen des Mannes oder der Frau wählen. Das ist dann verbindlich. Ausnahmsweise kann das Organ des Personenstandswesens einem Ehegatten erlauben, dem gewählten Namen seinen früheren anzufügen, also einen Doppelnamen zu führen, wenn dafür ein berechtigtes Interesse besteht, z. B. weil er unter seinem früheren Namen durch besondere Leistungen bekannt geworden war. Der Erziehungsberechtigte hat das Recht, den Namen der Kinder abändern zu lassen, wenn er einen anderen Namen trägt als sie, z. B. nach Ehescheidung durch Wiederverheiratung. Haben die Kinder das 14. Lebensjahr vollendet, bedarf eine Namensänderung ihrer Zustimmung. Bei Kindern aus geschiedener Ehe muß der andere Elternteil einwilligen, wenn das Kind nicht mehr den früheren gemeinsamen Familiennamen führen soll. Im Interesse des Kindes kann diese Zustimmung durch das Organ der Jugendhilfe ersetzt werden.

Die **Familienplanung** [s. o. + ⟨ lat.] entstand aus dem Wunsch heraus, die Zahl der Kinder und den Zeitpunkt ihrer Geburt nicht dem Zufall überlassen zu müssen, sondern selbst darüber bestimmen zu können. Ihr Grundanliegen ist die Förderung einer bewußten Elternschaft. Das Kind soll von beiden Eltern gewollt sein und dann geboren werden, wenn es für beide Ehepartner am günstigsten ist. Auf diese Weise kann die Frau sich auch bei Mutterschaft weiterbilden und ihre Persönlichkeit ihren Neigungen gemäß entfalten.

Familienplanung bedeutet ↑ Empfängnisverhütung und Geburtenregelung, umfaßt aber noch andere wichtige Bereiche, wie die Mitwirkung bei der sexualethischen Erziehung der Kinder und Jugendlichen, die Bera-

tung bei Sexual- und anderen Partnerschaftsproblemen sowie Beratung bei Kinderwunsch.
Um den Gedanken der Familienplanung in die Praxis umzusetzen, wurde in der DDR ein Netz von ↑ Ehe-, Familien- und Sexualberatungsstellen geschaffen, in denen sich jeder Bürger informieren und beraten lassen kann.
Über persönliche und nationale Aspekte hinaus ist Familienplanung bei der gegenwärtig stürmisch anwachsenden Weltbevölkerung auch von großer internationaler Bedeutung. Sie ist kein Ersatz für soziale oder ökonomische Verbesserungen, bildet aber in industriell unterentwickelten Ländern einen wichtigen Bestandteil eines generellen Entwicklungsprogrammes. In diesem Sinne arbeitet eine weltweite Organisation, die Internationale Gesellschaft für geplante Elternschaft (*International Planned Parenthood Federation/IPPF*). Zu ihren inzwischen über 120 Mitgliedsländern gehört auch die DDR.

Das **Familienrecht** [s.o. + ⟨ dt.] ist ein Teil des sozialistischen Rechts, d. h. der Normen, mit denen der sozialistische Staat das Verhalten der Bürger verbindlich festlegt. Es enthält diejenigen Regeln, die im Verhältnis von Familienangehörigen untereinander oder zwischen Familie und Gesellschaft zu beachten sind. Den Kern bildet das ↑ Familiengesetzbuch. Mit ihm verwirklicht der Staat eine Familienpolitik, die darauf gerichtet ist, daß die Bürger sinnvolle Beziehungen auf der Grundlage einer harmonischen, dauerhaften ↑ Ehe begründen, aus der Kinder hervorgehen, die in der Gemeinschaft der Familie in Geborgenheit aufwachsen und zu selbständig und verantwortungsbewußt handelnden Staatsbürgern herangebildet werden. Dazu schafft der sozialistische Staat planmäßig, insbesondere im Rahmen der Sozialpolitik, und zielgerichtet günstige Bedingungen.

Der **Fan** [sprich: fən; ⟨ engl.] ist ein Anhänger, Verehrer. Die Fans betrachten die von ihnen gewählten Personen nicht selten als ihr ↑ Ideal, ohne zu merken, daß es meistens nur ↑ Idole sind, die sie nur oberflächlich kennen.

Fehlgeburt ↑ Abort.

Die **Fellatio** [⟨ lat.] ist eine Sonderform geschlechtlicher Beziehungen, bei der der Mann das Glied nicht in die Scheide, sondern in den Mund der Partnerin einführt (sog. *Oralkoitus*). Die Erregung wird durch rhythmische Bewegungen der Mund- und Backenmuskulatur sowie durch Saugen gesteigert und kann bis zum Orgasmus führen. Das dabei vorkommende Herunterschlucken der Samenflüssigkeit ist nicht schädlich, doch mancher Frau nicht angenehm. Diese oralgenitale Beziehung gilt heutzutage wie ↑ Cunnilingus nicht mehr als abnorm, sondern gehört für viele mit zum Liebesspiel, wobei auch beides zusammen (Frau Fellatio, Mann Cunnilingus) ausgeführt werden kann. Auch bei männlichen Homosexuellen kommt Fellatio vor. Ob man Fellatio vornimmt, hängt von den Wünschen beider Partner ab. Wer es nicht mag, den sollte man nicht dazu veranlassen.

feminin [⟨ lat.]: weiblich.

Die **Feminisierung** [s. o.] ist das Auftreten weiblicher Geschlechtsmerkmale bei Männern, meist infolge hormoneller Störungen.

femoraler Verkehr [⟨ lat. bzw. ⟨ dt.] ↑ Geschlechtsverkehr.

Die **Fertilität** [⟨ lat.] ↑ Fruchtbarkeit.

Die **Feststellung der Vaterschaft** ist notwendig, wenn die Mutter bei der Geburt des Kindes nicht verheiratet ist, es auch innerhalb von 302 Tagen vor der Geburt nicht war, oder wenn die Vaterschaft des Ehemannes erfolgreich angefochten wurde (↑ Anfechtung der Vaterschaft). Zur Feststellung erklärt der Vater mit Zustimmung der Mutter gegenüber dem Organ der Jugendhilfe oder dem staatlichen Notariat, bei beabsichtigter Heirat auch vor dem Standesamt, daß er die Vaterschaft anerkennt. Das wird – meist zusammen mit der Verpflichtung, Unterhalt zu zahlen – in einer Urkunde festgehalten. Kommt es nicht zur Anerkennung, kann die Mutter mit einer Klage *gerichtliche* Feststellung der Vaterschaft beantragen. Dazu ist auch das Kind befugt, wenn es 18 Jahre alt geworden ist, allerdings nur innerhalb eines Jahres ab Kenntnis der vermutlichen Vaterschaft. Als Vater wird festgestellt, wer mit der Mutter in der Zeit zwischen 181. und 302. Tag vor der Geburt Geschlechtsverkehr hatte, sofern er nicht durch Blutgruppengutachten oder andere naturwissenschaftliche Nachweise als Erzeuger ausgeschlossen wird oder die Vaterschaft eines anderen Mannes wahrscheinlicher ist.

Fetischismus [⟨ franz. ⟨ portugies.; franz. fétiche „Götzenbild"] ist zunächst der Glaube an geheimnisvolle, übernatürliche Kräfte bestimmter, oft seltsam geformter Gegenstände, der *Fetische*, und kommt als solcher bei Naturvölkern vor. Im Sexualbereich ist der Fetischismus eine abartige Verhaltensweise, bei der an Stelle des Partners ein Fetisch tritt. Die verschiedensten Dinge, wie z. B. weibliche Kleidungsstücke, können zum Fetisch werden; sie symbolisieren sozusagen die Partnerin. Das Besitzenwollen eines Fetischs kann direkt zum Zwang ausarten, deshalb kommt es manchmal sogar zum Diebstahl des ersehnten Objekts. Meist wird es in direkte Berührung mit den Geschlechtsorganen gebracht und auf diese Weise zur sexuellen Befriedigung benutzt. Körperlicher Kontakt mit einem Partner wird dagegen gar nicht erst erstrebt.
Die Ursache dieses eigentümlichen Verhaltens kennt man bisher nicht, möglicherweise sollen Ereignisse in der Kindheit, die mit dem Fetisch in Zusammenhang stehen, als Schlüsselerlebnis dienen.

Der **Fetus** [⟨ lat.; Plural: Feten] oder *Fötus* ist die Bezeichnung der menschlichen Frucht von der 11. Schwangerschaftswoche bis zur Geburt. Vor dieser Zeit spricht man von ↑ Embryo.
Die Trennung in *Embryonal- und Fetalentwicklung* hat medizinisch-wissenschaftliche Gründe, die sich auf die unterschiedlichen Entwicklungsabläufe beziehen. Störungen während der Embryonalentwicklung führen zu Fehlbildungen verschiedener Körperorgane. Mit Beginn der Fetalentwicklung ist dagegen die Anlage der Körperorgane abgeschlossen.
Der Fetus zeigt schon deutlich die menschliche Gestalt mit einer groben äußeren Geschlechtsentwicklung. Zwischen der 11. und 26. Schwangerschaftswoche ist der Körper mit einer dichten Lanugobehaarung bedeckt. Die Gewebe der verschiedenen Organe (z. B. Leber) beginnen zu reifen, und die Drüsen der Haut und Schleimhäute sondern ab. Der Fetus beginnt Fruchtwasser zu schlucken und gibt Urin ins Fruchtwasser ab. Die Muskeltätigkeit nimmt zu, und die ersten Atembewegungen werden ausgeführt. Aus Fruchtwasserbestandteilen, Gallensaft und abgestoßenen Schleimhautzellen des Magen- und Darmkanals bildet sich das sog. Kindspech (*Mekonium*). Zwischen der 18. und 20. Schwangerschaftswoche werden die Bewegungen des Fetus von der Mutter erstmalig gespürt. Nach der 27. Schwangerschaftswoche wird die Lanugobehaarung spärlicher, die Haut dicker, und das Unterhautgewebe nimmt zu. Dadurch werden die Körperformen weiter ausgeprägt. Die Zeit zwischen der 28. und 40. Schwangerschaftswoche ist durch eine rapide Gewichtszunahme gekennzeichnet. Am Ende der 28. Schwangerschaftswoche hat der Fetus ein Durchschnittsgewicht von 1000 g, am Ende der Schwangerschaft (40. Woche) ein durchschnittliches Gewicht von 3400 g und eine Länge von 51 cm. Die Fetalentwicklung ist mit der Geburt beendet.

Ficken bedeutet zunächst *reiben*. Das Wort ist noch im Neuhochdeutschen in dieser Bedeutung gebräuchlich, ohne anstößig zu wirken. Als Bezeichnung für den Geschlechtsverkehr ist es vermutlich aus dem Wort „die Ficke" herzuleiten, mit dem eine verborgene Tasche in einem Kleidungsstück benannt wurde. Diese Bezeichnung wurde dann als verschleiernder

Begriff für die weiblichen äußeren Geschlechtsorgane und danach für Geschlechtsverkehr gebraucht. Heute ist es eine Vulgärbezeichnung. ↑ vulgär.

Als **Fingerspiel** bezeichnet man das Streicheln und Reiben des ↑ Kitzlers, das die meisten Frauen sexuell erregt und sie für den Geschlechtsverkehr einstimmt. Es gehört deshalb auch zum Vorspiel. Bei einem hohen Prozentsatz von Frauen bewirkt diese Form der sexuellen Stimulierung bereits einen ↑ Orgasmus.

FKK ist die Abkürzung für ↑ Freikörperkultur.

Der **Flagellantismus** [⟨ lat.; flagellum „Geißel", „Peitsche"] ist eine sexuelle Abartigkeit, bei der sexuelle Befriedigung durch Schlagen (*Flagellation*) erzielt wird. Beim passiven Flagellantismus (↑ Masochismus) läßt man sich schlagen oder peitschen – bevorzugte Stelle ist das entblößte Gesäß –, bei der aktiven Form (↑ Sadismus) schlägt der Betreffende andere und erlangt dadurch seine Befriedigung.

Am Ausgang des Mittelalters gab es in Europa eine weit verbreitete Bewegung (die Flagellanten), deren Mitglieder sich zur Buße mit Ruten und Peitschen geißelten, wobei vermutlich auch sexuelle Motive mitspielten.

Flirten [⟨ engl.] ist eine Umgangsform der Geschlechter mit unterschiedlicher Zielstellung. Die einen versuchen, durch einen Flirt einen Partner zu gewinnen, Kontakte aufzunehmen, die anderen wollen lediglich bekunden, daß der angeflirtete Mensch sympathisch, reizvoll ist und Qualitäten hat, die man schätzt. Miteinander flirten können Menschen jeden Alters. Häufige Formen des Flirtens sind: Anlachen, Necken, Komplimente machen, Bewunderung zum Ausdruck bringen. Flirten setzt Takt, Humor, Geist und Witz, aber auch Achtung vor dem anderen voraus. Vorsicht ist vor dem Flirt geboten, der nur oberflächliches Imponiergehabe und Zeichen der Unfähigkeit ist, tiefe und dauernde Partner- bzw. Liebesbeziehungen zu entwickeln.

Flittchen nennt man sexuell haltlose Mädchen oder Frauen.

Flitterwochen werden die ersten 6 Wochen nach der Hochzeit genannt. Früher war es üblich, in dieser Zeit bei jungen Paaren weder Besuche zu machen, noch solche von diesen zu erwarten, um ihnen ausreichend Gelegenheit zu geben, sich geistig und körperlich aufeinander einzustellen.

Flöte wird das ↑ Glied genannt (↑ jugendliche Umgangssprache).

Der **Fluor** [⟨ lat.] ↑ Ausfluß.

Der **Follikel** [⟨ lat.] ↑ Eierstöcke.

Follikelsprung [s. o. bzw. ⟨ dt.] ↑ Eisprung.

Fortpflanzungsorgane ↑ Geschlechtsorgane.

Die **Fotze** ist eine vulgäre Bezeichnung für die äußeren weiblichen Geschlechtsteile.

Frauenheilkunde ↑ Gynäkologie.

Freie Liebe ist ein Schlagwort, das meist im Gefolge einer ↑ Sexwelle hochgespielt wird und die Forderung nach uneingeschränkter sexueller Freiheit enthält und propagiert.

Die **Freikörperkultur**, Abk. *FKK*, ist Baden und Sonnen mit nacktem Körper, gemeinsam für Frauen, Männer und Kinder. Man läßt so bei Sport und Spiel und beim Schwimmen Luft, Sonne und Wasser ungehindert auf den ganzen Körper einwirken. Ursprünglich entstand die Freikörperkultur als Protestbewegung gegen die dogmatischen Gebote der Religionen, die den unbekleideten Körper für „unsittlich" erklärten und jegliches Anschauen, selbst im intimen Eheleben, verpönten. Nach vielen Kämpfen, sogar unter Strafandrohung durch Gesetze gestellt, hat die Freikörperkultur ihren Platz im Leben behauptet, und ihre Anhänger weisen die Verdächtigungen, sich aus unsittlichen Motiven oder Lüsternheit dem Sonnen, Baden oder Spielen in freier Natur unbekleidet hinzugeben, zurück. Nach ursprünglich nur den FKK-Anhängern vorbehaltenen wenigen Reservaten haben sich nun an den Badeplätzen weitgehend Mischformen durchgesetzt, d. h., wer mag, kann „mit" und „ohne" baden.

Fremdgehen ist eine umgangssprachliche Bezeichnung für ↑ außerehelichen Geschlechtsverkehr bzw. Intimkontakt neben einer bereits länger bestehenden sog. „festen" Freundschaft. Es ist meist ein Zeichen von Unehrlichkeit gegenüber dem Partner.

Freudenhaus ↑ Bordell.

Freudenmädchen ↑ Bordell, ↑ Prostitution.

Freundschaft ist eine enge persönliche Beziehung zwischen 2 Menschen, die auf Achtung, Verständnis und Vertrauen, gemeinsamen Interessen und dem gemeinsamen Streben nach bedeutsamen Zielen beruht und eine starke Gefühlsbindung aufweist. Einander freund sein bedeutet, ehrlich und offen zueinander zu sein, stets füreinander da zu sein, Freud und Leid miteinander zu teilen, einander anspruchsvoll zu fordern, sich gegenseitig zu fördern und Verantwortung füreinander zu übernehmen. Freundschaften sind zwischen gleichgeschlechtlichen Partnern ebenso wie zwischen einem Mädchen und einem Jungen möglich. Freunde unterschiedlichen Geschlechts stehen sich jedoch anders gegenüber als gleichgeschlechtliche und begegnen sich mit zunehmendem Alter anders. Ohne vorrangig sexuell orientiert zu sein, entwickelt sich in einer solchen Freundschaft meist das Bedürfnis nach körperlicher Nähe und Zärtlichkeit. Deshalb wohnt der Freundschaft die Tendenz zur Liebe inne, und aus Freundschaft kann tatsächlich Liebe werden und unter günstigen Bedingungen zu einer dauerhaften Verbindung führen.

Eine Freundschaft fördert die Persönlichkeitsentwicklung und ist auch der Hinwendung zur größeren Gemeinschaft, dem Kollektiv in Arbeit, Schule oder Jugendorganisation, nicht abträglich. Sie verdient deshalb die Förderung durch die Eltern und Erzieher.

Mit **Frigidität** [⟨ lat.; frigiditas „Kälte"] bezeichnete man früher eine Störung der sexuellen Erlebnisfähigkeit der Frau, die oft von einer Störung des sexuellen Verlangens oder der Libido begleitet war. Heute spricht man besser von ↑ Libido- und Orgasmusstörungen (↑ Anorgasmie).

frivol [⟨ franz.]: leichtfertig, anzüglich, schlüpfrig, zweideutig.

Der **Frotteurismus** [⟨ franz.] stellt ein sexuell abartiges Verhalten dar, wobei die sexuelle Erregung dadurch zustande kommt, daß der Betreffende an Stelle des Geschlechtsverkehrs im Menschengedränge die Berührung meist weiblicher Personen sucht. Er drückt sich an sie oder versucht, sich an ihnen zu reiben, wobei er einen möglichst engen Kontakt seiner Geschlechtsorgane mit dem Körper der anderen Person erstrebt und so zum Orgasmus kommt. Diese seltene sexuelle Ersatzhandlung beobachtet man meist bei sexuell gehemmten Menschen, die solche anonymen Beziehungen einer persönlichen Bekanntschaft vorziehen. Durch ↑ Psychotherapie kann man eine Besserung dieser Störung versuchen, doch läßt sie sich nicht immer beseitigen.

Fruchtbare Tage nennt man die Zeitspanne während eines ↑ Zyklus der geschlechtsreifen Frau, in der eine ↑ Befruchtung (*Konzeption*) möglich ist. Außerhalb dieser fruchtbaren Tage besteht Unfruchtbarkeit. Die rhythmische Wiederkehr dieser fruchtbaren Tage und der unfruchtbaren Zeitspanne ist die biologische Grundlage für die *Rhythmus- oder Kalendermethode* oder die ↑ *Knaus-Ogino-Methode* als Mittel zur Empfängnisverhütung. Eine Befruchtung ist während eines Zyklus nur innerhalb weniger Tage möglich. Der Grund ist der nur einmal stattfindende ↑ Eisprung. Die dabei aus dem Eierstock freigesetzte Eizelle ist nur 6–12 Stunden befruchtungsfähig. Danach geht sie zugrunde. Die Lebensdauer der männlichen Samenfäden beträgt maximal 50 Stunden. Aus der Lebensdauer der Eizelle und der der Samenfäden ergibt sich die Zeitspanne der fruchtbaren Tage. Sie beginnt 3 Tage vor dem Eisprung, da Samenfädchen im Inneren der weiblichen Geschlechtsorgane über diese Zeit befruchtungsfähig bleiben können, und endet 24 Stunden nach dem Eisprung mit dem Zugrundegehen der Eizelle. Als *Konzeptionsoptimum*, d.h. als günstige Zeit für die Befruchtung, gilt ein Zeitraum von 3 bis 4 Tagen, der zwischen 2–3 Tagen vor und einem Tag nach dem Temperaturanstieg anzusetzen ist. Die Beratung und Aufklärung über die fruchtbaren Tage aus der Basaltemperaturkurve spielt besonders bei dringendem Kinderwunsch eine Rolle.

Fruchtbarkeit oder *Fertilität* ist die Fähigkeit von Frau und Mann, Kinder zu zeugen (↑ Zeugungsfähigkeit).

Fruchtbarkeitsregelung ist die Einflußnahme auf die Fortpflanzung durch Empfängnisregelung und durch die Behandlung unfruchtbarer Frauen oder Männer.

Die **Fruchtblase** oder der *Fruchtsack* besteht aus den ↑ Eihäuten. Springt die Fruchtblase nach normaler Schwangerschaftsdauer während der Eröffnungsperiode, also nach dem Einsetzen von Wehen, so spricht man vom *rechtzeitigen Blasensprung*. Blasensprung vor dem Eintreten der Wehen wird als *frühzeitiger Blasensprung* bezeichnet. Ein Blasensprung sollte spätestens dann eintreten, wenn der Muttermund vollständig eröffnet ist. In der modernen Geburtshilfe wird häufig die Fruchtblase nach Wehenbeginn „gesprengt", d.h. künstlich eröffnet, um damit den Geburtsablauf zu beschleunigen.

Fruchtsack ↑ Fruchtblase.

Das **Fruchtwasser**, medizinisch *Amnionflüssigkeit*, wird von der inneren Eihaut, dem *Amnion* (Schafshaut oder Wasserhaut) gebildet. Geringe Fruchtwassermengen sind bereits vor der 9. Schwangerschaftswoche vorhanden, am Ende der Schwangerschaft beträgt die durchschnittliche Menge etwa 800 ml. Nach Überschreiten des Geburtstermines sinkt die Fruchtwassermenge ab. Das Fruchtwasser schützt den ↑ Fetus vor allem vor mechanischen Schädigungen und dient auch der Ernährung der Frucht in den späten Schwangerschaftsmonaten. Ab der 12. Schwangerschaftswoche trinkt der Fetus zunehmende Mengen an Fruchtwasser und deckt etwa ab 20. Schwangerschaftswoche damit seinen gesamten Flüssigkeitsbedarf.

Die **Frühgeburt** ist eine Geburt, die im Zeitraum von der 29. bis zur 38. Schwangerschaftswoche stattfindet. Die Körperlänge des Frühgeborenen beträgt 35–45 cm, sein Gewicht 1000–2500 g. Alle Kinder mit einem Geburtsgewicht unter 2500 g werden als Frühgeborene oder Frühgeburten registriert. Je größer das Frühgeborene ist, desto größer sind seine Aussichten zu überleben. Etwa 10% aller Geburten sind Frühgeburten. Die Ursachen für das Zustandekommen der Frühgeburten sind noch nicht genügend bekannt. In der Hälfte der Fälle findet man eine Funktionsschwäche des Mutterkuchens. Andere Ursachen sind Infektionen des Kindes, Zwillingsschwangerschaften oder ein vorzeitiges Öffnen des Gebärmutterkanals.

Frühanzeichen (*Frühsymptome*) einer Frühgeburt sind *Wehen* und *Blasensprung*. Bei den geringsten Anzeichen für eine drohende Frühgeburt ist die Schwangere unverzüglich in die nächste Frauenklinik oder eine geburtshilfliche Abteilung zu bringen.

In den letzten Jahren gelang es in Spezialabteilungen zur Betreuung von Frühgeborenen immer häufiger, auch Kinder mit einem Geburtsgewicht um 1000 g erfolgreich zu behandeln (↑ Inkubator).

Die **Frustration** [⟨ lat.; frustratio „Täuschung", „Vereitelung"] kennzeichnet den Zustand eines Menschen, der Bedürfnisse nicht befriedigen konnte, seien sie nun elementarer biologischer Natur oder seien es gesellschaftliche Erwartungen bzw. persönliche Ziele. Als Ursachen von Frustrationen im Intimbereich kommen Mangel an Befriedigungsgelegenheiten, unreale und engherzige Moralgebote, Drohungen, Strafen, erzwungene Verzichte und ähnliches in Frage. Frustrationen werden als Enttäuschung, Mißtrauen, Gehemmtsein, Sichzurückgesetztfühlen und Verletztsein erlebt. Die einzelnen Menschen neigen je nach ihrer Persönlichkeitsentwicklung und ihren Erfahrungen unterschiedlich stark zu Frustrationen. Die ausbleibende Beglückung beim Intimkontakt, lang verhinderte Sexualaktivitäten, abstoßende Sexualpraktiken, aber auch unreale Anforderungen können sich für die Gestaltung von Intimbeziehungen frustrierend auswirken und in extremen Fällen so weit führen, daß diese vermieden oder nur mit Widerwillen oder Hemmungen aufgenommen werden. In einer solchen Situation, die auch das Allgemeinbefinden der davon betroffenen Person beeinträchtigt, sollte man sich offen aussprechen oder in einer ↑ Ehe-, Familien- und Sexualberatung um Rat fragen. Mit dauernden vom Partner verursachten Frustrationen kann man in einer Paarbeziehung der Geschlechter nicht glücklich leben. Aus Dauerfrustrationen können psychische Dauerstörungen (*Neurosen*) entstehen. Als Folgereaktion von Frustrationen finden sich aggressives Verhalten, Rückfälle auf frühere (*infantile*) Verhaltensweisen, Depressionen, Flucht in die Krankheit u. a. Zu der für die weitere normale Entwicklung der Persönlichkeit erwünschten Verarbeitung und Überwindung von Frustrationen bedarf es oft der Hilfe anderer Menschen oder ärztlicher Behandlung (↑ Psychotherapie).

Die **Fud**, auch *Futt*, ist eine vulgäre Bezeichnung für die äußeren weiblichen Geschlechtsteile.

fummeln: reibende Bewegungen und Spielereien an den Genitalorganen vollführen.

G

Galan [⟨ span. ⟨ arab.] sagt man meist spöttelnd für einen Verehrer oder Liebhaber eines Mädchens oder einer Frau.

galant [⟨ span. ⟨ franz.]: veraltet für höflich, zuvorkommend, mit guten Umgangsformen bei Mädchen und Frauen. – Substantiv: die *Galanterie*.

Gameten [⟨ griech.] ↑ Keimzellen.

Gängelei ist eine pädagogische Führung des Heranwachsenden durch Eltern oder Erzieher, die alles vorschreibt, einseitig auf passiven Gehorsam orientiert und dem Jugendlichen kaum Gelegenheit gibt, sein Verhalten selbst zu wählen und zu verant-

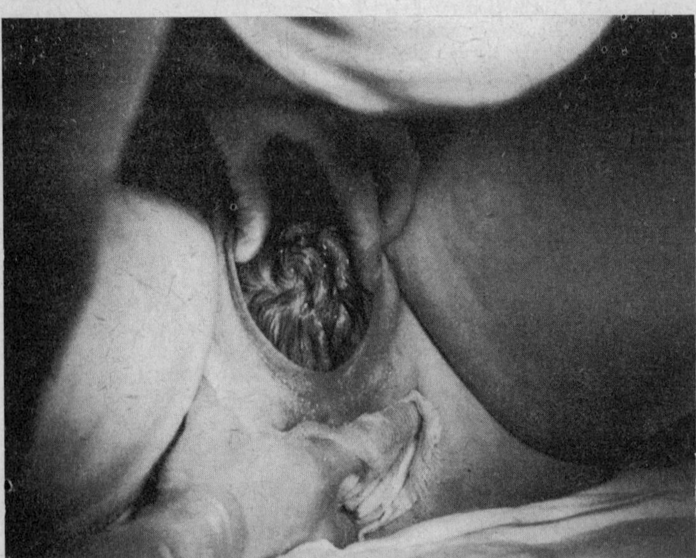

worten. Gängelei hemmt die Entwicklung der Persönlichkeit, macht unselbständig, behindert das Entstehen sittlicher Motive, die Bereitschaft, Verantwortung zu übernehmen und die Fähigkeit zu sittlicher Entscheidung. Wer immer nur in den Grenzen des vom Erzieher Verbotenen oder Erlaubten zu handeln gewöhnt war, wird später kaum die Tragweite seines Handelns überblicken können.

Die **Gebärmutter** oder der *Uterus* ist ein etwa 7–9 cm langes muskuläres Hohlorgan. Der breitere obere Teil ist der *Gebärmutterkörper.* Der Innenraum wird als *Gebärmutterhöhle* bezeichnet, die von einer Schleimhaut, dem *Endometrium,* ausgekleidet ist. Diese zeigt in Abhängigkeit vom weiblichen ↑ Zyklus eine rhythmisch wechselnde Dicke.

Die Gebärmutterhöhle ist ein dreieckiger Hohlraum. In die beiden oberen Ecken des Dreiecks münden die ↑ Eileiter, die den vom Eierstock freigesetzten Eizellen als Transportweg dienen. Nach unten geht die Gebärmutter in den schlanken *Gebärmutterhals* über. Er ragt zapfenförmig in die Scheide hinein und wird als *Portio* bezeichnet. Der Eingang zur Gebärmutter in die Scheide ist der Muttermund. Während einer Schwangerschaft nimmt die Gebärmutter an Größe zu. Es kommt dabei nicht nur zu einer Größenzunahme der schon vorhandenen Muskelzellen um das 7–10fache, sondern auch zu einer Neubildung von Muskelzellen aus Bindegewebe. Das Gesamtgewicht der Gebärmutter von etwa 50 g im nichtschwangeren Zustand erhöht sich auf über 1000 g am Ende der Schwangerschaft. Durch zusätzliche Dehnung der Wand wird der notwendige Raumzuwachs erzielt (↑ Wochenbett).

Die **Geburt** eines Kindes ist für jede Frau ein unvergleichliches Erlebnis, welches sie meist für immer im Gedächtnis behält. Die während der Schwangerschaft bestehende freudige Erwartung findet hier ihre Krönung. Wenn die Mutter ihr Kind zum ersten Mal erblickt, sind meist alle mit der Schwangerschaft und Geburt verbundenen Belastungen schnell vergessen (↑ Mutterschaft). Medizinisch versteht man unter Geburt die selbständige

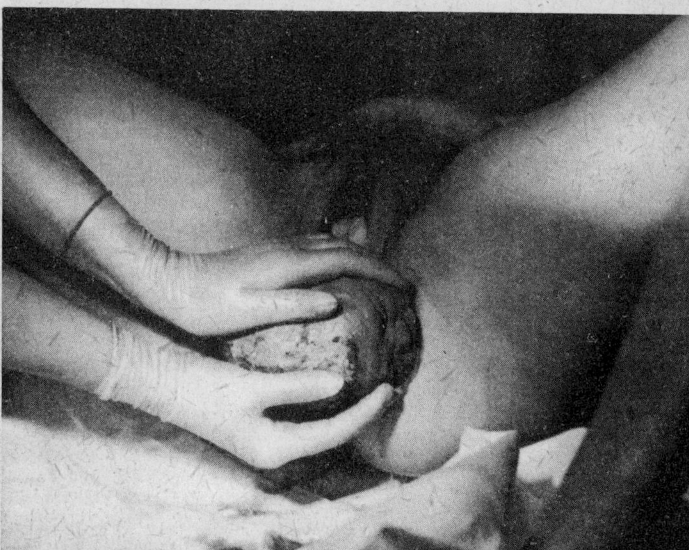

und vollständige Ausstoßung der Frucht und ihrer Anhänge nach der 28. Schwangerschaftswoche (↑ Frühgeburt). Als *Lebendgeburt* gilt jedes Kind, das nach der Geburt Zeichen des Lebens (wie selbständige und rhythmische Atmung und Herzschlag) zeigt, unabhängig von der Dauer der Tragzeit und der Größe des Kindes.

Als *Totgeburt* bezeichnet man ein Kind, das nach der 28. Schwangerschaftswoche mit einer Größe über 35 cm tot geboren wurde.

Die Geburt beginnt mit dem Einsetzen regelmäßiger Wehen und endet 2 Stunden nach Ausstoßung der sog. *Nachgeburt* (Mutterkuchen und Eihäute). Der Geburtsverlauf wird in 3 Abschnitte (Perioden) unterteilt: 1. *Eröffnungsperiode:* In dieser Zeit wird durch regelmäßige Wehen der Muttermund eröffnet und der Geburtsweg frei. – 2. *Austreibungsperiode:* Die Zeit zwischen vollständiger Eröffnung des Muttermundes und der Geburt des Kindes. – 3. *Nachgeburtsperiode:* Die Zeit zwischen der Geburt des Kindes und der Ausstoßung der Nachgeburt. In der Eröffnungsperiode wird der weiche Geburtskanal (Gebärmutterhalskanal, Beckenbodenmuskeln und Scheide) so umgeformt, daß der kindliche Körper diesen ohne Schwierigkeiten passieren kann. Ist der Muttermund vollständig eröffnet, beginnt die Austreibungsperiode. Die Gebärende (die Kreißende) verspürt einen Zwang zum Mitpressen. Dadurch rückt der vorangehende Teil mit jeder Wehe tiefer vor und drängt die Beckenbodenmuskulatur und die Schamlippen auseinander. Schließlich wird das Hinterhaupt geboren, und der kindliche Kopf streckt sich; es werden bei dieser Streckbewegung Vorderhaupt, Stirn, Augenpartie, Nase, Mund und Kinn und schließlich der ganze Kopf geboren. Die Geburt der übrigen Körperteile geschieht mit der nächsten Preßwehe. Bei jeder Geburt sind eine Hebamme und ein Arzt anwesend, die den Geburtsverlauf überwachen. In der Austreibungsperiode unterstützt die Hebamme durch Handgriffe den natürlichen Vorgang. Um Dammrisse zu vermeiden, läßt die Hebamme den kindlichen Kopf langsam über den Damm gleiten. Nach der Geburt des Kindes wird durch erneut einsetzende Wehen der ↑ Mutterkuchen von der Gebärmutterwand abgelöst und unter kräftiger Mithilfe der Bauchpresse herausbefördert. Nach dem Ausstoßen der Nachgeburt ist die Geburt beendet, das ↑ Wochenbett beginnt (↑ schmerzarme Geburt). *2 Abb.*

Geburtenregelung ist die Ausübung des Rechtes, Zahl und Abstand der Geburten nach eigenen Lebensumständen festzulegen (↑ Familienplanung).

Der **Geburtstermin** ist der anhand von Angaben der Schwangeren oder geburtshilflichen Befunden errechnete Tag der zu erwartenden Geburt. Am errechneten Geburtstermin werden nur 1/20, in der Zeit von ± 10 Tagen um den errechneten Termin 2/3 der Kinder geboren. Wird der Geburtstermin jedoch um mehr als 8 Tage überschritten, muß ein Frauenarzt aufgesucht werden, da bei Überschreitung der Tragzeit das Kind in Gefahr gerät. In der Praxis erfolgt die Berechnung des Geburtstermins nach der letzten normalen Menstruation. Man rechnet vom ersten Tag der letzten Regelblutung 3 Kalendermonate zurück und zählt 7 Tage dazu. Diese Berechnung enthält den sog. *Kalenderfehler.* Er beträgt etwa einen Tag und kommt durch die unterschiedliche Länge der Kalendermonate zustande. Damit berechnet man nach dieser Regel nicht 280, sondern 281 Tage. Ist der Schwangeren der Konzeptionstermin bekannt, zählt man zu diesem 267 Tage dazu und erhält den Geburtstermin. Eine moderne Methode zur Bestimmung des Geburtstermins ist die Messung des kindlichen Kopfes mit Hilfe des Ultraschall-B-Bild-Verfahrens.

Das **Gefühl** ist eine Reaktionsweise (Art und Weise der Rück- und Gegenwirkung) des Menschen auf seine Erlebnisse oder Eindrücke. Gefühle, auch *Emotionen* genannt, aktivieren die menschlichen Strebungen zur Befriedigung von Bedürfnissen, dem Erreichen von Zielen, seiner gesamten Tätigkeit und haben Einfluß auf seine Grundhaltung als Persönlichkeit. Gefühle wie Liebe, Haß, Ekel, Scham, Freude, Furcht werden unterschiedlich erlebt und sind meistens mit – z. T. sichtbaren – Veränderungen des Körperzustandes verbunden, so z. B. mit Herzklopfen, Außeratemkommen, Erröten, Erblassen, Schwitzen, Weinen u. a. Durch lebhafte Vorstellungen, durch Autosuggestion (*Selbstbeeinflussung*) können sich viele Menschen in bestimmte Gefühlszustände versetzen, in der Regel bedarf es aber dazu bestimmter gefühlsauslösender Reize. An der Entstehung von Gefühlen ist das gesamte Nervensystem beteiligt. Gefühle bringen die persönliche Beziehung des Menschen zu Personen, Dingen, Erscheinungen und Vorgängen zum Ausdruck. Sie verändern sich im Laufe der Persönlichkeitsentwicklung durch Änderung der Lebensumstände und die Lebenserfahrungen. Liebe kann in Haß umschlagen, Freude sich zur Enttäuschung wandeln. Die Achtung und Beachtung der Gefühle des Partners, das Nachdenken darüber, wie das eigene Verhalten auf ihn gefühlsmäßig wirkt, sind wichtig für die Gestaltung von Paarbeziehungen. Die Mißachtung oder das Nichterkennen der Gefühle des geliebten Menschen frustrieren (↑ Frustration) diesen nicht selten.

geil: sexuell erregt, gierig nach sexuellen Erlebnissen.

Der **Gelbkörper**, medizinisch *Corpus luteum*, ist eine innersekretorische Drüse, die aus den Hüllen des gesprungenen Follikels nach dem ↑ Eisprung entsteht. Die Follikelzellen verändern ihre Form und färben sich gelb, daher die Bezeichnung *Gelb*körper. Sie sind die Produktionsstätte des ↑ Gelbkörperhormons (*Progesteron*). Wird die Eizelle nicht befruchtet, verliert der Gelbkörper nach etwa 12 Tagen seine Aktivität. Kommt es dagegen zur Befruchtung und Eieinbettung, so entwickelt sich der Gelbkörper weiter. Dieser Schwangerschaftsgelbkörper produziert bis zum 3. Schwangerschaftsmonat die zur Erhaltung der Schwangerschaft notwendigen Hormone. Danach wird diese Schutzfunktion vom ↑ Mutterkuchen übernommen.

Das **Gelbkörperhormon** oder *Progesteron* (oder *Corpus-luteum-Hormon*) ist das wichtigste der im Gelbkörper gebildeten Hormone. Es wird während der Schwangerschaft auch in großer Menge vom Mutterkuchen produziert. Das Gelbkörperhormon bereitet den Organismus für das Einnisten des befruchteten Eies vor und schützt schließlich den Fortbestand der Schwangerschaft. ↑ Gestagene.

Das **Gemächt** sind die äußeren männlichen Geschlechtsteile. Der Ausdruck leitet sich entweder von *Macht* her – dem Machtanspruch des Mannes der bürgerlichen Welt bzw. der Macht des Mannes, das im weiblichen Organismus vorbereitete Ei durch Befruchtung zur Entwicklung zu bringen – oder ist auf den imponierenden Eindruck des erigierten Penis zurückzuführen.

Die **Gene** [⟨ griech.; Singular: das Gen] sind Träger spezifischer Erbinformationen. Linear auf den Chromosomen angeordnet, bilden sie eine Funktionseinheit, einen Abschnitt der DNS (*D*esoxyribo*n*ukleins*ä*ure). Die Gesamheit der Gene eines Menschen bilden seine Erbanlagen. Man nimmt an, daß ihre Zahl 10^5–10^6 beträgt.

Der **Generationskonflikt** [⟨ lat.] kennzeichnet die Widersprüche, die zwischen den älteren und jüngeren Mitgliedern in der modernen bürgerlichen Welt sowohl in der Familie als auch in der Gesamtgesellschaft bestehen. Er hat seine Ursache in der besonders scharfen Ausbeutung und Benachteiligung der Jugendlichen durch den Kapitalismus. Er ist weiterhin in den althergebrachten Erziehungsmethoden und in der die Familie ökonomisch und daher auch mit seiner Autorität leitenden Macht des Vaters begründet. Die wirtschaftliche Abhängigkeit der Jüngeren von den Älteren machen den Zwang besonders schwer erträglich. Die eigenen Erfahrungen der Jugendlichen in der bürgerlichen Welt in und mit der Gesellschaft bleiben meist unbeachtet. Gegen diese Widersprüche lehnen sich viele Jugendliche auf, bis zur völligen Trennung von ihren Familien. – Gelegentliche Spannungen oder Differenzen in einzelnen Familien zwischen Eltern und Kindern, wie es sie zu allen Zeiten gegeben hat und auch im Sozialismus gibt, haben nichts mit dem Generationskonflikt, der eine grundlegende und umfassende Erscheinung der spätkapitalistischen Gesellschaft ist, zu tun.

Genetische Beratung [⟨ griech. bzw. ⟨ dt.] ↑ Vererbung.

Genieren [sprich: sche-; ⟨ franz.] bedeutet sich schämen, unsicher fühlen oder schüchtern oder gehemmt sein. Das kann in einer beginnenden Paarbeziehung, besonders bei jungen Menschen in der ersten Annäherung und Verbindung, durchaus vorkommen. Mit stärker werdender Zuneigung und besserem Kennenlernen verliert sich das immer mehr. Es gibt keine Gründe dafür, daß fest verbundene Partner sich voreinander genieren.

Die **Genitalien** [⟨ lat.; Singular: das Genitale] ↑ Geschlechtsorgane.

Der **Geruch** wie auch der *Geruchssinn* sind für den Menschen weniger bedeutsam als z. B. für bestimmte Tiere. An Geruchsreize kann sich der Mensch bei dauernder Einwirkung anpassen, vor allem an die seines Körpers. Er riecht dann nicht mehr die sog. *Grundgerüche* – faulig, fruchtig, blumig, brenzlig, harzig, würzig – und die verbreiteteren Mischformen (Körpergerüche sind solche). Gerüche können positive oder negative Gefühle hervorrufen, sie beeinflussen Sympathie- und Antipathiebeziehungen und das Intimverhalten. Wohlgerüche werden bevorzugt. Deshalb werden auch Parfüm und Intimspray verwendet. Ob es eine enge Beziehung zwischen Geruchsempfindung und Sexualität gibt, ist allerdings für den Menschen nicht eindeutig bewiesen (↑ Sinnlichkeit).

Geschlecht bedeutet zunächst die gesamte große Familie, wobei sich die Geschlechter aus den Vorfahren und Nachkommen eines Familienverbandes zusammensetzen. Andererseits spricht man auch vom männlichen und weiblichen Geschlecht und meint damit die 2 Gruppen mit jeweils spezifischen Merkmalen, die zusammen die einzelnen Arten im Tierreich und beim Menschen bilden.

Die **Geschlechtsbestimmung** erfolgt üblicherweise bei der Geburt aufgrund der primären ↑ Geschlechtsorgane. Die Entscheidung, welchem Geschlecht man angehört, fällt bereits bei der ↑ Befruchtung. Bestehen Zweifel an der Geschlechtszugehörigkeit infolge Fehlbildungen der äußeren Geschlechtsorgane (↑ Zwitter), kann man durch zusätzliche Untersuchungen, z. B. der ↑ Chromosomen, das Geschlecht feststellen. Wenn es aus medizinischen Gründen zweckmäßig erscheint, ist durch Untersuchung der im Fruchtwasser befindlichen Zellen eine *vorgeburtliche Geschlechtsbestimmung* möglich. Dazu muß Fruchtwasser in geringer Menge durch Punktion der Fruchtblase abgesaugt werden.

Geschlechtschromosomen ↑ Chromosomen.

Geschlechtserziehung ist ↑ Sexualerziehung.

Geschlechtskrankheiten werden – von Ausnahmen abgesehen – durch den ↑ Geschlechtsverkehr übertragen und kommen bei Mann und Frau vor. Sie sind ansteckend und meldepflichtig. Am bekanntesten und häufigsten sind bei uns die *Gonorrhoe* oder der ↑ Tripper und die ↑ Lues oder *Syphilis*. Beide Krankheiten kannte man schon im Altertum. Im 14. und 15. Jh. war die Syphilis weit verbreitet, auch in Amerika kam sie bereits vor der Entdeckung durch Kolumbus vor. Sie galt damals als die gefährlichste Seuche. Trotz moderner Behandlungsmethoden konnten Tripper und Lues bis heute nicht ausgerottet werden, im Gegenteil, die Erkrankungshäufigkeit nimmt in vielen Teilen der Welt nach vorübergendem Rückgang seit einigen Jahren wieder zu. Wenn die Infektionen nicht rechtzeitig erkannt und behandelt werden, sind sie auch heute noch gefährlich, weil sie bei beiden Geschlechtern zu schweren gesundheitlichen Schäden führen können. Bei Verdacht auf eine derartige Erkrankung sollte man deshalb sofort den Hautarzt aufsuchen und keinen Geschlechtsverkehr mehr haben, um die Ansteckung anderer zu vermeiden! Einer Ansteckung beugt man vor, wenn man nicht leichtfertig und ohne den Partner näher zu kennen sexuelle Beziehungen eingeht. Häufiger Partnerwechsel bei nur flüchtiger Bekanntschaft erhöht die Ansteckungsgefahr, vor allem dann, wenn kein ↑ Kondom verwendet wird.

Die **Geschlechtsmerkmale** unterteilt man in *primäre* und *sekundäre*. Zu den primären gehören die äußeren und inneren ↑ Geschlechtsorgane von Mann und Frau einschließlich ihrer Anhangsdrüsen. Sie sind bereits bei der Geburt vorhanden, wenn auch noch nicht vollständig ausgebildet. Die sekundären Geschlechtsteile entwickeln sich erst mit Eintritt der Geschlechtsreife oder ↑ Pubertät. Hierunter fallen das Auftreten der Achsel- und Schambehaarung, die Veränderung der Stimme und bei den Mädchen die Entwicklung der Brust.

Die **Geschlechtsorgane** oder *Genitalien* sind die Organe für die Fortpflanzung (deshalb auch *Fortpflanzungsorgane*). Man unterscheidet bei beiden Geschlechtern innere und äußere Geschlechtsorgane. Die äußeren ermöglichen den ↑ Geschlechtsverkehr, der ja nicht nur der Zeugung, sondern wesentlich häufiger dem gegenseitigen Lustgewinn und der Kommunikation beider Partner dient.

Zu den *äußeren Geschlechtsorganen des Mannes* gehören der Hodensack, das ↑ Glied und die ↑ Bulbourethraldrüsen, zu den *inneren* die ↑ Hoden mit Nebenhoden, ↑ Samenleiter und ↑ Vorsteherdrüse. Die *äußeren Geschlechtsorgane der Frau* sind die großen und kleinen Schamlippen, das ↑ Jungfernhäutchen, der ↑ Kitzler und kleine schleimbildende Drüsen, die zu beiden Seiten des Scheideneinganges liegen. Zu den *inneren* zählt man die

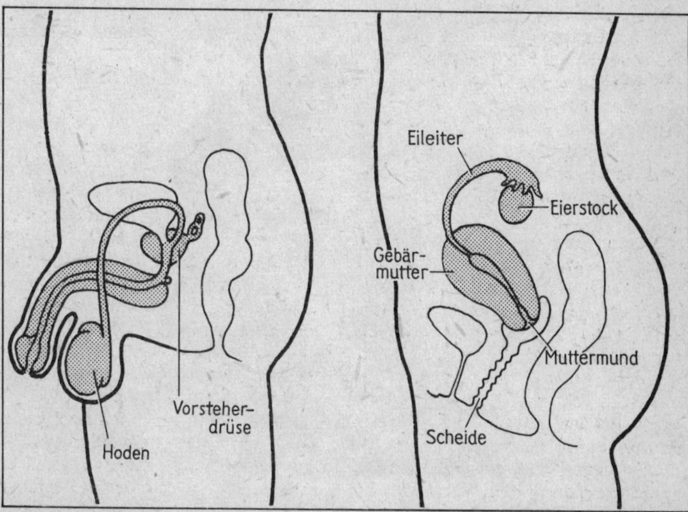

Geschlechtsorgane: links Lage der männlichen, rechts der weiblichen Geschlechtsorgane

↑ Eierstöcke, die ↑ Gebärmutter und die ↑ Scheide. Die Grenze zwischen äußerem und innerem Genitale bildet der Scheideneingang mit dem Jungfernhäutchen. – *Abb.*

Geschlechtsreife ↑ Pubertät.

Die **Geschlechtsrolle**, auch *Geschlechterrolle,* ist eine von alters her durch die gesellschaftliche Umwelt geschaffene und verfestigte Erwartung nach bestimmten Verhaltensweisen des weiblichen und männlichen Geschlechts. Diese Erwartungen betreffen die Teilung der Arbeit in der Gesellschaft. Die Verhaltensweisen eignen sich die Menschen im Verlauf ihrer Persönlichkeitsentwicklung bewußt oder unbewußt entsprechend den sie umgebenden Vorbildern an. Wichtige Entwicklungsimpulse geben dabei die Eltern (↑ Familienerziehung, ↑ Ideale).

Merkmale im Sinne von „männlichen" oder „weiblichen" Verhaltensweisen sind relativ. Sie wandeln sich, hauptsächlich unter dem Einfluß der sozialen Umwelt und der herrschenden Moral in der Gesellschaft. Es gibt daher weder Gründe noch Anlaß, daraus soziale Benachteiligungen abzuleiten.

Die **Geschlechtsumwandlung** im Sinne der operativen Umwandlung eines Mannes in eine Frau bzw. umgekehrt ist beim Menschen nicht völlig möglich. Ab und zu ist jedoch beim ↑ Zwitter (*Hermaphrodit*) und Scheinzwitter (*Pseudohermaphroditismus*) eine operative Korrektur nötig. In welche geschlechtliche Richtung, ob männlich oder weiblich, die Entwicklung gehen soll, hängt von den Wünschen des Betroffenen, seiner bisherigen Erziehung und dem psychischen Verhalten ab (↑ Transsexualismus).

Geschlechtsverkehr, abgekürzt *GV*, auch *Verkehr*, im weiteren Sinne ist jede Beziehung zwischen Menschen, bei der es zu sexuellen Reaktionen und Handlungen kommt. Diese Kommunikation kann in vielerlei Formen vor sich gehen, z. B. vom leidenschaftlichen Kuß mit zärtlicher Umarmung über ↑ Petting bis zur genitalen Vereinigung. Letzteres, wobei das Glied in die Scheide eingeführt wird, bezeichnet man auch als Geschlechtsverkehr im engeren Sinne (auch *Beischlaf,*

Koitus, Kohabitation, Intimbeziehung). Heutzutage sieht man jedoch die sexuellen Kontakte nicht mehr – wie dies früher der Fall war – vorrangig unter dem koitalen Aspekt. Das hing damals sicherlich damit zusammen, daß man das Sexualverhalten zuerst immer im Zusammenhang mit möglicher Fortpflanzung sah. Zwar wird die koitale Form auch heute noch von den meisten bevorzugt, daneben gibt es aber gleichwertige Varianten, wie z. B. der *orale Verkehr* (Partner stimuliert mit seinem Mund die Geschlechtsorgane des anderen) oder der *manuelle Verkehr* (Partner stimuliert mit der Hand die Geschlechtsorgane des anderen), wohingegen der *anale Verkehr* (Einführen des Gliedes in den After des anderen) relativ wenig verbreitet ist, es sei denn bei homosexuellen Begegnungen. Beim *femoralen* oder *Schenkelverkehr* wird das Glied zwischen die leicht zusammengepreßten Oberschenkel der Partnerin eingeführt und dort hin und herbewegt, in ähnlicher Weise ist es auch zwischen den Brüsten möglich. Für welche der verschiedenen Handlungen und ↑ Positionen man sich entscheidet und ob man während eines Sexualaktes bei einer bleibt oder wechselt, das hängt ganz von den Neigungen und Vorlieben des Paares ab. Man sollte sich für die entscheiden, die beiden zusagen und nicht den Partner veranlassen, etwas zu tun, was er im Grunde nicht mag. Beim eigentlichen Geschlechtsverkehr führt der Partner nach entsprechender Vorbereitung das versteifte Glied vorsichtig in die Scheide ein und bewegt es rhythmisch und stoßartig hin und her – diese Bewegungen sind für beide sexuell erregend –, wobei er immer schneller und heftiger wird, bis auf dem Höhepunkt der Reaktion Orgasmus und Samenerguß eintreten. Im Idealfall trifft beides zeitlich zusammen, doch ist dieser synchrone Ablauf nicht immer möglich und hängt u. a. auch davon ab, wie beide ihre Reaktionen zu steuern vermögen. Erreicht der männliche Partner als erster den Höhepunkt, muß er versuchen, bei seiner Partnerin den Orgasmus durch Reizung des Kitzlers oder der Scheide (oder beides) auszulösen. Manche Frauen sind

während eines Verkehrs zu mehreren Orgasmen fähig, sie müssen allerdings entsprechend stimuliert werden.
Wird der Verkehr aus Gründen der ↑ Empfängnisverhütung kurz vor der Ejakulation durch Herausziehen des Gliedes aus der Scheide abgebrochen, spricht man von ↑ Coitus interruptus, auch *Rückzieher* genannt.
Zu jeder sexuellen Handlung gehören zärtliche Berührungen und Koseworte, sie leiten das Liebesspiel ein und gehören auch zum Abklingen, der letzten Phase der sexuellen Reaktion. Über die Häufigkeit des Geschlechtsverkehrs gibt es keine festen Regeln. Man richtet sich nach seinen Bedürfnissen, die im jugendlichen Alter meist stärker ausgeprägt sind als im mittleren oder höheren Lebensalter. Die Kohabitationsfrequenz ist im allgemeinen in den beiden ersten Ehejahren am größten und sinkt dann etwas ab, um sich bei vielen Paaren auf etwa zweimal in der Woche einzupendeln.
Geschlechtswandel ↑ Transsexualismus, ↑ Transvestitismus.
Geschlechtszellen ↑ Keimzellen.
Gesellschaftliche Normen [⟨ dt. bzw. ⟨ lat.; norma „Regel", „Vorschrift"] sind Verhaltensregeln, die von der jeweiligen Gesellschaft aufgestellt werden und deren Einhaltung für ihr gutes Funktionieren erforderlich sind. Bei uns sind die Normen der sozialistischen ↑ Moral Richtschnur für das Handeln der Menschen und bestimmen auch den Inhalt der Erziehung und ↑ Selbsterziehung. Die gesellschaftlichen Normen verkörpern wesentliche Forderungen und Erwartungen der Gesellschaft an das Handeln und Verhalten der Menschen. Sie wirken orientierend als Ausdruck der objektiven Übereinstimmung gesellschaftlicher und persönlicher Interessen und helfen verantwortungsbewußte, freie sittliche Entscheidungen zu treffen. Die Kenntnis der gesellschaftlichen Normen ist unerläßliche Voraussetzung für ein moralisch einwandfreies Verhalten.
Gesellschaftsspiele, z. B. Tanz- und Pfänderspiele, haben oft erotischen oder sexuellen Gehalt. Sie werden auch meist erst in einem Alter gespielt, in dem bereits Geschlechtsinteressen erwacht sind.
Die **Gestagene** [⟨ lat. + ⟨ griech.] sind *Gelbkörperhormone*. Das natürlich im Körper der Frau vorkommende bezeichnet man als *Progesteron*. Es wird rasch im Körper abgebaut und muß, um wirksam zu sein, gespritzt werden. Man hat daher synthetische Gestagene entwickelt, die langsamer abgebaut und als Tabletten eingenommen werden. Sie spielen als wichtiger Bestandteil empfängisverhütender Pillen eine Rolle (↑ Pille).
Die **Glans** [⟨ lat.] ↑ Eichel.
Die **Gleichberechtigung der Geschlechter** ist die rechtliche und tatsächliche Gleichstellung von Frau und Mann. Sie schließt die Anerkennung der ↑ Gleichwertigkeit beider ein, berücksichtigt dabei aber geschlechtsspezifische Besonderheiten. Dies durchzusetzen bedeutete mehr als ein Jahrhundert Kampf. Erst der Sozialismus bietet die nötigen gesellschaftlichen Voraussetzungen und Grundlagen, weil er es den Frauen möglich macht, durch Teilnahme an der gesellschaftlichen Produktion wirtschaftlich unabhängig und durch gleiche Bildungschancen mit dem Mann gleich aktionsfähig zu sein im staatlichen wie im gesellschaftlichen Leben. Erst damit ist auch eine menschenwürdige Ordnung der Beziehung von Frau und Mann zueinander, vor allem in Ehe und Familie möglich. Viele Männer müssen sich, um diese Ordnung lebensvoll zu gestalten, von überholten Vorstellungen und überlebten Traditionen lösen. Genauso müssen auch viele Frauen ihre Rolle im gesellschaftlichen Leben mit selbständiger Initiative und Tatkraft ausfüllen. Für die Gestaltung von Paarbeziehungen kommt die aktive Rolle bei der Partnerwahl beiden Geschlechtern gleichermaßen zu, wie auch der Glücksanspruch das volle Recht beider Geschlechtspartner ist.
Die **Gleichwertigkeit der Geschlech-**

ter ist eine Grundtatsache, von der sozialistische Menschen überzeugt sind und das ihr Gesamtverhalten bestimmen muß.
Während in den Ausbeutergesellschaften seit Jahrtausenden das weibliche Geschlecht als minderwertig angesehen und auch entsprechend behandelt wurde, gelten im Sozialismus Mann und Frau als gleichwertig. Gleichwertigkeit bedeutet aber nicht Gleichartigkeit. Mann und Frau unterscheiden sich in vielen Dingen, bedingt durch ihre Geschlechtsspezifik: Die biologischen Geschlechtsunterschiede sind allerdings für die Geschlechtsrolle belangloser als die gesellschaftlich bedingten, von denen auch die eigene Haltung der Frau bestimmt und geformt wurde. In der Antike scheute sich das „starke" Geschlecht nicht, dem „schwachen" die schwere Feld- und Hausarbeit aufzuladen. In gesellschaftlich rückständigen Ländern schleppt noch heute die Frau die Lasten, während der „starke" Mann auf seinem Reittier daherreitet. Biologische Anlagen bestimmen also die ↑ Geschlechtsrolle nur in untergeordnetem Sinne, ausschlaggebend sind die gesellschaftlichen Verhältnisse. Auch bei uns erkennen wir noch unterschiedliche Einstellungen zur Frau, je nachdem, wie weit die einzelne Frau ihre gesellschaftliche Stellung begründen und ausbauen konnte. Bei verwirklichter ↑ Gleichberechtigung der Geschlechter können Männer und Frauen sich gleichermaßen allseitig so entwickeln, daß sie einander in ihrer Leistung nicht nachstehen, wenn auch Unterschiede, z. B. bedingt durch ihre Konstitution, erhalten bleiben, die aber durchaus mal dem einen, mal dem anderen zum Vorteil gereichen.
Gleitmittel im sexuellen Bereich sind verschiedene Substanzen, wie z. B. Cremes oder Öle, mit denen man den Scheideneingang oder das Glied einreibt, um das Einführen zu erleichtern (↑ schmerzhafter Geschlechtsverkehr). Das einfachste und immer zur Verfügung stehende Mittel ist der Speichel. Ansonsten kann jede Creme verwendet werden, sie sollte nur nicht zu stark parfümiert sein.
Das **Glied**, auch *Penis, Membrum virile* oder *Phallus,* ist das männliche Sexual- und Begattungsorgan. Man unterteilt es in Wurzel, Schaft und ↑ Eichel. Im Durchschnitt ist der Schaft 8–10 cm lang, bei unter sexueller Erregung einsetzender Gliedversteifung vergrößert er sich um einige Zentimeter. Die Gliedgröße ist genauso wie die Brustgröße der Frau individuell verschieden. Auch mit einem etwas kleineren Glied kann die Partnerin durchaus sexuell befriedigt werden, vorausgesetzt, daß es genügend versteift ist.
Am Gliedrücken befinden sich 2 längliche Schwellkörper, die an ihrer Unterseite den Harnröhrenschwellkörper umfassen. Die Schwellkörper enthalten ein schwammartiges Blutgefäßnetz mit kleinen und größeren Erweiterungen, den Kavernen. In diese strömt das Blut bei sexueller Erregung und führt dadurch zur Versteifung, der ↑ Erektion. Ein vorzeitiger Abfluß des Blutes wird durch verschiedene Drosselungsmechanismen gebremst, die sich erst mit nachlassender Erregung lösen. In der Mitte des Gliedes liegt die Harnröhre, ein etwa 12–16 cm langer Schlauch, in den mehrere kleine Schleimdrüsen einmünden, z. B. die Samenblasen, die Vorsteherdrüse und die Bulbourethraldrüsen. Die äußere Harnröhrenöffnung findet sich in der Mitte der Eichel, die hintere endet in der Blase. Aufgabe der Harnröhre ist neben der Urinausscheidung auch die Ausstoßung der Samenflüssigkeit (↑ Samenerguß).
Die Haut des Gliedes ist dünn, faltig, elastisch und von leicht bräunlicher Farbe. Bei der Eichel geht sie in die Vorhaut über.
Gliedversteifung ↑ Erektion.
Die **Gonorrhoe** [sprich: -röh; ⟨ griech.] ↑ Geschlechtskrankheiten, ↑ Tripper.
Die **Gravidität** [⟨ lat.] ↑ Schwangerschaft. – Adjektiv: *gravide.*
Gruppensex ist Geschlechtsverkehr, der von mehreren Personen gemeinsam ausgeübt wird. Die verbreitetste

Form ist der Partnertausch (engl. „swinging“ oder „swapping“) zwischen Ehepaaren. Auch Dreier-Kontakte werden hergestellt. In dieser Form des Gruppensex sehen die ihn Ausübenden einen Ausweg, um ehelicher Langeweile oder anderen persönlichen Problemen zu entgehen, ohne daß es zur Trennung der Ehe kommt. In Wirklichkeit wird das Gegenteil erreicht. Was noch an inneren Bindungen und Gemeinsamkeiten vorhanden war, wird zerstört, die Kluft zwischen den Partnern wird größer. Gruppensex ist in der spätkapitalistischen Gesellschaft eine Form der Flucht – wie z.B. auch der Drogenmißbrauch – aus der unbefriedigenden Wirklichkeit. Er ist nicht geeignet, die Leere des Lebens zu überwinden und es menschlicher zu machen.

GV ist eine oft gebrauchte Abkürzung für den ↑ Geschlechtsverkehr.

Die **Gynäkologie** [⟨ griech.] ist die *Frauenheilkunde*, ein selbständiges Fachgebiet der Medizin. Es befaßt sich sowohl mit der Diagnostik und Behandlung, aber auch der Vorbeugung von Erkrankungen der weiblichen Geschlechtsorgane sowie mit Maßnahmen der ↑ Familienplanung einschließlich der Behandlung bei Kinderwunsch.

H

Das **Haar**, ein biegsamer, schuppiger Hornfaden, ist für Frauen wie Männer ein Attribut der Schönheit und oft sexuelles Reizmittel. Das betrifft das *Kopfhaar* sowohl wie die *Körperbehaarung*. Der Wert, der von jeher auf das Haar als Schönheitszeichen gelegt wurde, erklärt den häufigen Modewandel der Haartrachten. Trotz aller Modeerscheinungen bleiben einige Gesichtspunkte konstant, nämlich, daß das Haar, soll es schön erhalten bleiben, gepflegt werden muß. Durch regelmäßiges Waschen sollen nicht nur Staub und Fett aus den Haaren entfernt werden, sondern auch die Talgabsonderungen der die Haare nährenden Talgdrüsen von der Kopfhaut. Sie können unangenehm riechen und die Neubildung der Haare behindern. Außerdem wird das Haar durch tägliches Bürsten mit einer nicht zu harten Bürste weichfallend und seidig erhalten. Für Kurzhaar ist ein guter Haarschnitt sehr wichtig. Die Körperbehaarung entwickelt sich erst in der Pubertät. Auf der männlichen Brust setzt sie oft erst im Alter über 20 Jahren ein. Die Einstellung zu mehr oder minder starker Körperbehaarung ist unterschiedlich. Junge Männer sind meist stolz darauf, da sie sich damit als potent ausweisen möchten, was ein Märchen ist. Mädchen möchten an Beinen und im Gesicht möglichst keinen Haarwuchs haben. Durch Einreiben mit Wasserstoffsuperoxid kann man hier die Haare bleichen und so weniger sichtbar machen, wenn man nicht Enthaarungsmittel anwenden will (*dazu vorher unbedingt Hautarzt oder Kosmetikerin fragen!*). Mit dem Ausrasieren der Achselhöhlen kann man Entzündungen und Infektionen der Haut hervorrufen. Außerdem beraubt man sich eines erotischen Reizes. Zu lange Achselhöhlenbehaarung kann man vorsichtig mit der Schere ein wenig stutzen. Der *Bart* ist ein typisch männliches Attribut und ebenfalls modischen Einflüssen unterworfen. Welche Art man auch immer bevorzugt, ob kleiner oder über die ganze Oberlippe bis zu den Mundwinkeln gezogener Schnurrbart, ob schmales Kinnbärtchen oder ein voller Backenbart – alle müssen saubergehalten, gepflegt und so geschnitten sein, daß sie nicht unappetitlich das Essen und Trinken behindern. Störrische Barthaare kann man, genau wie die Augenbrauen und Wimpern, mit Rhizinusöl bürsten.

Ein **Hagestolz** ist ein über das übliche Heiratsalter hinaus unverheiratet gebliebener Mann. Mit dieser heute veralteten Bezeichnung werden auch ver-

„Der Hagestolz". Gemälde von Carl Spitzweg. Museum der bildenden Künste Leipzig

knöcherte Junggesellen und Frauenfeinde charakterisiert, heute vor allem noch in der Literatur. *Abb.*

Halbstarke ist eine abwertend gemeinte Bezeichnung für solche Jugendliche, die sich durch auffälliges, forsches Benehmen hervorheben wollen. Die Bezeichnung soll die Position der betreffenden Jugendlichen zwischen Kindheit und Erwachsensein kennzeichnen.

Halbwelt nennt man eine Schicht insgeheim leichtlebiger, sich außerhalb der Normen für Moral und auch Recht bewegender Männer und Frauen (↑ Call-Girl, Playboy). Von der verlogenen doppelten Moral des kapitalistischen Bürgertums geschaffen und geduldet, offiziell aber verleugnet, sind die Kreise der Halbwelt soziale Bereiche, die – typisch für die bürgerliche Gesellschaft – deutlich zeigen, wie brüchig und unwürdig deren Moral ist.

Mit **Handlungsfähigkeit** bezeichnet das Zivilgesetzbuch die mit Vollendung des 18. Lebensjahres beginnende Berechtigung, ohne Mitwirkung des Erziehungsberechtigten, Verträge abschließen, rechtsbedeutsame Erklärungen abgeben oder Verpflichtungen übernehmen zu können. Kinder bis zu 6 Jahren sind – wie Entmündigte – nicht handlungsfähig. Kinder und Jugendliche zwischen 6 und 18 Jahren dürfen nur mit vorheriger Einwilligung, bei Verträgen auch mit nachträglicher Genehmigung der Eltern, Rechtsgeschäfte eingehen. Eine Ausnahme bilden nur Verträge zur Befriedigung alltäglicher Lebensbedürfnisse. Ab Vollendung des 16. Lebensjahres dürfen Jugendliche bereits selbständig solche Verträge schließen, bei denen sie die Zahlungsverpflichtung sofort aus eigenen Mitteln (Taschengeld, Lehrlingsentgelt usw.) erfüllen. Sie dürfen auch Sparkonten eröffnen, am Scheckverkehr allerdings nur nach Zustimmung der Eltern teilnehmen. Die Regeln schützen Kinder und Jugendliche davor, unbedacht folgenschwere Verpflichtungen zu übernehmen oder leichtsinnig verbindliche Erklärungen abzugeben, und ermöglichen den Erziehungsberechtigten die Kontrolle.

Der **Harem** [⟨ türk. ⟨ arab.] ist in der islamischen Welt der Teil des Wohnhauses, der Wohn- und Lebensbereich der Ehefrauen und Kinder ist. Reiche Mohammedaner leisteten sich zu deren Bewachung ↑ Eunuchen. Der islamische Glaube gestattet die Mehrehe. Jedoch gehen die Staaten, die eine progressive gesellschaftliche Entwicklung eingeschlagen haben, so z. B. Algerien, dazu über, die ↑ Monogamie gesetzlich einzuführen. Die sich auch dort durchsetzende ↑ Emanzipation der Frauen, die die bis zur Frauensklaverei gehende Rechtlosigkeit durch Mehrehe ausschließt, drückt sich in modernen Gesetzen aus, die die Mehrehe verbieten. Der Harem verliert dort seine eigentliche Bedeutung.

Die **Harnröhre** *des Mannes* hat eine Doppelfunktion: Sie dient sowohl der Harn- als auch der Samenentleerung. In ihrem vorderen größeren Abschnitt verläuft sie innerhalb des Gliedes, der kürzere hintere Teil wird von der ↑ Vorsteherdrüse umschlossen und endet in der Blase. Der Vorderabschnitt ist innen mit Schleimhaut ausgekleidet, die in nicht erigiertem Zustand faltenförmig aneinander liegt. In den *Harnröhrenkanal* münden viele Schleimdrüsen und die ↑ Bulbourethraldrüsen sowie im Samenhügel, der sich im hinteren Teil der Harnröhre befindet, die Prostatadrüsen und die ↑ Samenblasen. Die *Harnröhrenwand* enthält verschiedene Muskelschichten, deren Kontraktionen das Ausstoßen des Urins oder der Samenflüssigkeit bewirken. Außerdem ermöglicht ein Schließmuskel den willkürlichen Verschluß. Die *Harnröhre der Frau* gehört nicht zu den Geschlechtsorganen, ihre äußere Öffnung liegt unterhalb des Kitzlers. Einige Frauen empfinden bei der leichten Berührung dieses Bereiches Lustgefühle (↑ erogene Zonen).

Die **Hebamme** ist eine auf Fachschulen ausgebildete, staatlich geprüfte Geburtshelferin.

Heirat ↑ Eheschließung.

Die **Heirats- oder Ehevermittlung** hat die Aufgabe einen passenden Ehepartner für die Menschen zu finden, die sich selbst nicht dazu in der Lage sehen. In kapitalistischen Ländern wird aus diesem an sich verständlichen Wunsch oft ein Geschäft gemacht, indem private Institute sich zur Vermittlung anbieten und ihre Kunden wie Ware anpreisen und vermarkten. Dabei stehen außerdem oft seitens der Partnersuchenden finanzielle Interessen im Vordergrund. In einigen sozialistischen Ländern versucht man, durch bestimmte Veranstaltungen oder Klubs für Alleinstehende das Kennenlernen zu erleichtern. Diese von gesellschaftlichen Kräften organisierten Formen sind sicherlich günstiger als eine gewerbsmäßige, auf Gewinn orientierte Einrichtung. In der Sowjetunion und der ČSSR werden bereits von staatlicher Seite elektronische Datenverarbeitungsanlagen zur Partnervermittlung eingesetzt.

Eine andere, auch bei uns übliche Möglichkeit, bei der die Einschaltung dritter Personen vermieden wird, ist das Aufgeben einer Zeitungsannonce.

Unter einer **Hemmung** versteht man in der Wissenschaft die *Dämpfung einer Erregung.* Umgangssprachlich wird Hemmung oft anstelle von *Gehemmtheit* verwendet, die sich als ungewolltes Ausbleiben einer Reaktion darstellt. Hemmungen, etwa bei der Partnerfindung, beim Intimkontakt, bei der Äußerung der Liebe bringen psychische Probleme mit sich. Sie erschweren die Verwirklichung von Wünschen und Bedürfnissen, etwa nach Zärtlichkeit, Liebe, Geschlechtsverkehr (↑ sexuelle Hemmung). Ihre Ursachen können falsche Erziehung, mangelnde Willensentwicklung (↑ Gängelei) oder unrichtige Selbsteinschätzung sein. Hemmungen haben aber auch positive Funktionen. So wäre es falsch, alle Hemmungen abzubauen und sich im Intimbereich hemmungslos, d. h. ohne Rücksicht auf den Partner, zu verhalten. Abgebaut werden sollten aber alle Hemmungen, die eine glückliche Zweisamkeit gefährden, wie übertriebene Scham, Scheu vor Zärtlichkeitsbekundung und Scheu vor dem anderen Geschlecht überhaupt. Dieser Abbau ist möglich, wenn es dem Gehemmten gelingt, sich die richtigen Verhaltensnormen anzueignen und danach zu leben. Das setzt voraus, daß er sich mit Vertrauenspersonen über seine Hemmungen ausspricht.

Der **Hermaphrodit** [nach dem Sohn des griech. Gottes *Herm*es und der griech. Göttin *Aphrodit*e] ↑ Zwitter.

Hetären [⟨ griech.] waren im alten Griechenland oft durch Intelligenz, Bildung und künstlerische Begabung ausgezeichnete Mädchen oder Frauen. Viele von ihnen lebten als Prostituierte. Die Hetären setzten sich über die Schranken der öffentlichen Meinung hinweg und zogen es vor, ein ungebundenes, aber geistig anregendes Leben als Freundinnen, Geliebte gebildeter Männer zu führen. Sie verzichteten auf gesellschaftliche Anerkennung durch die Stellung eines Ehemannes – denn Frauen konnten sich diese Anerkennung selbst nicht schaffen – und ersparten sich damit die gegebenen einengenden Bedingungen der Ehe in der Antike.

Heterosexualität [⟨ griech. + ⟨ lat.] ist ein sexuelles Verhalten, das sich auf Personen des anderen Geschlechts richtet. Heterosexuelle Neigungen und Verhaltensweisen entsprechen in den meisten Kulturen dem gesellschaftlichen Normbegriff. Allerdings gibt es und gab es auch Länder, in denen die ↑ Homosexualität beziehungsweise ↑ Päderastie als genauso normal angesehen wurden, z. B. im antiken Griechenland und Rom.

Hirsch oder *toller Hirsch* wird von Jugendlichen als umgangssprachliche Bezeichnung für einen Menschen (meist männlichen Geschlechts) gebraucht, der beeindruckt, überzeugt, andere für sich einnimmt, imponiert, Anklang findet, gefällt. Eine weibliche Entsprechung dafür ist z. B. „steiler Zahn".

Die **Hochzeitsnacht** besaß früher eine besondere Bedeutung, weil dann im allgemeinen erstmals der Geschlechtsverkehr zwischen den Eheleuten vollzogen, die Braut „entjungfert" wurde. Zwar verfügten die meisten Männer damals schon über voreheliche sexuelle Erfahrungen, jedoch meist nicht mit ihrer späteren Ehefrau. Diese sollte nach der bürgerlichen Moralauffassung jungfräulich in die Ehe gehen. Infolge ihrer Unerfahrenheit war sie oft nicht in der Lage, sexuelle Lustgefühle zu empfinden, so daß die Hochzeitsnacht beide enttäuschte. Da heutzutage fast alle jungen Leute schon voreheliche sexuelle Beziehungen zueinander haben, entfällt der Vollzugszwang der Hochzeitsnacht, wodurch ihr ursprünglicher Symbolcharakter bedeutungslos wird.

Die **Hoden** oder *Testes* sind die eiförmigen männlichen Keimdrüsen, die die Samenzellen und die männlichen Sexualhormone produzieren. Ursprünglich im Bauchraum gelegen, wandern sie gegen Ende der fetalen Entwicklung in den Hodensack herab, in dem sie beim männlichen Neugeborenen zu tasten sind. Unterbleibt diese Entwicklung, spricht man von ↑ Hodenhochstand. Bei vielen Männern ist der linke Hoden etwas größer als der rechte. Beide Hoden bestehen aus winzigen, in netzartiges Bindegewebe eingelagerten *Hodenläppchen*, die vielfach geschlängelte *Hodenkanälchen* enthalten. Mit der Pubertät beginnt in ihnen die Bildung der Samenzellen. Außer dieser Aufgabe haben die Hoden noch eine andere wichtige Funktion, sie produzieren das männliche Sexualhormon, das Testosteron (↑ Androgene). Dieses wird höchstwahrscheinlich in den *Leydigschen Zwischenzellen* gebildet, die auch für die Ernährung der Samenzellen Bedeutung haben sollen. Das gesamte hormonelle Geschehen wird zentral von Hormonen der Hirnanhangdrüse (Hypophyse) gesteuert.

Wenn die Bildung der Samenzellen

eingesetzt hat, geht sie kontinuierlich bis ins hohe Lebensalter weiter. Im Gegensatz zur Frau, deren Fortpflanzungsfähigkeit in den Wechseljahren endet, kann der Mann – sofern er sonst gesund ist – noch als Greis zeugungsfähig sein. Haben sich die Samenzellen nach verschiedenen Teilungen in den Hodenkanälchen zu Samenfäden entwickelt – ein Vorgang, der ungefähr 20 Tage dauert –, gelangen sie in den ↑ Nebenhoden, in dem die Nachreifung stattfindet. *Abb.*

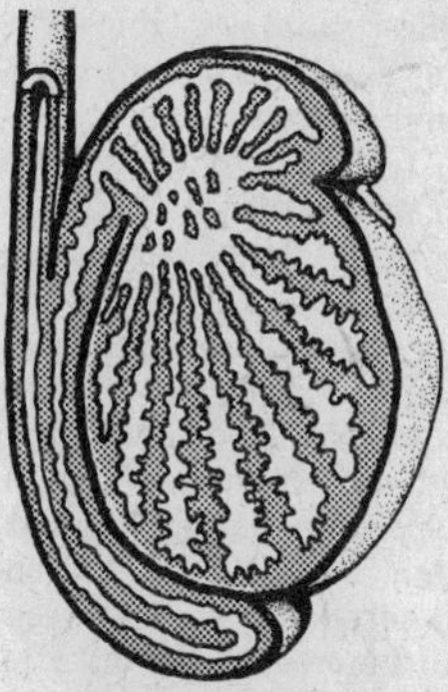

Hoden mit Nebenhoden und Samenleiter (Querschnitt)

Hodenentzündung oder *Orchitis* ist eine durch Bakterien hervorgerufene Erkrankung der Hoden, die unter Schmerzen und oft auch mit Fieber verbunden deutlich anschwellen. Häufig wird sie durch eine Nebenhodenentzündung ausgelöst, die auf das Hodengewebe übergreift.

Der **Hodenhochstand** oder *Kryptorchismus* ist das Ausbleiben des Herabsteigens eines oder beider Hoden, die normalerweise während der Fetalzeit aus der Bauchhöhle in den Hodensack wandern. Bei diesen Jungen finden sie sich dagegen entweder noch in der Bauchhöhle oder in der Leistengegend und verlieren dort allmählich ihre Funktionstüchtigkeit. Um die Zeugungsfähigkeit nicht zu gefährden, muß daher ein solches Kind bis spätestens Ende des 2. Lebensjahres behandelt werden. Zuerst versucht man mit Hormonen die Entwicklung zu stimulieren, bleibt diese Behandlung erfolglos, muß eine operative Verlagerung erfolgen.

Homosexualität [⟨ griech. + ⟨ lat.], beim weiblichen Geschlecht auch *lesbische Liebe*, ist die seelische und körperliche Liebe zum gleichen Geschlecht (homos = gleich). Sie entwikkelt sich im Laufe der Pubertät und bezieht sich ausschließlich auf Angehörige des gleichen Geschlechts. Heute gebräuchliche Bezeichnungen sind *Schwule* (männliche Homosexuelle) und *Lesben* oder *Lesbierinnen* (weibliche Homosexuelle; Name abgeleitet von der griechischen Insel Lesbos, auf der die Dichterin Sappho lebte, die die gleichgeschlechtliche Liebe unter Frauen besang). In englischsprachigen Ländern nennt man sie *gay people* oder *gays* (ursprünglich heiter, froh, später auf Homosexuelle bezogen).

Die Ursache der bei Männern und Frauen vorkommenden Neigung ist bis heute nicht geklärt. Auf Grund von Tierversuchen wird von einigen Forschern angenommen, daß hormonelle Störungen in der Fetalperiode später Homosexualität hervorrufen. Doch ist für den Menschen nichts bewiesen.

Homosexualität hat es zu allen Zeiten und in vermutlich allen Kulturen gegeben, doch ist das Verhalten von der Vergangenheit bis zur Gegenwart je nach Land und den dort herrschenden gesellschaftlichen Normen sehr unterschiedlich beurteilt worden. Weit verbreitet und gesellschaftlich anerkannt war sie z. B. in der griechischen Antike, hier vor allem in der Sonderform der ↑ Päderasterie, der *Knabenliebe.* Von dort gelangte sie auch nach Rom, wo sich allerdings mehr und mehr ein allgemeiner Sittenverfall entwickelte, der sich nicht nur auf die Homosexualität bezog. Unter dem Einfluß des Christentums versuchten die römischen Kaiser strenge Moralgesetze einzuführen und bestraften homosexuelle Beziehungen mit Verbrennung und Enthauptung. Selbst diese stren-

gen Strafen konnten jedoch die Homosexualität niemals völlig unterdrücken, obschon sich die christliche Lehre, die Homosexualität als schwere Sünde brandmarkte, auch auf die Gesetzgebung auswirkte. Infolgedessen wurden Homosexuelle nicht nur in Europa jahrhundertelang zu Kriminellen abgestempelt. Unter dem Naziregime kamen sie ins Zuchthaus oder Konzentrationslager. Erst in unserem Staat wurde eine liberale Gesetzgebung geschaffen, so daß homosexuelle Beziehungen zwischen Erwachsenen nicht mehr strafbar sind. Die entsprechenden Kontakte zu Minderjährigen werden jedoch noch strafrechtlich verfolgt.
Von der echten oder ausschließlichen Homosexualität sind homosexuelle Verhaltensweisen zu unterscheiden, die nur unter besonderen Bedingungen oder Situationen auftreten, z. B. wenn kein heterosexueller Partner zur Verfügung steht. Auch in der Pubertät sind vorübergehende homosexuelle Neigungen und Handlungen nichts Außergewöhnliches. Bei der ↑ Bisexualität kommen sowohl heterosexuelle als auch homosexuelle Neigungen vor. Die Diagnose einer echten Homosexualität läßt sich im allgemeinen erst ab Mitte der zwanziger Jahre stellen.
Viele Homosexuelle suchen nicht nach einer flüchtigen sexuellen Beziehung, sondern wie die meisten Heterosexuellen nach einer festen Partnerschaft. Dabei ist es für sie oft schwierig, einen geeigneten Partner zu finden. Hinzu kommt, daß die Umwelt auch heutzutage noch Vorurteile gegenüber Homosexuellen und daher Schwierigkeiten im Umgang mit ihnen hat. Man befürchtet – durchaus unbegründet –, daß Jugendliche zur Homosexualität verführt werden könnten, oder man belächelt oder verspottet sie. Homosexuelle sind daher konfliktgefährdet, weil sie oft wenig Verständnis für ihre Besonderheit in der eigenen Familie, im Berufs- und gesellschaftlichen Leben finden. Sie sind eine Minderheit – man schätzt ihre Häufigkeit auf etwa 4% –, die man nicht nur tolerieren, sondern akzeptieren und in unsere Gesellschaft gleichberechtigt integrieren sollte.
Als **Hörigkeit** bezeichnet man eine übergroße Bindung an eine Person, die so weit gehen kann, daß kritiklos alles hingenommen oder getan wird, was der andere verlangt. Hörigkeit kann sexuell motiviert sein und führt zur Aufgabe der eigenen Persönlichkeit, zu seelischer und körperlicher Abhängigkeit, die leicht mißbraucht werden kann.
Hormone [⟨ griech.] sind körpereigene Wirkstoffe, die zusammen mit dem Nervensystem das Zusammenwirken der Zellen und Organe des Organismus steuern. Während das Nervensystem mit den verschiedenen Zellgruppen und Organen direkt in Verbindung steht, gelangen die Hormone auf dem Blut- oder Lymphweg zum Wirkungsort. Man unterscheidet *Gewebshormone*, die an den Nervenendigungen freigesetzt werden, und *Drüsenhormone*, die in speziellen Hormondrüsen gebildet werden. Diese Hormondrüsen nennt man innersekretorische Drüsen (↑ Drüsen mit innerer Sekretion). Die verschiedenen Hormone besitzen sehr unterschiedliche chemische Strukturen. Viele lassen sich synthetisch herstellen und spielen als Medikamente eine wichtige Rolle.
Die Hormonabgabe der Hormondrüsen erfolgt unter Kontrolle übergeordneter Drüsen. Im Zwischenhirn werden die sog. Freigabe-Faktoren gebildet. Sie steuern die Ausschüttung und Produktion der Hormone der Hypophyse, einem Hirnanhang. Man spricht deshalb auch vom *Zwischenhirn-Hypophysensystem.* Die Hypophysenhormone wirken unmittelbar oder über die Beeinflussung anderer innersekretorischer Drüsen auf den Stoffwechsel ein.
Die weiblichen und männlichen Geschlechtshormone werden in den Keimdrüsen gebildet. Die weiblichen Geschlechtshormone sind die ↑ Östrogene und das Progesteron, die männlichen Geschlechtshormone sind die ↑ Androgene.

Einem Mann **Hörner aufsetzen** bedeutet, ihn mit anderen zu betrügen.

Eine **Hure** ist eine Prostituierte (↑ Prostitution), aber auch Frauen oder Mädchen, die sich wahllos auf Sexualverkehr mit Männern einlassen, werden im Volksmund als Hure bezeichnet.

hwG ist die Abkürzung für „häufig wechselnder Geschlechtsverkehr". Sie dient in der Geschlechtskrankenbetreuung zur Kennzeichnung von Personen mit sexuellem Mehrverkehr.

Die **Hygiene** [⟨ griech.] oder *Gesundheitslehre* ist die Wissenschaft von der Gesundheit, ihrer Erhaltung und Förderung. Sie befaßt sich besonders mit Fragen der Krankheitsverhütung und gesunden Lebensführung. Hierbei spielt vor allem die Wechselwirkung zwischen Umwelt und lebendem Organismus eine Rolle.

In der Umgangssprache versteht man unter Hygiene die *allgemeine Gesundheitspflege.* Für Mädchen spielt die Aufklärung über das Verhalten während der Periode (die *Menstruationshygiene*) eine wichtige Rolle. Vom ärztlichen Standpunkt kann es dem Mädchen selbst überlassen werden, ob es Menstruationsbinden oder Menstruationstampons benutzt. Die Anwendung von Tampons hat keine gesundheitlichen Nachteile. Bei jungen Mädchen muß bei der Wahl der Größe berücksichtigt werden, daß die Tampons beim Aufsaugen des Blutes dicker werden. Außerdem muß man Weite und Dehnbarkeit der Öffnung des Jungfernhäutchens berücksichtigen. Bei stärkeren Blutungen sind Menstruationsbinden zu bevorzugen. Mit abklingender Periode kann man zu Tampons übergehen. Der Tamponwechsel richtet sich nach der Stärke der Blutung, ist jedoch mindestens alle 6–8 Stunden vorzunehmen. Zurückgelassene Tampons verursachen binnen weniger Tage eine starke Scheidenentzündung mit starkem, übelriechendem Ausfluß. Besonders während der Periode sind die gewohnten Reinigungsmaßnahmen (Waschungen, Duschen oder Bäder) wichtig. Sie können nicht durch sog. ↑ Intimsprays ersetzt werden. Gegen eine sportliche Betätigung und leichtes Training während der Periode ist nichts einzuwenden. Eine Befreiung der Schülerin vom Schulsport während der Periode ist nur in besonderen Fällen erforderlich. Bei schmerzhaften Regelblutungen (↑ Dysmenorrhoe) können sogar durch gymnastische Übungen die Schmerzen gelindert oder beseitigt werden. Die Benutzung von Tampons ermöglicht auch das Schwimmen während der Periode.

Das Waschen der äußeren Geschlechtsorgane (die *Intimhygiene*) gehört auch beim Jungen zur täglichen Körperpflege. Es ist selbstverständlich, dabei auch die Spitze des Gliedes einzubeziehen. Dazu muß die ↑ Vorhaut ganz zurückgeschoben werden, da sich unter ihr Reste von Schweiß, Talg und Urin ansammeln. Die Entfernung dieser schmierig gelblichen Absonderung (das *Smegma*) aus dem Vorhautsack ist äußerst wichtig, da dieser sonst sehr schnell mit krankhaften Keimen besiedelt werden kann.

Scheidenentzündungen sind nicht selten auf eine mangelhafte Intimhygiene – auch des männlichen Partners – zurückzuführen.

Das oder der **Hymen** [⟨ griech.] ↑ Jungfernhäutchen.

I

Das **Ideal** [⟨ lat.] ist ein Musterbild des Vollkommenen und meist das Leitbild, das der Mensch zu sein anstrebt, weil er es für bedeutsam und vorbildlich hält. Ideale entwickeln sich abhängig von den Normen und Werten, die die Gesellschaft, die Gruppe, das Kollektiv, in denen ein Mensch lebt, setzt. Personen, die sich der einzelne als Ideal wählt, zeigen die Eigenschaften, die er meist selbst für sich als wertvoll und anstrebenswert hält.

Nicht nur Denken, Fühlen und Handeln der Persönlichkeit werden von dem Ideal geprägt, das geschieht auch bei der Partnerwahl. Das Idealbild vom Partner, die an ihm gewünschten Eigenschaften beeinflussen die Partnerwahl und den Inhalt der Erziehung, die sich in jeder Partnerschaft vollzieht. Deshalb ist es wichtig, sich klar darüber zu werden, welche Eigenschaften der künftige Partner haben soll. Das Partnerideal entwickelt sich wie andere Ideale mit zunehmender Reife und Lebenserfahrung, wird konkreter und oft auch höher in den Anforderungen. Es wird von den weltanschaulichen und moralischen Werten eines Menschen stark beeinflußt.

Ein **Idol** ist ein Mensch oder ein Gegenstand, dem schwärmerische Verehrung gilt. Oft ist es ein falsches Ideal, ein Trugbild.

Die **Impotenz** [⟨ lat.] ist die Unfähigkeit, den Geschlechtsverkehr auszuüben (↑ Potenzstörung), weil die Gliedversteifung nicht ausreicht. Bei der primären Form – die allerdings selten ist – zeigt sich die Impotenz schon bei den ersten Versuchen zum Geschlechtsverkehr. Hier liegen oft schwere psychische Hemmungen vor. Bei der sekundären Form war die Sexualfunktion zunächst in Ordnung, die Erektionsschwäche stellte sich erst später ein. Auch in diesen Fällen sind seelische Ursachen möglich. Bei älteren Männern kommen zusätzliche Störfaktoren in Frage, z. B. Herz-Kreislauf- oder Zuckerkrankheiten, Überforderungssituationen oder auch Hormonmangel. Die Behandlung richtet sich nach der Ursache. Neben bestimmten Medikamenten ist vor allem eine gezielte ↑ Sexualtherapie von Bedeutung.

Die **Inaktivität** [⟨ lat.] ↑ Aktivität.

indiskret [⟨ lat.] ↑ Diskretion.

Der **Inkubator** [⟨ lat.; incubare „brüten"] ist eine Kleinklimakammer, in der sehr untergewichtige Frühgeborene aufgezogen werden. Luftfeuchtigkeit, Temperatur und Sauerstoffgehalt sind regulierbar. *Abb.*

Die **Insemination** [⟨ lat.] ist die *Besa-*

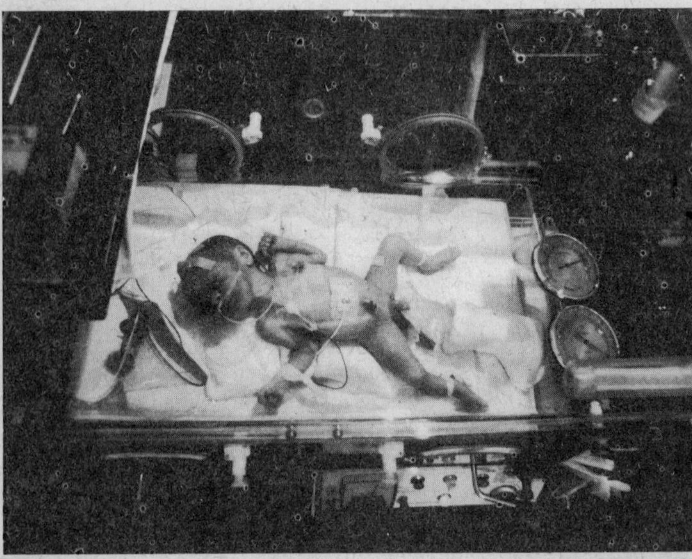

Inkubator

mung. Die Bezeichnung wird auch für die ↑ künstliche Samenübertragung verwendet.

Unter **Intersexualität** [⟨ lat.] versteht man eine Reihe verschiedener embryonaler Entwicklungsstörungen, bei der die geschlechtliche Differenzierung zum weiblichen oder männlichen Geschlecht fehlerhaft verlief. Meist erfolgt die Zuordnung zu dem einen oder anderen Geschlecht nach der Ausbildung der äußeren Geschlechtsmerkmale, die in diesen Fällen nicht eindeutig männlich oder weiblich ausgebildet sind. Vor einer endgültigen Entscheidung sind daher noch bestimmte Spezialuntersuchungen erforderlich (z. B. Hormonbestimmungen, Überprüfung des Kerngeschlechts und der Chromosomen). Manchmal kann man operativ die Zuordnung zum gewünschten Geschlecht herstellen. Ist keine klare Aussage möglich, richtet man sich bei der Festlegung des Geschlechts nach dem Wunsch des Betreffenden oder dem der Eltern.

Von **Intimbeziehungen** [s. u. + ⟨ dt.] oder *Intimkontakt* spricht man, wenn es zu geschlechtlichen Beziehungen kommt. Man sollte sie nur bei echter Zuneigung zueinander und möglichst stabiler Partnerschaft aufnehmen, niemals aus Neugierde oder auf Drängen des Partners (↑ Geschlechtsverkehr, ↑ vorehelicher Geschlechtsverkehr). Intimbeziehungen leiten eine neue Phase in der Partnerschaft ein, die Verantwortlichkeit beider Partner erhöht sich. Das bisher kameradschaftliche oder freundschaftliche Verhältnis erhält damit eine neue Qualität.

Die **Intimität** [⟨ lat.; intimus „innerster", „geheimster"] ist gekennzeichnet durch ein inniges, vertrauliches Verhältnis zwischen eng miteinander verbundenen Menschen. Sie ist in guten Freundschaften und wahren Liebesbeziehungen, vor allem aber in Ehe und Familie vorhanden. Sexuelle Beziehungen müssen nicht vorhanden sein. Im engeren Sinne wird allerdings „intim werden" als die Aufnahme von Geschlechtsverkehr verstanden.

Die **Intimsphäre** [s. o. + ⟨ griech.] umfaßt den privaten, ganz persönlichen Bereich eines Menschen. Dazu gehört auch das gesamte Liebes- und Geschlechtsleben.

Der **Intimspray** [sprich: -spreh; s. o. + ⟨ engl.] bewirkt durch Desinfektion eine zeitweilige Keimminderung und verhindert Geruchsbildung, ersetzt jedoch nicht andere hygienische Maßnahmen. Mit dem Spray darf man nur die äußeren Geschlechtsteile besprühen – nicht öfter als ein- bis zweimal täglich –, sonst kann sich die empfindliche Schleimhaut entzünden. Bei sachgemäßer Anwendung sind Hautreizungen selten. Bei Rötung und Brennen der Haut darf der Spray nicht mehr benutzt werden. Auch nach einer Geburt sollte bis zur Abheilung eventueller Nähte und Aufhören des Wochenflusses ausgesetzt werden.

Das **Intrauterinpessar** [sprich: intrauterin-; ⟨ lat.], Abk. *IUP*, oder die *Spirale*, ist ein wirksames Mittel zur ↑ Empfängnisverhütung. Intrauterinpessare werden aus Plastik hergestellt. Eine weitere Erhöhung der empfängnisverhütenden Wirksamkeit wurde durch Beschichtung mit Kupfer (z. B. Dana-Pessare) sowie durch Umwicklung von Teilen des Pessars mit feinem Kupferdraht erreicht. Täglich werden Kupferionen an die Gebärmutterschleimhaut abgegeben, die den empfängnisverhütenden Effekt des Pessars verstärken. In Erprobung befinden sich zur Zeit außerdem IUP, die täglich eine geringe Menge eines ↑ Gestagens freisetzen. Kupferhaltige und gestagenhaltige IUP verlieren nach einer bestimmten Liegedauer ihre empfängnisverhütende Wirksamkeit und müssen in Abständen durch neue Pessare ersetzt werden. Alle Pessarmodelle werden nach sorgfältiger Untersuchung der Frau vom Frauenarzt während der Menstruation mit Hilfe eines röhrenförmigen Gerätes in die Gebärmutterhöhle eingelegt. Infolge ihrer elastischen Spannung lassen sie sich leicht in gestrecktem Zustand einführen. Sie nehmen in der

Gebärmutterhöhle ihre meist spiralförmige Ausgangsform wieder an. Das IUP ist mit einem Perlonfaden versehen, der wenige Zentimeter aus dem Muttermund herausragt. Damit können die Frau und der Arzt jederzeit kontrollieren, ob das IUP sich noch in der Gebärmutter befindet. Außerdem kann dadurch bei Notwendigkeit durch Zug an dem Faden das IUP leicht entfernt werden.

Die Wirkungsweise der IUP ist bisher nicht geklärt. Vermutlich wird durch den Fremdkörperreiz auf die Gebärmutterschleimhaut die Ansammlung von weißen Blutkörperchen in der Umgebung des IUP angeregt. Dadurch ausgelöste enzymatische Prozesse verhindern die Einnistung des befruchteten Eies. Kupferionen und Hormone verstärken diesen lokalen Effekt und stören verschiedene Stoffwechselvorgänge in der Gebärmutterschleimhaut. Die Intrauterinpessare stellen eine bequeme Form der Empfängnisverhütung dar. Sie stehen in der Wirksamkeit nach der Pille an zweiter Stelle. Der Unsicherheitsfaktor besteht in der von der Frau unbemerkten Ausstoßung. Damit muß man besonders während der ersten Monate nach der Einlage rechnen. Mit zunehmender Liegedauer werden die Ausstoßungen immer seltener.

Bei manchen Frauen kann es durch

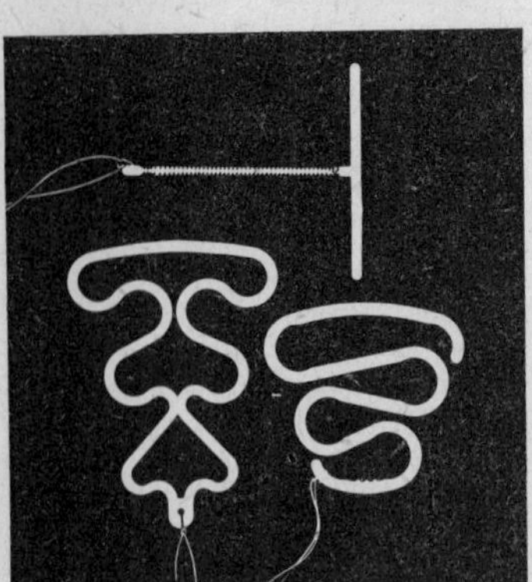

Intrauterinpessare

das IUP zu verlängerten und verstärkten Regelblutungen kommen. Das Auftreten von Blutungsstörungen und Schmerzen sind ein Grund für den Arzt, das IUP zu entfernen. Intrauterinpessare eignen sich besonders für Frauen, die bereits Kinder geboren haben und aus medizinischen oder anderen Gründen auf die Einnahme der Pille verzichten müssen. Die Entscheidung darüber trifft der Arzt. *Abb.*

Die **Introversion** [⟨ lat.] kennzeichnet eine auf die Innenwelt gerichtete Einstellungsweise eines Menschen (Gegensatz: ↑ Extroversion), der schüchtern, zurückgezogen, vorsichtig, verschlossen, über sich selbst viel nachdenkend, zögernd und kontaktarm ist. Introvertierte Menschen haben es schwer beim Anknüpfen von Sozialbeziehungen und Partnerschaften. Sie zeigen nicht selten Anpassungsschwierigkeiten. Die verbreitete Auffassung, daß ein introvertierter Mensch einen extrovertierten Partner wählt oder etwa als Ausgleich wählen sollte, ist nicht grundsätzlich zu teilen. Damit würden Introversion und Extroversion überschätzt, denn sie sind nur ein Kriterienpaar, das neben vielen anderen Eigenschaften und Gesichtspunkten das partnerschaftliche Verhältnis beeinflußt und kennzeichnet.

In-vitro-Befruchtung (medizinisch *extrakorporale Befruchtung* oder *in-vitro-Fertilisation*), irreführend unter dem Begriff *„Retortenbaby“* bekannt geworden, besteht im wesentlichen darin, daß ↑ Befruchtung und die ersten 2 Tage der menschlichen ↑ Embryonalentwicklung aus der Gebärmutter ins Labor verlegt werden. Einer Frau werden durch Bauchspiegelung (*Laparoskopie*) reife Eizellen aus dem Eierstock entnommen und im Reagenzglas (*in vitro*) mit dem Samen des Ehemannes vermischt. Nach der Befruchtung und mehreren Zellteilungen wird der Embryo in die Gebärmutter verpflanzt (*Embryotransfer*).

Die in-vitro-Fertilisation (*IVF*) und der Embryotransfer (*ET*) werden bei Frauen durchgeführt, deren Eileiter

verschlossen sind, deren Eierstöcke jedoch ihre Funktionstüchtigkeit behalten haben. Zwar können durch schwere Entzündungen (↑ Adnexitis) verschlossene Eileiter operativ geöffnet werden, doch gelingt es nur in einem kleinen Prozentsatz die Eileiterfunktion so wiederherzustellen, daß Schwangerschaften eintreten. Für etwa 80% der Frauen mit Eileitersterilität (*tubare Sterilität*) bedeutet die invitro-Fertilisation zumindest eine Hoffnung, schwanger werden zu können. Seit 1978 Louise Brown als erstes extrakorporal gezeugtes Kind in England zur Welt kam, sind in über 60 Zentren auf der Welt mehr als 1000 Kinder nach IVF und ET geboren. Auch in der DDR wurden in 4 Universitäts-Frauenkliniken (Berlin, Rostock, Leipzig und Halle) Kinder nach diesem Vorgehen gesund geboren. Die Erfahrungen dieser Zentren lehren aber, daß der Eintritt einer Schwangerschaft trotz aufwendiger medizinischer Leistungen nur in einem gewissen Prozentsatz gelingt. Der Prozentsatz ausgetragener Schwangerschaften je 100 Embryotransfers beträgt gegenwärtig etwa 8–10%. Dieses Verfahren wird künftig auch nur ein Glied in einer Kette von Behandlungsmöglichkeiten bei Kinderlosigkeit darstellen.

Der **Inzest** [⟨ lat.] ↑ Blutschande.

Die **Ipsation** [⟨ lat.] ↑ Selbstbefriedigung.

Das **IUP** ↑ Intrauterinpessar.

J

Die **Jugend** ist **1.** eine Entwicklungsstufe im Leben des Menschen;
2. ist die Jugend eine spezifische Gruppe der Gesellschaft, nämlich die Gesamtheit der Jugendlichen. Man rechnet nach dem Jugendgesetz der DDR das Jugendalter bis zum vollendeten 25. Lebensjahr. Im Jugendalter liegen *Menarche, Ejakularche* und meist auch die *Kohabitarche.* In diesem Alter festigt sich die Persönlichkeit des Menschen, er entscheidet sich das erste Mal für einen Beruf und für

einen Partner, wird immer selbständiger und erwachsen. Der ältere Jugendliche hat körperlich und meist auch geistig schon das Niveau des Erwachsenen erreicht, auch in sexueller Hinsicht ist er voll entwickelt, aber sozial ist er oft abhängig von seinen Eltern. Daraus können sich Konflikte entwikkeln. Das Verhältnis von Eltern und Kindern sollte sich deshalb im Jugendalter zum partnerschaftlichen Verhältnis wandeln, in dem die direkt führende Rolle der Eltern allmählich zurückgenommen wird (↑ Eltern-Kind-Beziehung).

Jugendgesetz ist die Kurzbezeichnung für das *Gesetz über die Teilnahme der Jugend an der Gestaltung der entwikkelten sozialistischen Gesellschaft und über ihre gesellschaftliche Förderung in der DDR* vom 28. 1. 74. Es räumt der Jugend ihren Platz bei der Mitgestaltung unserer Gesellschaft ein, überträgt ihr entsprechende Rechte und Aufgaben und trägt dazu bei, daß die Jugendlichen zu bewußten Staatsbürgern heranwachsen, indem sie ihre Pflichten verantwortungsbewußt erfüllen. Das Gesetz bezieht sich auf junge Bürger bis zum vollendeten 25. Lebensjahr. Die sozialistische Gesellschaft bietet ihnen in staatlichen Funktionen, in Betrieben, gesellschaftlichen Organisationen – vor allem der FDJ – vielfältige Möglichkeiten, sich zu bewähren. Die eigene Vertretung der Jugend in der Fraktion der FDJ in der Volkskammer bewirkt, daß keine die Interessen der Jugend berührende Entscheidung ohne Mitsprache und Zustimmung der FDJ-Abgeordneten getroffen wird. Die jungen Bürger können ihre Fähigkeiten zum eigenen und gesellschaftlichen Nutzen entfalten, z. B. in speziellen Jugendobjekten. Dazu gewährt ihnen das Gesetz Rechte und Pflichten für eine leistungsgerechte Bildung und Berufsausbildung, für Mitwirkung im beruflichen Leben und überträgt ihnen Verantwortung für die Sicherung der Verteidigungsbereitschaft. Auch in der Kulturpolitik gebührt der Jugend besondere Aufmerksamkeit, vor allem zur aktiven schöpferischen Betätigung in Klubs, Zirkeln, Volkskunstgruppen und anderen Einrichtungen zur Organisation schöpferischer Freizeitgestaltung. Ziel des Gesetzes ist auch die Entwicklung einer gesunden Lebensweise unter Jugendlichen mit regelmäßiger sportlicher Betätigung, jugendgemäßer Feriengestaltung und Touristik. Auch die Vorbereitung auf Liebe, Ehe und Familie ist Teil der im Gesetz formulierten Aufgaben der Jugendpolitik der DDR. Verwirklicht werden die Regeln in Verantwortung vieler staatlicher und gesellschaftlicher Organe unter weitgehender Mitwirkung der Jugendlichen selbst und ihrer Jugendorganisation. Die Teilmaßnahmen zur Verwirklichung des Gesetzes werden in Jugendförderungsplänen erfaßt, die auf verschiedenen Ebenen, in den Volksvertretungen, Betrieben usw., jährlich zu erarbeiten sind.

Die **Jugendhilfe** als staatliches Organ erfüllt eine gesellschaftliche Aufgabe, indem sie bei Kindern und Jugendlichen bis zu 18 Jahren die elterliche Erziehung unterstützt oder notfalls ersetzt, wenn die eigenen Eltern die Pflichten nicht oder nicht ausreichend erfüllen. Dann werden unter Leitung der Organe der Jugendhilfe bei den örtlichen Staatsorganen unter Mitwirkung ehrenamtlich tätiger Bürger (z. B. Jugendhelfer) die erforderlichen Maßnahmen getroffen, um den Anteil der Familie am Erziehungsprozeß zu sichern. Dazu können den Beteiligten Pflichten auferlegt werden, die zu kontrollieren sind, wenn nötig kann die Heimerziehung angeordnet, äußerstenfalls – bei schwerer Pflichtverletzung der Eltern – der Antrag bei Gericht gestellt werden, ihnen das Erziehungsrecht zu entziehen. Zu den Aufgaben der Jugendhilfe gehört die Sorge um elternlose Kinder, für die das Erziehungsrecht auf nahe Angehörige übertragen oder ein Vormund eingesetzt wird. Auch die ↑ Annahme an Kindes Statt erfolgt durch Beschluß der Jugendhilfeorgane. Sie wirken ferner mit bei ↑ Feststellung der

Vaterschaft, im Strafverfahren gegen Jugendliche, mitunter auch bei der Entscheidung über das Erziehungsrecht im Ehescheidungsprozeß.

Jugendlich ist ein Sammelbegriff für die Merkmale der ↑ Jugend sowohl als Entwicklungsstufe des Menschen als auch für die Jugend als einer spezifischen Gruppe der Gesellschaft. Da kein Jugendlicher dem anderen in seinen Eigenschaften, seiner Situation und in seinem Verhalten wirklich gleicht, kann nur mit Vorsicht von allgemeinen oder typischen jugendlichen Eigenschaften gesprochen werden. Jugendliche sind junge Bürger eines bestimmten Lebensalters, das in verschiedenen Gesetzen unterschiedlich bestimmt ist, im Jugendgesetz z. B. bis zur Vollendung des 25. Lebensjahres, im Strafrecht sind 14- bis 18jährige gemeint. Das Familienrecht bezeichnet im Verhältnis zu den Eltern die bis zu 18jährigen als ↑ Kind, ohne zu verkennen, daß sie schrittweise selbständiger werden (↑ Handlungsfähigkeit).

Die **jugendliche Umgangssprache** ist eine sich in ihrem Sprachstil, in ihren Formulierungen und in ihrem Wortschatz schnell wandelnde, sich von der Sprache der Erwachsenen bewußt abhebende Sprechart Jugendlicher. Sie entspricht einerseits der Lust am Spiel mit Wörtern, der Freude am Experimentieren mit Begriffen, wie es z. B. Franz Fühmann literarisch belegt. Dennoch ist das kein reines Spiel, sondern wird geprägt von dem Bedürfnis junger Menschen, sich gegen die Welt der Erwachsenen – wie in Kleidung, Tanz und Lebensformen – so auch in der Sprache abzugrenzen, ein Zeichen von ↑ Emanzipation zu setzen von Eltern und Erziehern. Dabei werden gelegentlich die Grenzen des Anstands mißachtet, besonders wenn es um die Benennung von sexuellen Handlungen oder Bezeichnungen der Geschlechtsorgane geht. Mit Ersatzbegriffen aus den verschiedensten Bereichen, nicht zuletzt aus dem zoologischen, mehr oder weniger als *Verlegenheitsbezeichnungen*, verständigt man sich über Sexualvorgänge oder die Sexualorgane: Rute für das ↑ Glied, Schnecke und ↑ Titten für weibliche Geschlechtsorgane, vögeln, rammeln, ranzen u.ä. für Sexualverkehr. Sicher begegnet man hierin, außer dem negativen Beispiel Erwachsener, Rückständen aus einer unzeitgemäßen und prüden Erziehung, die auch heute noch von einigen Eltern ausgeübt wird. Sie hat ihre Grundlagen in einer Zeit, in der die Frau sozial und materiell fast ausschließlich vom Mann abhängig, zu dessen Sexualobjekt wurde, und weist nicht zuletzt auch auf den Einfluß der Kirche hin, die jegliche offene Aussprache über Fakten des Sexuallebens oder über die entsprechenden Organe als unanständig oder unsittlich verpönte – und das quer durch alle Klassen und Schichten. Die öffentlich vertretenen moralischen Ansichten stimmten mit dem heimlichen vor- und außerehelichen Sexualleben, insbesondere des damals den „guten Ton“ bestimmenden Bürgertums, keineswegs überein. Erst die Emanzipation änderte die gesellschaftliche Stellung der Frau grundlegend. Solche Bezeichnungen sind aber auch Signal für jugendliche Unsicherheit im Umgang mit der eigenen und der Sexualität überhaupt, sind auch manchmal Angeberei. Diese verschiedenen Faktoren erklären, daß auch heute noch unter unseren, im Zuge unserer gesellschaftlichen Entwicklung gründlich geänderten Voraussetzungen, Verschleierungsbegriffe, Schlüsselwörter und Tarnbegriffe immer wieder und in schnellem Wechsel neu entstehen. Mit der Entwicklung der Persönlichkeit tritt auch hier meist ein Wandel ein. Jeder junge Mensch, der bestrebt ist, sich auch in seinem Sexualleben kulturvoll zu entwickeln, wird sich scheuen, mit seiner Ausdrucksweise in vulgäre oder obszöne Bereiche abzugleiten und über ihn beglückende Erlebnisse und seine Partner mißachtend zu reden.

Jugendliebe ist die erste, meist während oder nach der Geschlechtsreife

entstehende, von starken Gefühlen der Zuneigung und Sympathie getragene Beziehung zu einem meist andersgeschlechtlichen Menschen. Sie schließt den Austausch von Zärtlichkeiten, aber nicht unbedingt den Geschlechtsverkehr ein und bedeutet mehr als Flirt (↑ Flirten), ↑ Verliebtheit oder ↑ Freundschaft und führt auch nicht selten direkt zu einer Ehe. Mitunter begegnen sich die Partner auch erst später wieder und heiraten dann. Als Jugendliebe wird dann auch der Partner bezeichnet, und man sagt: „Er hat seine Jugendliebe geheiratet".

Das **Jugendstrafrecht** bezeichnet die Besonderheiten, die das Strafgesetzbuch und die Strafprozeßordnung für Jugendliche zwischen 14 und 18 Jahren enthalten, die sich wegen einer Straftat verantworten müssen. Die Regelungen berücksichtigen die Entwicklungs- und Lebensbedingungen junger Menschen, z.B. im Zusammenhang mit der Bestimmung und Vollstreckung der Strafen. Sie räumen Eltern, Erziehern und Jugendhilfe Mitwirkungsrechte und -pflichten ein.

Junge Eheleute, die bei der Eheschließung das 30. Lebensjahr noch nicht vollendet haben und von denen mindestens der eine im Arbeits-, Wehrdienst-, Ausbildungsverhältnis steht bzw. als Mitglied einer Produktionsgenossenschaft arbeitet, erhalten zur Finanzierung der Wohnungsbeschaffung oder ihrer Ausstattung auf Antrag von den Sparkassen zinslose Kredite in festgelegter Höhe, wenn sie erstmals die Ehe schließen oder eine Zweitehe, wenn keiner von beiden den Ehekredit in erster Ehe beansprucht hatte. Die Tilgungsfrist beträgt in der Regel 11 Jahre. Die Rückzahlung wird erlassen in Höhe von 1000,- M bei der Geburt des 1., weiterer 1500,- M bei Geburt des 2. Kindes innerhalb der Tilgungsfrist. Für das 3. Kind wird Erlaß in Höhe weiterer 2500,- M gewährt, auch wenn die Geburt nach Ablauf der Tilgungsfrist eintritt, gegebenenfalls wird der bereits zuviel gezahlte Betrag zurückerstattet. ↑ sozialpolitisches Programm.

Jungfer nannte man früher ein unberührtes Mädchen, das noch die *Jungfernschaft* hatte. Das Wort ist veraltet. Heute sagt man ↑ Jungfrau.

Das **Jungfernhäutchen** oder *Hymen* besteht aus einer Schleimhautfalte, die je nach ihrer Größe den Scheideneingang mehr oder weniger verschließt. Sein Einreißen (↑ Entjungfern) erfolgt meist beim ersten Geschlechtsverkehr. Ist das Häutchen – ausnahmsweise – sehr derb ausgebildet, können beim Einreißen leichte Schmerzen und eine geringe Blutung auftreten.

Mit **Jungfrau** bezeichnet man ein Mädchen, das noch keinen Geschlechtsverkehr hatte. Sein Jungfernhäutchen ist noch intakt (unberührt). Jungfräulichkeit galt früher als Maßstab weiblicher Tugend und Reinheit. Dabei war es kennzeichnend für die bürgerliche Doppelmoral, daß sich diese strengen Grundsätze nur auf das weibliche Geschlecht bezogen. Der Mann dagegen brauchte vor der Ehe nicht sexuell enthaltsam zu leben, ihm billigte die damalige Moralauffassung auf Grund der angeblichen Ungleichwertigkeit und der sich daraus ableitenden rechtlichen und gesellschaftlichen Benachteiligung der Frau derartige Möglichkeiten zu. In unserer Gesellschaftsordnung, in der die Gleichberechtigung der Geschlechter verwirklicht ist, kennen wir diese unterschiedliche Wertung nicht mehr. Ob ein Mädchen jungfräulich in die Ehe gehen will oder nicht, bleibt ihm überlassen. Die Mehrzahl der Mädchen hat heutzutage bereits voreheliche sexuelle Erfahrungen. Für uns ist Jungfrau kein Wertbegriff mehr.

Junggeselle ist jeder unverheiratete Mann im heiratsfähigen Alter. Ein überalterter Junggeselle wird, vor allem in der Literatur, als *Hagestolz* bezeichnet.

Juvenil ist eine vom lateinischen Wort *juventus* „Jugend“ abgeleitete Bezeichnung für jugendlich. Die unregelmäßigen, z. T. sehr starken Menstruationsblutungen jugendlicher Mädchen nennt der Arzt *juvenile Blutungen*.

K

Kaiserschnitt nennt der Volksmund die ↑ *Schnittentbindung*. Der Name Kaiserschnitt beruht auf einer falschen Übersetzung der medizinischen Bezeichnung *Sectio caesarea*. *Sectio* bedeutet „Schnitt“, und *caesarea* leitet sich ab von *caedere* „schneiden“ und nicht von Cäsar, von dem sich der Titel Kaiser herleitet.

Kalendermethode [⟨ lat.] ↑ Knaus-Ogino-Methode.

Kalte Bauern wird für Samenflecke gesagt.

Kameradschaft ist die Beziehung zwischen Menschen, die einer festen Gruppe bzw. einem Kollektiv angehören und durch gemeinsame Interessen und Tätigkeiten miteinander verbunden und aufeinander angewiesen sind. Kameradschaft besitzt nicht den engen Charakter einer ↑ Freundschaft und ist mehr sachbezogen als gefühlsbetont. Freundschaften gedeihen gut auf dem Boden der Kameradschaft.

Karenz [⟨ lat.] bedeutet *Entbehrung* oder *Verzicht*. Eine Karenzzeit im Sinne eines bewußten zeitweiligen Verzichts auf Geschlechtsverkehr ist z. B. während einer Schwangerschaft 6 Wochen vor dem errechneten Geburtstermin (Gefahr vorzeitiger Wehenauslösung und damit Frühgeburt) und 6 Wochen nach der Entbindung (Gefahr von Infektionen der Gebärmutterschleimhaut) erforderlich. Ebenso muß sie bei einer ↑ Samenuntersuchung des Mannes, wenn z. B. seine Zeugungsfähigkeit überprüft werden soll, eingehalten werden. Allerdings sind es dann meist nur 5 Tage.

Die **Karẹzzamethode** [⟨ sanskrit + ⟨ lat.], auch einfach *Karezza* genannt, ist eine besondere Form des Geschlechtsverkehrs, bei dem bewußt die Ejakulation und meist auch der Orgasmus seitens der Frau vermieden werden. Zwar wird das Glied in die Scheide eingeführt, man bleibt dann jedoch ruhig liegen und vermeidet weitere Bewegungen. Diese bereits

seit dem Altertum bekannte Art der Vereinigung – sie wird z. B. in der alten indischen Liebesliteratur erwähnt – soll zu einer besonderen geistig-seelischen Verbundenheit der Partner führen.

Zur Empfängnisverhütung – besonders für junge Leute – eignet sich die Methode nicht, weil es trotz des Vorsatzes, den Samenerguß zu vermeiden, durch starke sexuelle Erregung dazu kommen kann.

Eine **Kaschemme** ist in der Vergnügungswelt ein Amüsierlokal, eine zwielichtige Kneipe o. ä. Das Wort stammt aus der Zigeunersprache.

Die **Kastration** [⟨ lat.] ist die operative Entfernung der weiblichen oder männlichen Keimdrüsen. Ihre Funktion kann auch durch Röntgenbestrahlung oder künstliche Zufuhr von Hormonen ausgeschaltet werden. Letzteres bezeichnet man als *chemische Kastration.* Welche Ausfälle nach einem solchen Eingriff auftreten, hängt vom Alter und Geschlecht ab. Bei Jugendlichen beiderlei Geschlechts wird die Ausbildung der sekundären ↑ Geschlechtsmerkmale gebremst, bei männlichen bleibt die kindliche Stimmlage erhalten (↑ Eunuch). Das sexuelle Verlangen ist nur schwach oder gar nicht vorhanden, eine Fortpflanzung ist nicht möglich. Bei erwachsenen Kastraten sind die körperlichen Veränderungen geringer, sie neigen zum Fettansatz und ihr sexuelles Bedürfnis schwächt sich ab oder verschwindet vollständig. Eine Kastration ist manchmal bei bestimmten Erkrankungen der männlichen oder weiblichen Keimdrüsen notwendig.

Mit **Kebsweib** bezeichnen vor allem biblische Texte eine nicht rechtmäßig angetraute Frau, eine Nebenfrau oder ↑ Konkubine.

Kegel ist ein veralteter Ausdruck für ein uneheliches Kind. Er begegnet uns noch in der Redewendung „mit Kind und Kegel".

Zu den **Keimzellen**, auch *Geschlechtszellen* oder *Gameten,* zählen sowohl die weiblichen ↑ Eizellen als auch die männlichen ↑ Samenfäden.

Keule wird in der Umgangssprache des Jugendlichen als Ausdruck für Bruder oder Schwester verwendet.

Die **Keuschheit** ist als katholisches Dogma die völlige sexuelle Enthaltsamkeit und Unberührtheit und schließt auch die Zurückdrängung entsprechender Gedanken und Wünsche ein. In diesem Sinne kann heute Keuschheit nicht mehr aufgefaßt und gefordert werden. Doch die Selbstbeherrschung, die dieser Begriff trotz unrealer Ansprüche einschließt, ist nicht überholt. Verantwortungsbewußte Aufnahme und Gestaltung von Sexualbeziehungen, die von hohen Anforderungen an sich selbst, von der Achtung des Partners und seiner Entwicklung getragen sind, verlangt natürlich auch sexuelle Zurückhaltung, Abwarten können, Wachsenlassen der Liebesbeziehung, richtige Wertung des Sexuellen für das Leben. Das alles schließt sexuelle Verbraucherhaltungen, Genießermoral und Draufgängertum aus. ↑ Askese.

Das **Kind** ist der unmittelbar von den Eltern abstammende Nachkomme. Im Recht wird der Begriff für Personen bestimmter Altersstufen unterschiedlich verwendet, z. B. im Strafrecht für solche bis zu 14, im Familienrecht bis zu 18 Jahren, im Erbrecht ohne Altersbegrenzung (↑ jugendlich).

Kitzeln ist eine leichte streichelnde Berührung, die im Bereich bestimmter Körperregionen (↑ erogene Zonen) sexuell erregend wirken kann. Manche Menschen reagieren empfindlich darauf, andere wiederum mögen es nicht oder fangen an zu lachen.

Der **Kitzler**, auch die *Klitoris* oder *Clitoris,* ist ein kleines schwellfähiges Organ, das zwischen den kleinen Schamlippen liegt und in seinem anatomischen Aufbau gewisse Ähnlichkeiten mit dem männlichen Glied aufweist. Auffallend stark mit Nerven versorgt, reagiert es infolgedessen empfindlich auf Berührung. Für das Auslösen sexueller Erregung ist der Kitzler besonders wichtig. Sein vorsichtiges Streicheln oder Reiben ruft bei den meisten Frauen sexuelle Lustgefühle hervor, die bis zum ↑ Orgasmus gehen können. Diesen sog. *klitoridalen* Orgasmus hat man in seiner Bedeutung lange unterschätzt. Fälschlicherweise hatte man angenommen, daß nur der über die Scheide während des Geschlechtsverkehrs zustandegekommene Orgasmus „vollwertig" sei. Heute weiß man, daß es zwischen diesen beiden Formen keinen qualitativen Unterschied gibt, sie sind gleichwertig. Für den Partner bedeutet es, daß er die verschiedenen weiblichen Reaktionsmöglichkeiten berücksichtigen muß, wobei die Stimulierung der Klitoris während des Vorspiels – das sich allerdings nicht allein darauf beschränken soll – für manche Frauen unbedingt notwendig zum Erreichen des Orgasmus ist.

Mit **Klapperchen machen** meint man in der jugendlichen Umgangssprache Geschlechtsverkehr haben.

Das **Klimakterium** [⟨ lat.] ↑ Wechseljahre.

Die **Klitoris** [⟨ griech.] ↑ Kitzler.

Klöten wird als vulgäre Bezeichnung für die männlichen Geschlechtsteile gebraucht.

Die **Knaus-Ogino-Methode**, auch *Rhythmus-* oder *Kalendermethode* genannt, verdankt ihren Namen dem österreichischen Arzt H. *Knaus* und dem japanischen Arzt K. *Ogino,* die beide ungefähr gleichzeitig ein Verfahren entdeckten, mit dem man den Zeitpunkt der *größten Empfängnisbereitschaft* (↑ fruchtbare Tage) berechnen kann. Partner mit Kinderwunsch können sich dementsprechend verhalten und an diesen Tagen Geschlechtsverkehr durchführen. Die Rechnung der fruchtbaren Tage geschieht nach der Formel von Knaus: kürzester Zyklus minus 17 Tage, längster Zyklus minus 13 Tage. Daraus ergibt sich z. B. bei einer Frau, deren Zyklus zwischen 27 und 31 Tagen schwankt (27 – 17 = 10. Zyklustag; 31 – 13 = 18. Zyklustag), daß sie nur vom 10.–18. Tag ihres Zyklus empfängnisfähig ist. Außerhalb dieser Zeit ist mit keiner Befruchtung zu rechnen. Frauen mit großen Zyklusschwankungen können ihre fruchtbare Zeit allerdings nicht genau bestimmen, im Gegensatz zu denjenigen, deren Menstruation pünktlich eintritt. Man kann diese Methode auch zur *Empfängnisverhütung* anwenden, indem man den Geschlechtsverkehr ausschließlich in den unfruchtbaren Tagen durchführt oder in den fruchtbaren Tagen ein zusätzliches Verhütungsmittel (z. B. Kondom) verwendet. Wenn der längste Zyklus vom kürzesten um mehr als 10 Tage differiert, ist die Methode wegen der geringen Sicherheit zur Empfängnisverhütung ungeeignet.

Knutschen nennt man den mehr oder minder heftigen Austausch von Zärtlichkeiten und Küssen.

Knutschflecke entstehen bei saugenden Küssen als leichte Blutergüsse unter der Haut durch aufgeplatzte feine Äderchen.

Die **Kohabitarche** [⟨ lat.: cohabitare „zusammen wohnen"] ↑ erster Geschlechtsverkehr.

Die **Kohabitation** [s. o.] ↑ Geschlechtsverkehr.

Der **Koitus** [⟨ lat.] ↑ Geschlechtsverkehr.

Von **Kokettieren** [⟨ franz.] spricht man, wenn jemand auf einen anderen Menschen wirken, ihm gefallen will. Eine *kokette* Person liebäugelt gern, erprobt ihre Anziehungskraft auf das andere Geschlecht, ohne deshalb immer ernste Absichten zu verfolgen. – Substantiv: Die *Koketterie.*

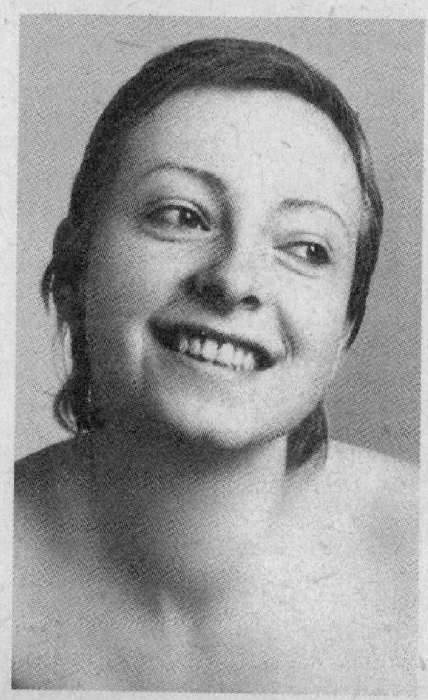

Die **Kokotte** [s. o.] ist eine Frau der ↑ Halbwelt.

Das **Kolposkop** [⟨ griech.] ist ein lupenartiges optisches Gerät mit starker Lichtquelle zur Betrachtung der Scheide und des Muttermundes. Es ermöglicht, krankhafte Zustände der Schleimhäute wesentlich leichter und sicherer zu erkennen, als das mit bloßem Auge möglich ist.

Ein **Kompliment** [⟨ franz.] macht man, indem man jemandem eine Freundlichkeit sagt. „Du siehst heute aber wieder mal gut aus" oder „deine sportliche Leistung war großartig". Wenn diese Feststellungen den Tatsachen entsprechen, ist das Kompliment voll berechtigt und erfreut den anderen. Unangebracht sind leere Komplimente, die ohne Grund nur als höfliche Schmeicheleien dahergeredet werden, um sich beim anderen beliebt zu machen. „Fishing for compliments" (nach Komplimenten angeln) ist eine englische Redensart für ein Verhalten, sich absichtlich und grundlos als unbedeutend, häßlich usw. hinzustellen, um damit zum Widerspruch in der Art schmeichelhafter Komplimente herauszufordern. Es ist meist ein Zeichen mangelnder Selbstsicherheit.

Das oder der **Kondom** [⟨ franz.], der *Überzieher* oder auch das *Präservativ* ist eine undurchlässige, dünnwandige Hülle, die vor dem Geschlechtsverkehr über das steife männliche Glied gestreift wird. In ihr wird bei Samenerguß die Samenflüssigkeit aufgefangen und damit das Eindringen von Spermien in die Scheide verhindert. Im Mittelalter benutzte man einen solchen Überzug aus Schafsdarm oder Leinen als Schutz gegen syphilitische Infektionen. Seit etwa Mitte des vorigen Jahrhunderts werden Kondome fabrikmäßig aus Gummi hergestellt. Die sog. *Feuchtkondome* sind bereits mit einem Gleitmittel versehen. Das

Kondom ist nicht nur ein wirksames Mittel zur ↑ Empfängnisverhütung, es bewährt sich gleichzeitig zum Schutz gegen Übertragung von ↑ Geschlechtskrankheiten (besonders des ↑ Trippers). Die Versagerquote beträgt etwa 7 auf 1200 Anwendungsmonate. Kondome sind in vielen Ländern die am meisten und häufigsten verwendeten Schutzmittel, da ihre Anwendung einfach und absolut unbedenklich ist. Ein Kondom ist besonders Jugendlichen bei seltenem Geschlechtsverkehr zu empfehlen. Oft ist bei lockeren Partnerschaftsbeziehungen nicht bekannt, ob die Partnerin die Pille benutzt. In solchen Fällen kann bei Benutzung eines Kondoms der männliche Partner die Verantwortung für die Empfängnisverhütung übernehmen. Es ist außerdem ratsam, in den ersten Wochen nach der Entbindung ein Kondom zu benutzen, um einer Infektion vorzubeugen. Vor dem Überstreifen muß die Vorhaut ganz hinter die Eichel zurückgezogen werden. Eventuell enthaltene Luft muß herausge-

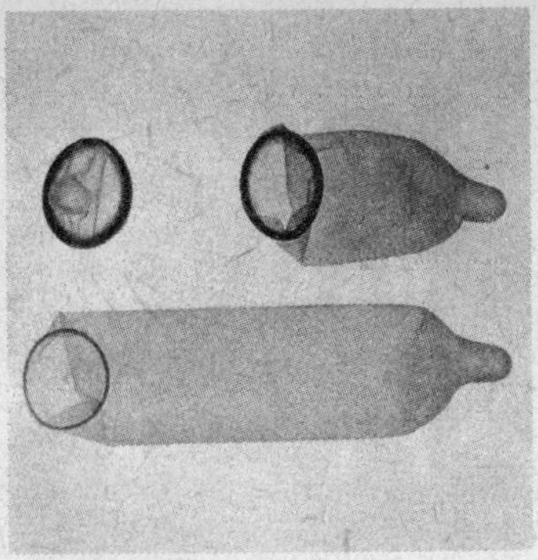

Kondome

strichen werden. Neuere Kondome sind mit Siliconöl versehen, so daß ein zusätzliches Anfeuchten entfällt. Nach Beendigung des Geschlechtsverkehrs muß der Rand des Kondoms festgehalten werden, damit es beim Zurückgehen nicht abrutscht. Diese Gefahr besteht besonders dann, wenn das Glied bereits erschlafft ist. In sol-

verschiedene, im Handel erhältliche Kondome

chen Fällen kann nicht nur das Kondom in der Scheide verbleiben, sondern auch die Samenflüssigkeit ausfließen.
Außer den üblichen Kondomen aus dünnem Gummi sind auch andere im Handel, deren Oberfläche durch kleine Vorsprünge rauh ist. Sie sollen beim Geschlechtsverkehr die Reizwirkung erhöhen. In manchen Fällen sind diese Kondome angebracht und erfüllen als Hilfsmittel ihren Zweck. Störungen der sexuellen Empfindungen oder der sexuellen Fähigkeit können damit nicht behoben werden.
Pariser ist eine umgangssprachliche Bezeichnung für Kondom. Dieser Ausdruck ist nur im deutschsprachigen Bereich üblich. Die Engländer nennen es *„French letter"* (französischer Brief), die Franzosen *„capot anglais"* (englischer Mantel). *2 Abb.*

Die **Konkubine** [⟨ lat.] ist ein in freier eheähnlicher Verbindung, aber ohne gesetzliche Eheschließung mit einem Mann zusammenlebendes Mädchen oder eine Frau. Der Ausdruck veraltet zwar, findet sich aber noch in der Literatur. Das Verhältnis heißt *Konkubinat.* „Wilde Ehe", Kameradschaftsehe, Probeehe sind entsprechende Bezeichnungen. Jungen Menschen, die sich das Glück gemeinsamer Kinder nicht versagen wollen, bietet unser sozialistischer Staat weitreichende materielle und moralische Hilfen, unser sozialistisches Familienrecht sichert gleiche Rechte für beide Ehepartner und den Schutz der Kinder zu, so daß einem gesetzlich geregelten Ehe- und Familienleben keine Hindernisse entgegenstehen.

Die **Kontrazeption** [⟨ lat.] ↑ Empfängnisverhütung.

Die **Konzeption** [⟨ lat.] bedeutet *Empfängnis* und ist gleichbedeutend mit dem Beginn der Schwangerschaft.

Die **Kreißende** [⟨ mhdt.; krizen „kreischen"] ist eine Gebärende. Der *Kreißsaal* ist der Entbindungsraum in einer Klinik.

Der **Kryptorchismus** [⟨ griech.] ↑ Hodenhochstand.

Die **künstliche Samenübertragung** oder *Insemination* wird nur unter bestimmten Voraussetzungen bei der Behandlung kinderloser Ehepaare verwendet. Man kann sowohl den Samen (Sperma) des Ehemannes oder – falls dieser nicht zeugungsfähig ist – Fremdsperma übertragen. In der DDR werden beide Formen der Insemination in besonders dafür spezialisierten Frauenkliniken durchgeführt.

Der **Kuß** ist eine Berührung mit den Lippen als Ausdruck der Zärtlichkeit und Zuneigung. Er muß nicht immer durch erotische Gefühle bestimmt sein, z. B. der Kuß zwischen Familienangehörigen, Freunden oder wie er zur herzlichen Begrüßung auch unter verhältnismäßig Fremden in einigen Ländern üblich ist. Anders ist es mit dem ↑ Zungenkuß.

L

Das **Laster** ist eine *Unart* oder *Untugend,* die so zur Gewohnheit geworden ist, daß man nicht mehr davon loskommt. Alkoholismus, Nikotinsüchtigkeit, Glücksspiel, Arbeitsbummelei, aber auch manche sexuelle Verhaltensweisen können die Persönlichkeitsentwicklung nachhaltig schädigen und zu Krankheiten und körperlichen Schädigungen führen. Der jugendliche Organismus ist dagegen ganz besonders empfindlich.

laszịv [⟨ lat.]: sexuell anzüglich, anstößig, schamlos.

Launisch ist ein Mensch, der sich von seinen wechselnden Gefühlen und Stimmungen leiten läßt. Er wirkt in seinen Äußerungsformen, die oft einander direkt entgegengesetzt sind, unausgeglichen. So wechseln z. B. freudige Aufgeschlossenheit und unduldsame Reizbarkeit einander ab. Die Stimmungslage Jugendlicher schwankt häufig von „himmelhoch jauchzend" bis „zu Tode betrübt". Launisches Verhalten kann eine Paar-

11 12 13 14 15 16

beziehung empfindlich stören, da der Partner nie weiß, wie der andere anzusprechen ist oder reagieren wird und immer einkalkulieren muß, daß die Stimmung plötzlich und unvorhersehbar umschlägt.

Lebensplanung heißt, sich Gedanken über die Zukunft zu machen und Lebensziele zu setzen. Sie übt als weitreichende Handlungsvorwegnahme starken Einfluß auf die gesamte Persönlichkeit aus und stimuliert Verhalten und Tätigkeit. Sowohl bei Jungen als auch bei Mädchen steht in der Lebensplanung neben künftiger beruflicher Tätigkeit, Entwicklung der eigenen Persönlichkeit und politisch-weltanschaulichen Zielsetzungen die Gründung einer Familie. Als besonders wünschenswerte Ereignisse im späteren Leben gelten allen neben Erfolg und Anerkennung im Beruf eine harmonische Ehe, wie jüngst durchgeführte Untersuchungen ergaben. Besonderen Einfluß auf die Lebensplanung eines jungen Menschen hat seine Familie.

Die **Leidenschaft** ist eine sich im Bewußtsein des Menschen entwickelnde Emotionalität, die von tiefen Gefühlen, z. B. der Liebe oder des Hasses, stark beeinflußt wird. Leidenschaften haben für einen Menschen und sein Verhalten große Bedeutung. Sie erfüllen oft sein gesamtes Denken, Fühlen und Handeln und verdrängen andere Bewußtseinsinhalte und Verhaltensweisen. Extreme Leidenschaften können zum Fanatismus führen. Leidenschaft für den Partner kennzeichnet viele Liebesbeziehungen und ist in diesem Zusammenhang – sie oder er liebt leidenschaftlich bzw. wird leidenschaftlich geliebt – eine schöne und gute Sache. Die leidenschaftliche Liebe hält nicht immer an, sondern wächst meist in eine Zuneigung der Partner zueinander hinüber, die durch Vernunft, Kameradschaft und ähnliche Eigenschaften bestimmt ist und eine andere Form oder Stufe einer bestehenden Liebe darstellt.

lesbische Liebe ↑ Homosexualität.

Eine **Liaison** [sprich: lijäsõ; ⟨ franz.] ist eine Partnerbeziehung, die von beiden als unverbindlich und locker aufgefaßt wird. Sie kann Geschlechtsverkehr einschließen. – Verb: *liieren.*

Die **Libido** [⟨ lat.] ↑ sexuelles Bedürfnis.

Libidostörungen [s. o. + ⟨ dt.] äußern sich in vermindertem oder gänzlich fehlendem sexuellem Verlangen. Man unterscheidet die verschiedensten Schweregrade und Formen. Sie können z. B. situations- oder partnerbedingt sein, nur vorübergehend auftreten (nach Streit mit Partner) oder fast immer vorhanden sein. Manchmal besteht lediglich Gleichgültigkeit den sexuellen Kontakten gegenüber, manchmal aber auch Ekel und Widerwillen, so daß der Geschlechtsverkehr völlig abgelehnt wird. Libido- und Orgasmusstörungen können, müssen aber nicht zusammen auftreten. Es gibt Frauen, die trotz fehlendem sexuellem Verlangen orgasmusfähig sind, während andere, die sexuelles Verlangen verspüren, den Orgasmus nicht erreichen. Am ungünstigsten ist es, wenn Libido und Orgasmus gestört sind.

Die sexuelle Erlebnisfähigkeit und mit ihr das sexuelle Verlangen wird von vielen Faktoren geprägt. Beide sind nicht immer sofort mit Aufnahme intimer Beziehungen voll ausgeprägt. Von großem Einfluß ist die Erziehung. Eine sexualfeindliche Atmosphäre kann bei einem jungen Menschen die Entwicklung sexueller Empfindungen und Bedürfnisse hemmen oder sogar unterdrücken. Wird Sexualität als etwas Schlechtes, Schmutziges hingestellt, wagt ein junger Mensch oft nicht, seinen Empfindungen nachzugeben. Er möchte nicht mißverstanden werden, schämt sich – völlig zu Unrecht – seines Verlangens. Unerfreuliche Sexualerlebnisse in Kindheit und Jugend können ähnliche Folgen haben. Auch zu starke Inanspruchnahme wirkt sich ungünstig aus, wobei außerdem noch eine individuell unterschiedliche Veranlagung hinzukommt. Wenn man unter der Störung leidet und die Part-

nerbeziehungen gefährdet sind, sollte man sich behandeln lassen. Nicht jede Libidostörung ist heilbar, in vielen Fällen ist jedoch durch eine ↑ Sexualtherapie Besserung oder Heilung möglich.
Libidostörungen kommen zwar bei beiden Geschlechtern vor, sind aber weitaus häufiger beim weiblichen Geschlecht.

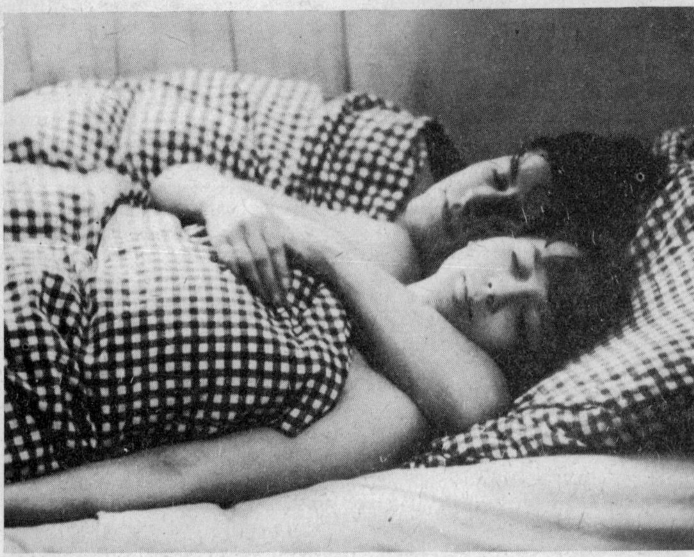

Mit **Liebe** bezeichnet man allgemein einen vielschichtigen Gefühlskomplex und Gemütszustand, dessen Hauptmerkmal eine tiefe innere Zuneigung zu einem anderen Menschen oder einer Gruppe von Menschen oder einer Sache ist. Liebe im engeren Sinne bezieht sich auf nichtverwandte Personen (Geschlechtsliebe), wobei der Liebende den Partner meist auch körperlich begehrt und nach einer sexuellen Vereinigung strebt. Zur Liebe gehören auch die innigen Beziehungen, die zwischen Eltern und Kindern oder anderen Familienangehörigen bestehen. Liebe beschränkt sich nicht auf Menschen, man kann sie für Tiere empfinden oder auch für abstrakte Dinge, wie Musik oder andere Bereiche der Kunst oder Wissenschaft, man liebt die Heimat, das Vaterland. Wir alle lieben den Frieden. Die Liebe hat viele Seiten und viele Schattierungen. Jeder erfährt einmal die Liebe an sich selbst, er lernt das Glück und mitunter auch das Leid der Liebe kennen (↑ Liebeskummer). Zur Liebe gehören viele Verhaltensweisen wie gegenseitige Achtung, Verständnis für- und Rücksichtnahme aufeinander sowie die Bereitschaft, sich für den geliebten Menschen einzusetzen und gegebenenfalls persönliche Opfer zu bringen.
Die Liebe zwischen Mann und Frau ist zusätzlich noch – aber keineswegs ausschließlich – sexuell motiviert. Erfahrungsgemäß tragen harmonische sexuelle Beziehungen dazu bei, die Zuneigung füreinander zu festigen und zu vertiefen. Im Gegensatz zur ↑ Verliebtheit ist Liebe kein flüchtiges, sondern ein langanhaltendes Gefühl tiefster innerer Verbundenheit, das mit keiner anderen Empfindung verglichen werden kann.
Geliebtwerden und zu lieben gehört

zu den beglückendsten Erlebnissen, die man im Leben haben kann. Deshalb sollte man auch alles tun, um die Liebe zu erhalten und sie nicht als etwas Selbstverständliches, sich nicht Veränderndes hinnehmen. Gerade in der Partnerbeziehung muß man sich immer wieder von Neuem umeinander bemühen, seine Liebe erkennen lassen, Störendes abzubauen versuchen. Ihre Krönung findet die Liebe zwischen Mann und Frau in der Zuneigung zum gemeinsamen Kind oder Kindern.
Die große Bedeutung der Liebe für das menschliche Leben geht auch daraus hervor, daß sie vom Altertum bis zur Gegenwart immer wieder in unzähligen Darstellungen und Schilderungen von Künstlern, Schriftstellern, Philosophen, Psychologen, Pädagogen und anderen gewürdigt wurde.
Liebesbriefe schreiben sich Liebende, um einander an ihrem Fühlen und Empfinden teilhaben zu lassen und ihre ↑ Liebe zu bekunden. Sie offenbaren nicht selten verborgene Seiten der Persönlichkeit, wenn sie ehrlich und ohne Schwulst oder Spinnerei geschrieben werden, davon sollten sie frei sein. Liebesbriefe, die an andere gerichtet sind, unbefugt zu lesen ist taktlos.
Liebesbücher sind Werke, in denen sexuelle Verhaltensweisen und ↑ Positionen in Bild und Schrift dargestellt werden. Sie sollen einmal über die verschiedenen Möglichkeiten informieren, mehr aber noch das sexuelle Verlangen anregen und das Lustempfinden steigern. Es gab sie schon im Altertum. Besonders bekannt wurde das *Kamasutra,* ein Buch, das vor etwa 2000 Jahren in Indien entstand, und noch heute zu den klassischen Werken der Sexualliteratur gehört. Es enthält die Lehre vom Liebesgenuß und vermittelt Mann und Frau vielfältige Ratschläge, z. B. 64 verschiedene Stellungen, wozu andere Varianten der Liebestechnik hinzukommen. Berühmt wurden auch die Liebesdichtungen des Ovid (43 v. u. Z. bis um 18 u. Z.), die *Ars amandi* (Liebeskunst), aus der die damals selbstverständliche freie innere Einstellung zur Sexualität ersichtlich wird. In China und Japan gab es die sog. *Kissenbücher,* die beide Partner vor dem Einschlafen gemeinsam studieren sollten, deshalb sollten sie unter dem Kopfkissen aufbewahrt werden. Die altchinesische Philosophie des Tao sieht in der Harmonie von Yin und Yang, dem weiblichen und männlichen Prinzip als den Quellen der Freude und des Lebens, die Lösung aller menschlichen Probleme. Die dieser Lehre angehörenden Ärzte betrachteten den Liebesakt als gesundheitsfördernd und lebensbewahrend, deshalb entwickelte man alle möglichen Sexualtechniken, die die Frau befriedigen sollten, ohne den Mann zu sehr zu ermüden. Auch hier werden verschiedene Grundstellungen empfohlen (von vorn, von hinten, Mann oben, Frau oben, stehend, sitzend, liegend, von der Seite usw.), wie im Kamasutra immer in poetischer, blumenhafter Sprache (Glied heißt z. B. Jadestengel, Scheide Jadepforte). Die heutigen „Liebesbücher“, wie sie z. B. in den kapitalistischen Ländern vertrieben werden, geben mehr Informationen über sexuelle Technik – teilweise mit pornographischem Einschlag –, berücksichtigen aber kaum die geistig-erotischen Beziehungen, auf deren Bedeutung in alten Werken ebenso hingewiesen wurde.
Liebeskummer kennzeichnet einen Gefühlszustand nach der Lösung einer Partnerschaft. Auch unerwiderte Liebe, Getrenntsein vom Partner, Befürchtungen über dessen Untreue und ungeklärte Probleme in der Gemeinsamkeit sind häufige Gründe, die Liebeskummer verursachen. In gewissem Sinne ist er für eine Partnerschaft sogar nützlich, da sich der Betroffene Gedanken über deren Wert und Probleme machen wird. Keinesfalls ist Liebeskummer durch Entsagung oder Verzweiflung zu beheben. Der Kampf um Partner und Partnerschaft, deren Wert man anerkennt, und das Erkennen der eigenen Fehler und Schwä-

chen sind dazu der bessere Weg. Sonst hilft über Liebeskummer nur eine neue Liebe hinweg.

Liebeskunst ist die Fähigkeit, das Liebesspiel so reizvoll zu gestalten, daß die Partner bei sexuellen Handlungen ein möglichst großes Lustgefühl empfinden (↑ Vorspiel, ↑ Liebesbücher).

Liebesmittel, *Anregungsmittel* oder *Aphrodisiaka* sollen weniger die Liebe als vielmehr die sexuelle Leistungsfähigkeit steigern. Schon im Altertum war eine Unzahl derartiger Mittel bekannt, wie aus uns überlieferten Rezepturen und Ratschlägen hervorgeht. Es gab sowohl verschiedenartige Einreibungen, die lokal anzuwenden waren und z. B. eine Vergrößerung des Gliedes oder eine Verengung der Scheide herbeiführen sollten, als auch Tränke aus verschiedenen Substanzen. Die meisten dieser Mittel wirkten höchstens suggestiv, d. h., durch den Glauben daran fühlte man sich sexuell stärker, ohne daß jedoch objektiv eine Veränderung nachweisbar war. Viele der Mittel verursachten dagegen unerwünschte oder direkt schädliche Nebenwirkungen. Auch bestimmten Gewürzen und Nahrungsmitteln schrieb man positiven Einfluß auf das Sexualverhalten zu. Manche, wie z. B. Spargel, Sellerie oder Petersiliensamen, sind in Wirklichkeit harntreibende Stoffe und nicht potenzsteigernd. Alkohol kann in geringer Menge antriebssteigernd sein, aber eher dadurch, daß er enthemmend wirkt. In größeren Mengen sowie bei dauerndem Alkoholmißbrauch dämpft er dagegen die sexuelle Erregbarkeit, unter Umständen bis zur ↑ Impotenz. Allgemeine Kräftigungsmittel vermögen infolge der damit verbundenen Verbesserung des Allgemeinzustandes nachlassende Potenz mitunter zu normalisieren, kaum jedoch zu steigern. Manche Drogen, die das Nervensystem peripher oder zentral erregen, können zu einer vorübergehenden Steigerung führen. Daß auch psychische Reize (sexualanregende Lektüre, Filmszenen oder Bilder) das sexuelle Verlangen stimulieren können, ist seit langem bekannt und wird z. B. in kapitalistischen Ländern von der pornographischen Industrie (↑ Pornographie) mißbraucht. Liebesmittel im eigentlichen Sinn des Wortes gibt es nicht. Liebe umfaßt wesentlich mehr als nur die geschlechtlichen Beziehungen und läßt sich nicht durch die Einnahme oder Anwendung irgendwelcher Mittel erzeugen.

Als **Liebesspiele** bezeichnet man sexuelle Handlungen, die zur Steigerung der Erregung und des Genusses wechselseitig durchgeführt werden (↑ Liebeskunst, ↑ Vorspiel).

Die **Lues** [⟨ lat.] oder *Syphilis,* früher als *Lustseuche* bezeichnet, ist auch heute noch eine gefährliche Geschlechtskrankheit, die meldepflichtig ist. Sie wird durch den Geschlechtsverkehr oder andere Kontakte mit syphilitischen Personen übertragen, auch das Blut dieser Personen kann ansteckend sein. Ihr Erreger gehört zu den Spirochaeten und dringt in die Haut oder Schleimhaut ein – allerdings nur dann, wenn die Haut nicht intakt ist. Schon bei einer oberflächlichen Verletzung oder leichten Hautabschürfung ist eine Infektion möglich. Beim Krankheitsverlauf unterscheidet man verschiedene, jeweils typische Stadien. Im *ersten Stadium* – etwa 3 Wochen nach der Ansteckkung – bildet sich an der Infektionsstelle ein kleiner derber Knoten, der später geschwürig zerfällt, aber nicht schmerzhaft ist (sog. *Primäraffekt*). Inzwischen haben sich die Erreger über das Blut- und Lymphsystem über den ganzen Körper verbreitet. Im *zweiten Stadium* treten auf der Haut und Schleimhaut vorübergehend kleine rote Flecken auf, die sich von selbst zurückbilden. Außerdem können sich im Bereich der äußeren Geschlechtsteile Papeln (kleine, flache, umschriebene Hauterhebungen) entwickeln, die oft nässen. 6 Wochen nach der Infektion kann man im Blut durch die Wassermannsche Reaktion die Erreger nachweisen. Nach einem Intervall von mehreren Jahren beginnt das *dritte Stadium,* bei dem an verschiedenen Organen oder in der Haut Geschwüre oder Knoten (sog. *Gummen*) auftreten. Charakteristisch für das *vierte Stadium* ist die Erkrankung des Gehirns und Rückenmarks. Folgen sind Lähmungserscheinungen und zunehmender Abbau der geistigen Fähigkeiten bis zur Verblödung.

Infolge der modernen Therapie mit Antibiotika ist heute Ausheilung möglich, vorausgesetzt, die Behandlung beginnt rechtzeitig und wird konsequent durchgeführt. Bei Verdacht auf eine luetische Infektion sollte man deshalb *sofort* einen Hautarzt aufsuchen! Neben der erworbenen Lues gibt es auch eine angeborene Form. Wenn eine Schwangere an einer unbehandelten Lues leidet, geht die Infektion über die Plazenta auf den ↑ Fetus über. Bei der Geburt hat dieses Kind bereits syphilitische Symptome und muß sofort behandelt werden.

Lüstern sein heißt gierig sein auf sexuelle Erlebnisse, aber auch auf sexuell gefärbte Reden und Witze.

Ein **Lustknabe** läßt sich auf homosexuelle (↑ Homosexualität) Beziehungen meist gegen Bezahlung oder Geschenke ein.

Lustmolch ist eine saloppe Bezeichnung für einen überaus sinnlichen, schnell auf Intimverkehr zusteuernden Partner.

Lustmord ist ein Mord, der ausschließlich sexuelle Beweggründe hat. Das Töten löst beim Täter Orgasmus und sexuelle Befriedigung aus (↑ Sadismus). Höchstwahrscheinlich handelt es sich dabei um eine krankhafte seelische Entwicklung. Die Gesellschaft ist gezwungen, sich vor solchen Sadisten zu schützen. Vom Lustmord ist der Mord zu unterscheiden, der nach vorausgegangenem Sexualdelikt aus Angst vor Entdeckung begangen wird, z. B. nach sexuellem Mißbrauch von Kindern oder Jugendlichen.

Lusttropfen ist ein bei sexueller Erregung abgesondertes Sekret, das aus den ↑ Bulbourethraldrüsen und anderen Drüsen der ↑ Harnröhre stammt und in Tropfenform als Vorstufe des Samenergusses erscheint.

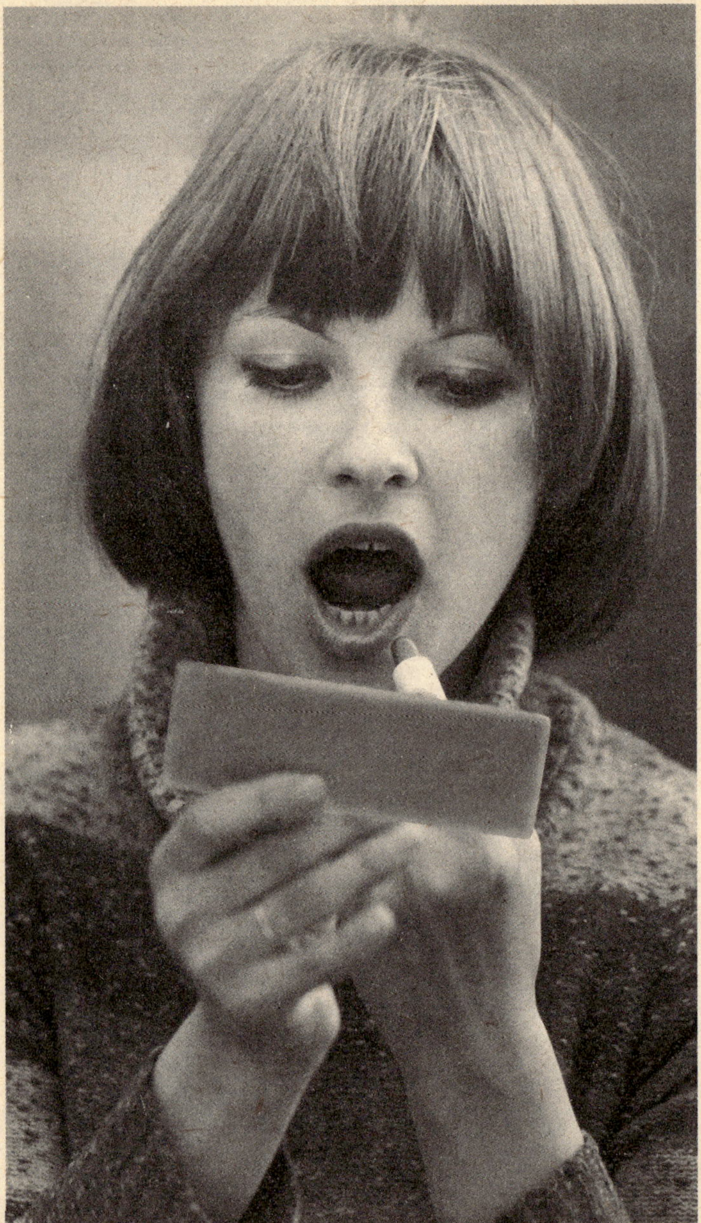

M

Madonna [⟨ ital.; „meine Herrin"] nennt die Jugend ein besonders kühles, sexuell nicht ansprechbares Mädchen.

Das **Make-up** [sprich: mehk-ap; ⟨ engl.; „Aufmachung"] ist die Verschönerung der Erscheinung mit kosmetischen Mitteln. Ein gutes Makeup bezieht in wohlbedachter Harmonie Gesicht, Hände und Füße ein und ist der jeweiligen Mode angepaßt. Betonungen im Gesicht erfahren vor allem Augen und Mund, an Händen und Füßen die Nägel. Rauhe Hautstellen beseitigt man durch regelmäßige Pflege mit lanolinhaltigen Cremes. Starke Augenbrauen lassen das Gesicht finster erscheinen, was Mädchen an sich nicht mögen. Mit einem Tropfen Rhizinusöl gebürstet, werden Brauen und Wimpern geschmeidig, überflüssigen Brauenwuchs zupft man mit einer stumpfen Pinzette aus. Dunkle, länger erscheinende Wimpern erzielt man mit Wimperntusche. Ein dunkler Lidstrich am oberen Augenlidrand läßt die Augen größer und tiefer erscheinen. Die Farbe des Lippenstiftes, des Wangenrots und die des Lacks der Hand- und Fußnägel müssen harmonieren. Bei künstlichem Licht kann man kräftigere Farben tragen als am Tag. Das gilt auch für die verschiedenen farbigen Schatten der Augen. Ein wohlüberlegtes, gut mit den Farben von Augen, Haar und Haut und denen der Kleidung abgestimmtes Make-up ist ein ästhetisch angenehmer Anblick und wirkt erotisch stimulierend. Der Mann bedient sich unauffälligerer Mittel. Sein äußerer Reiz liegt vor allem in gepflegtem Haar und evtl. Bart, gesunden, wohlgeformten Hand- und Fußnägeln. Mitesserbefall der Haut gehört in fachgerechte kosmetische Behandlung.

Die **Mamma** [⟨ lat.] ↑ Brust.

Mannweib nennt man eine Frau, deren Gefühlswelt – teilweise biologisch bedingt – und Auftreten stark männliche Züge aufweisen.

Der **Masochismus** ist eine abnorme sexuelle Verhaltensweise, deren Name sich von dem österreichischen Schriftsteller Sacher-*Masoch* ableitet (1836–1895), der in seinen Büchern das Erleiden von Schmerzen und Demütigungen als besonders lustvoll schilderte. Der *Masochist* strebt geradezu danach, gequält und gepeinigt zu werden, weil er dadurch seine sexuelle Befriedigung erlangt. Den Gegensatz bildet der *Sadist* (↑ Sadismus), der andere erniedrigen und quälen will.

Die **Masturbation** [⟨ lat.] ↑ Selbstbefriedigung.

Eine **Matratzenbiene** ist in der jugendlichen Umgangssprache ein schnell zum Sexualverkehr bereites Mädchen.

Matratzensport ist eine Vulgärbezeichnung für den Sexualverkehr. ↑ vulgär.

Eine **Maulhure** erregt mit anzüglichen Reden und sexuellen Anspielungen bei Partnern eine Erwartungshaltung, die sie nicht erfüllt.

Eine **Mehrlingsgeburt** ist die Geburt von 2 oder mehr Kindern während eines Geburtsvorganges. Die Häufigkeit von Mehrlingsschwangerschaften zeigt folgende statistische Verteilung: auf etwa 85 Geburten entfällt eine Zwillingsgeburt, auf 85^2 eine Drillingsgeburt (1:7225), auf 85^3 Geburten eine Vierlingsschwangerschaft (1:614125). ↑ Zwillinge. – *Abb.*

Das **Membrum virile** [⟨ lat.] ↑ Glied.

Die **Menarche** [⟨ griech.] ↑ erste Menstruation.

Die **Menopause** [⟨ griech.] ist die letzte vom Eierstock gesteuerte Menstruation der Frau. Sie tritt in der Mehrzahl der Fälle zwischen dem 50. und dem 52. Lebensjahr ein. Während der letzten 50 Jahre hat sich der Eintritt der Menopause um fast 5 Jahre hinausgeschoben und damit die Dauer der Geschlechtsreife verlängert.

Die **Menses** [⟨ lat.; Singular: Mensis] ↑ Menstruation.

Die **Menstruation** [⟨ lat.] (auch *Menses, Regel, Periode* oder *Tage*) ist die

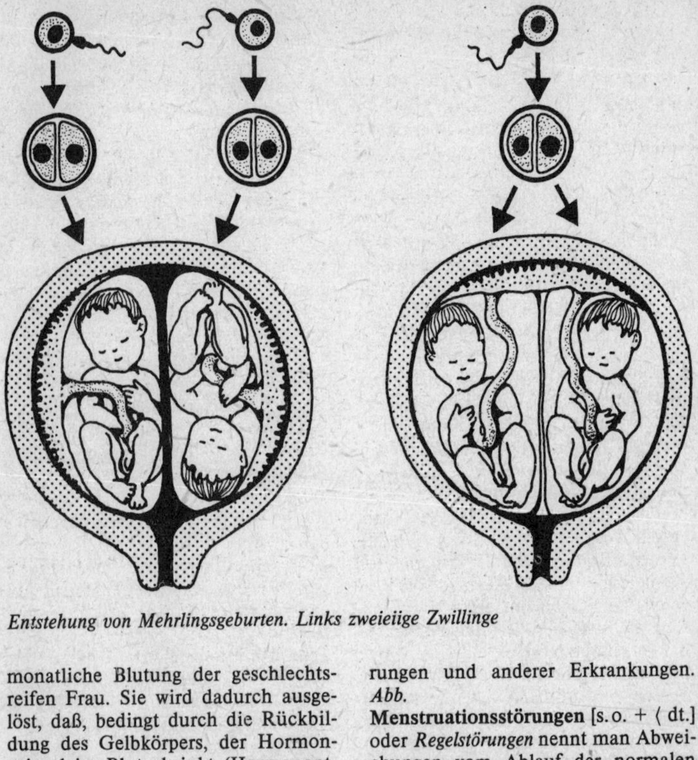

Entstehung von Mehrlingsgeburten. Links zweieiige Zwillinge

monatliche Blutung der geschlechtsreifen Frau. Sie wird dadurch ausgelöst, daß, bedingt durch die Rückbildung des Gelbkörpers, der Hormonspiegel im Blut absinkt (Hormonentzugsblutung). Die normale Menstruation tritt in 28tägigen Intervallen (± 3 Tage) auf, dauert etwa 3–6 Tage an und weist einen Blutverlust von 50–80 ml auf.

Während der Menstruation wird von den meisten Frauen und Männern der Geschlechtsverkehr aus ästhetischen Gründen vermieden. Sollte er während der Periode ausgeführt werden, sind gesundheitliche Störungen bei der Frau nicht zu erwarten.

Menstruationskalender [s. o. + ⟨ lat.] oder *Regelkalender* nennt man die Aufzeichnungen der Frau über Zeitpunkt, Stärke und Dauer der Regelblutungen. Sie sollten von jeder Frau geführt werden. Der Menstruationskalender ist eine wichtige Hilfe für den Arzt in der Behandlung von Regeltempostörungen und anderer Erkrankungen. *Abb.*

Menstruationsstörungen [s. o. + ⟨ dt.] oder *Regelstörungen* nennt man Abweichungen vom Ablauf der normalen Regel oder ↑ Menstruation. Die normale Regelblutung darf nicht länger als 7 Tage (normal 3–6 Tage) anhalten. Störungen können die *Stärke* der Blutung, die *Blutungsdauer* und den *Blutungsrhythmus* betreffen. In der Diagnostik der Regelstörungen stellt der ↑ Menstruationskalender für den Arzt eine wichtige Hilfe dar.

Die zu *schwache Regelblutung* ist meist ohne krankhafte Ursache und bedarf keiner Behandlung. Die Stärke der Regelblutung ist abhängig von der Kontraktionsfähigkeit der Gebärmuttermuskelwand. Alle Störungen, die eine Abschwächung der Kontraktionskraft der Gebärmutter zur Folge haben, führen zu einer zu *starken Regelblutung* (z. B. bei einer zu schwachen oder unterentwickelten Gebärmutterwand, bei Durchsetzung der Gebärmutterwand mit Muskelknoten – sog. *Myome* –, bei Entzündungen der Gebärmutter und bei Verwachsungen mit der Umgebung). Eine verlängerte Regelblutung kann die Folge von Entzündungen der Gebärmutterschleimhaut sein. Jede Regelblutung, die länger als 7 Tage dauert, muß ärztlich behandelt werden. Wenn zwischen 2 Menstruationen Blutungen auftreten, spricht man von *Zwischenblutungen.* Blutungen, die vor Beginn einer Regel oder im Anschluß an eine Regel auftreten, nennt man *Zusatzblutungen.* Beide Blutungsstörungen können ihre Ursache in oder auch außerhalb der Gebärmutter haben. Bei allen Zusatz- und Zwischenblutungen muß ein Arzt aufgesucht und die Blutungsursache geklärt werden. Das gleiche gilt für *azyklische Blutungen,* die sowohl im Rhythmus als auch in der Dauer keinerlei Ähnlichkeit mit einer normalen Regelblutung haben. Eine zu häufige Regelblutung liegt vor, wenn das Regeltempo weniger als 25 Tage beträgt (bis zu 17 Tagen). Eine zu seltene Regelblutung liegt vor, wenn der Regelabstand mehr als 35 Tage beträgt. Ein völliges ↑ Ausbleiben der Menstruation tritt bei schweren Störungen der Eierstocksfunktion auf. Bei vorher normaler Regel muß jedoch in erster Linie an eine Schwangerschaft gedacht werden.

Als **minderjährig** werden in manchen Rechtsvorschriften Kinder und Jugendliche vor Vollendung des 18. Lebensjahres bezeichnet, die noch nicht die volle ↑ Handlungsfähigkeit erlangt haben.

Das **Minderwertigkeitsgefühl** ist das Erleben von vorhandenen oder nur vermeintlichen körperlichen, geistigen und sozialen Unzulänglichkeiten; hochgradig und ständig ausgeprägt, spricht man von *Minderwertigkeitskomplexen,* die zur Depression, in extremen Fällen zum Selbstmord führen können. Das mangelhafte Selbstwerterleben, die eigene Fehleinschätzung, die Unzufriedenheit mit sich selbst, die Ausdruck von Minderwertigkeitsgefühlen sind, haben verschiedene Ursachen. Neben körperlichen Mängeln (zu dick, zu dünn, zu klein, zu groß, dicke Beine, unangenehme Stimme u. ä.) sind soziale Zurücksetzungen (dauernde Benachteiligung, Erfolglosigkeit, Ablehnung durch die gesellschaftliche Umwelt) und zu hohe eigene Ansprüche (zu hohe Idealvorstellungen, Überschätzung bestimmter Eigenschaften für die Persönlichkeitswirkung) die häufigsten. Auch unterentwickelte Brust, ein kleines Glied, mangelhafte Figur, ausbleibender Erfolg bei der Partnerwahl und Versagen beim Geschlechtsverkehr können zu Minderwertigkeitsgefühlen führen. Menschen mit Minderwertigkeitsge-

Menstruationskalender

Januar	Febr.	März	April	Mai	Juni	Juli	Aug.	Sept.	Okt.	Nov.	Dez.
1	1	1	1 X	1	1	1	1	1	1	1	1
2	2	2	2 X	2	2 X	2	2	2	2	2	2
3	3	3	3 X	3	3 X	3	3	3	3	3	3
4	4	4	4 X	4	4 X	4	4	4	4	4	4
5	5	5	5 X	5 X	5 X	5	5	5	5	5	5
6	6	6	6	6 X	6 X	6	6	6	6	6	6
7	7 X	7 X	7	7 X	7	7	7	7	7	7	7
8	8 X	8 X	8	8 X	8	8	8	8	8	8	8
9	9 X	9 X	9	9	9	9	9	9	9	9	9
10 X	10 X	10 X	10	10	10	10	10	10	10	10	10
11 X	11	11 X	11	11	11	11	11	11	11	11	11
12 X	12	12	12	12	12	12	12	12	12	12	12
13 X	13	13	13	13	13	13	13	13	13	13	13
14 X	14	14	14	14	14	14	14	14	14	14	14
15	15	15	15	15	15	15	15	15	15	15	15
16	16	16	16	16	16	16	16	16	16	16	16
17	17	17	17	17	17	17	17	17	17	17	17
18	18	18	18	18	18	18	18	18	18	18	18
19	19	19	19	19	19	19	19	19	19	19	19
20	20	20	20	20	20	20	20	20	20	20	20
21	21	21	21	21	21	21	21	21	21	21	21
22	22	22	22	22	22	22	22	22	22	22	22
23	23	23	23	23	23	23	23	23	23	23	23
24	24	24	24	24	24	24	24	24	24	24	24
25	25	25	25	25	25	25	25	25	25	25	25
26	26	26	26	26	26	26	26	26	26	26	26
27	27	27	27	27	27	27	27	27	27	27	27
28	28	28	28	28	28	28	28	28	28	28	28
29		29	29	29	29	29	29	29	29	29	29
30		30	30	30	30	30	30	30	30	30	30
31		31		31		31	31	–	31		31

fühlen unterstellen anderen in ihrer Umgebung immer, daß diese das gleiche für minderwertig halten, was sie selbst als solches empfinden. Das ist aber nicht so. Was der eine als minderwertig empfindet, schätzt oft der andere. Minderwertigkeitsgefühl auf einzelnen Gebieten bedingt nicht selten eine besondere Anstrengung auf anderen Gebieten in dem Bestreben, die Minderwertigkeit auszugleichen oder zu verdecken. Oft gelingt es durch einen Erfolg, mit kritischem Abstand seine Minderwertigkeitsgefühle als solche zu erkennen und sie nach und nach abzubauen, auch ein Psychotherapeut kann helfen.

Mißbrauch oder *Abusus* ist übermäßiger Konsum bestimmter Reiz- und Genußmittel, wie z. B. Alkohol, Nikotin, Koffein oder Medikamente (Schmerz- und Schlaftabletten). Die Folgen sind gesundheitliche Schäden und bei fortwährendem Gebrauch Übergang in *Sucht,* d. h., es entwickelt sich eine unbedingte Abhängigkeit von dem entsprechenden Mittel. Sie wirkt sich besonders verhängnisvoll bei Drogenmißbrauch aus, bei dem Todesfälle nicht ungewöhnlich sind. Die Behandlung besteht in sofortiger Entziehung, in schweren Fällen unter ärztlicher Kontrolle (↑ Alkoholmißbrauch).

Mit **Mode** [⟨ franz.; lat. modus „Art", „Weise"] bezeichnet man zunächst den Zeitgeschmack in Kunst und Literatur, auch Sitte und Brauch, wie sie die jeweiligen gesellschaftlichen Verhältnisse hervorbringen und wandeln. Meist hat man aber die Kleidung, die ursprünglich nur den Körper vor Einflüssen der Außenwelt schützen sollte, im Auge, wenn man von Mode spricht. Längst hat das Schönheits- und Schmuckbedürfnis der Menschen, das sich auch in der Mode ausdrückt, die Kleidung über diese primitive Stufe hinausgehoben und sie zu einem ästhetischen Faktor und auch Mittel der Erotik gemacht. In der *Ausbeutergesellschaft* war sie darüber hinaus oft ein Mittel, um die Klassenunterschiede deutlich zu machen; alte Kleiderordnungen verboten z. B. niederen sozialen Gruppen das Tragen bestimmter Kleidung, Stoffe, Pelze usw. Von Profitinteressen wird die Mode in den *kapitalistischen Wirtschaftsbereichen* diktiert. Der bewußt herbeigeführte schnelle Wandel in Stil-, Stoff- und Macharten bewirkt hohe Profitraten und beherrscht den Geschmack der Menschen.

Als wichtiger Bestandteil der Kultur gilt die Mode im *Sozialismus.* Sie ist kein einseitiges Diktat, läßt Spielraum und Möglichkeiten für alle Persönlichkeitstypen. Wichtig ist nur, daß man sich über seinen Typ klar ist, dann kann man sich modegerecht und trotzdem individuell kleiden. Gewisse körperliche Unzulänglichkeiten verdeckt man, seine positiven Seiten bringt man zur Geltung und kann immer reizvoll und gepflegt, weil modisch auf aktueller Linie, dem Partner entgegentreten. ↑ Make-up.

Die **Monogamie** [⟨ griech.] ist die Ehe eines Mannes mit einer Frau. Sie wird in der DDR und allen Ländern der europäischen Kultur gesetzlich geschützt durch das Verbot der ↑ Doppelehe. Der Gegensatz ist die *Polygamie,* das ist die Ehe mit mehreren Frauen oder mit mehreren Männern.

Die **Moral** [⟨ lat.; mos „Sitte", „Gehorsam", „Gesetz"] ist eine Form des gesellschaftlichen Bewußtseins. Ihr Inhalt spiegelt sich in einem System von Prinzipien, Werten, Normen, Regeln, Anschauungen und Ideen wider, die das Verhältnis der Menschen zueinander, ihre Beziehungen innerhalb der Gesellschaft und zur Gesellschaft regeln und von denen sie sich in ihrem praktischen Handeln und Verhalten leiten lassen.

Die Moral ist nicht unveränderlich. Sie beruht auf den materiellen gesellschaftlichen Verhältnissen, spiegelt sie wider, verändert sich mit ihnen, übt aber auch Einfluß auf die Veränderung der Gesellschaft aus. In jeder Klassengesellschaft besitzt die Moral *Klassencharakter.* So ist die herrschende Moral die Moral der herrschenden Klasse und dient der Erhal-

tung der bestehenden Ordnung. Im Kapitalismus bildete sich aber gleichzeitig die *proletarische Moral* heraus, die darauf gerichtet war und ist, die Ausbeutergesellschaft revolutionär zu überwinden. Aus ihr entwickelte sich unter den Bedingungen der sozialistischen Gesellschaft die *sozialistische Moral* als untrennbarer Bestandteil der marxistisch-leninistischen Weltanschauung. Sie verkörpert als Moral der Arbeiterklasse die der sozialistischen Gesellschaft entsprechende Gesamtheit von Anschauungen über Gut und Böse, Pflicht und Verantwortung, Ehre und Gewissen sowie von entsprechenden Verhaltensgrundsätzen. Sie äußert sich in den Handlungen der Menschen in allen Lebensbereichen. Im Verlaufe der Gestaltung der entwickelten sozialistischen Gesellschaft wird sie zur Moral des ganzen Volkes.
Das moralische Antlitz eines Menschen offenbart sich in allen seinen Lebensäußerungen, nicht nur in seinem Sexualverhalten. Deshalb ist es ungerechtfertigt, die Begriffe „unsittlich", „amoralisch" und „unanständig" nur auf Sexuelles zu beziehen. Die Moral eines Menschen äußert sich aber auch in seinem Verhalten zur eigenen Geschlechtlichkeit und zum anderen Geschlecht. Die Prinzipien und Normen der Moral gelten deshalb auch in diesem Bereich. Eine Sexualmoral gibt es nur als Bestandteil der allgemeinen Moral, weil sie auf gleichen Prinzipien und Normen beruht.

Morning-after-pill [⟨ engl.] ↑ postkoitale Kontrazeption.

Die **Möse** ist eine Vulgärbezeichnung (↑ vulgär) für die äußeren Geschlechtsteile der Frau.

Musch ist eine zwar volkstümliche, doch recht saloppe Bezeichnung für die äußeren weiblichen Geschlechtsteile.

Der **Mutterkuchen**, auch die *Plazenta* oder *Nachgeburt,* stellt während der Schwangerschaft die Stoffwechselbrücke zwischen Mutter und Fetus dar. Die enge Funktionseinheit von kindlichem und mütterlichem Organismus hat dieses Organ entstehen lassen, das der Ernährung der Frucht dient und für den Abtransport der fetalen Schlackenstoffe sorgt. Es besteht aus mütterlichen und kindlichen Gewebsanteilen. Der Stoffwechselaustausch zwischen kindlichem und mütterlichem Blut vollzieht sich durch eine dünne Gewebsschranke. Dadurch ist es möglich, sowohl die Ernährung und die Sauerstoffversorgung als auch die Ausscheidungen des Feten reibungslos zu bewältigen. 2 Nabelarterien führen das sauerstoffarme, mit Kohlendioxid und verschiedenen Schlackenstoffen beladene kindliche Blut zum Mutterkuchen. Das kindliche Blut nimmt hier Sauerstoff und Nährstoffe (Eiweiß-Spaltprodukte, einfache Zuckerstoffe, Stoffe für die Fettbildung, Vitamine u. a.) aus dem mütterlichen Blut auf. In der Nabelvene fließt das Blut zum Kind zurück.
Außerdem besitzt der Mutterkuchen auch eigene Stoffwechselleistungen. Er bildet in großer Menge ↑ Östrogene, ↑ Gelbkörperhormon und Choriongonadotropin. Diese Hormone bewirken die Schwangerschaftsveränderungen am weiblichen Körper. Medikamente, Krankheitserreger und Antikörper können ebenfalls die Gewebsschranke des Mutterkuchens passieren. Diese Tatsache ist für das Entstehen von kindlichen Erkrankungen während der Schwangerschaft von entscheidender Bedeutung, z. B. bei Blutgruppenunverträglichkeit (↑ Blutgruppen).

Ein **Muttermal** ist eine mehr oder weniger scharf abgegrenzte, oft leicht erhabene und bräunlich gefärbte Fehlbildung der Haut, die erblich sein kann. Sie ist oft schon bei der Geburt erkennbar, kann sich aber auch erst später entwickeln. Wünscht man aus kosmetischen Gründen eine Entfernung, sollte man sich unbedingt an einen Facharzt für Hautkrankheiten wenden. Niemals darf man selbst daran herumdrücken, da sonst die Gefahr besteht, daß die an sich harmlose Veränderung bösartig zu wuchern beginnt.

Der **Muttermund** ist der Eingang zum Gebärmutterhalskanal (↑ Gebärmutter).

Mutterschaft ist der besondere seelische Zustand der Frau nach der Geburt ihres Kindes. Er stellt einen seelischen Reifungsprozeß dar, der bereits in der Schwangerschaft beginnt, z. B. wenn die ersten Kindesbewegungen und damit das Leben des Kindes subjektiv festgestellt werden. Bei einem Wunschkind fühlt sich die Mutter glücklich und ist gleichzeitig erfüllt von den neuen Aufgaben und der Verantwortung, die die Erziehung des Kindes mit sich bringen. Ausdruck der Mutterschaft ist die Mutterliebe, die innigste Zuneigung der Mutter zu ihrem Kind.

Das Gegenstück – oder besser die Ergänzung – dazu ist die *Vaterschaft.* Zwar fehlt dem Vater die enge biologische Verknüpfung, die das Kind durch sein Aufwachsen im Mutterleib zur Mutter hat, aber auch für seine Persönlichkeit bedeutet das Vaterwerden eine Bereicherung durch die Entwicklung liebevoller Beziehungen zu seinem Kind. Auch für ihn entstehen neue Verpflichtungen, denn beide Eltern sind gleichermaßen für das Gedeihen des Kindes verantwortlich.

N

Der **Nabel** – eine rundliche Vertiefung in der Mittellinie der vorderen Bauchwand – ist eine Narbe, die von der Ansatzstelle der *Nabelschnur* zurückbleibt. Die Nabelschnur verbindet in der Fruchtblase ↑ Fetus und ↑ Mutterkuchen und ist die Verbindung zwischen Mutter und Kind. Über die Nabelschnur vollzieht sich die Ernährung des Kindes. Sie enthält 2 Arterien, die das verbrauchte, sauerstoffarme Blut vom Kind zum Mutterkuchen leiten, sowie eine Vene, die das sauerstoffreiche, mit Nährstoffen angereicherte Blut zum Kind zurückbringt. Nach der Geburt des Kindes wird die Nabelschnur unterbunden und durchtrennt. Mit dem ↑ Abnabeln

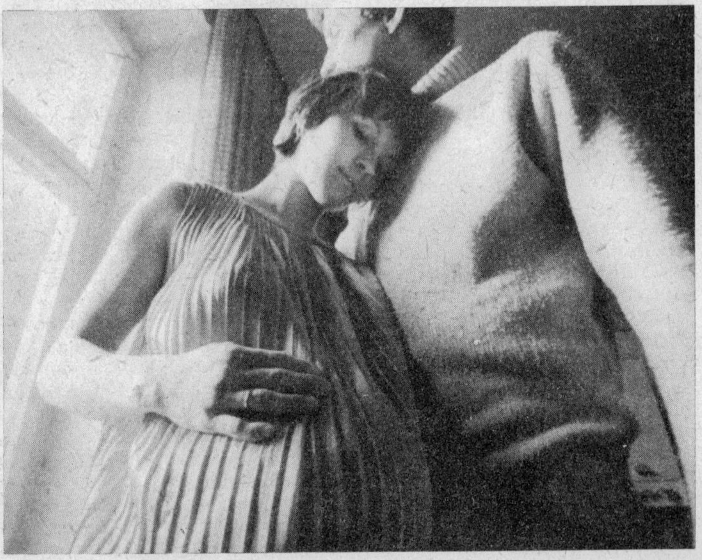

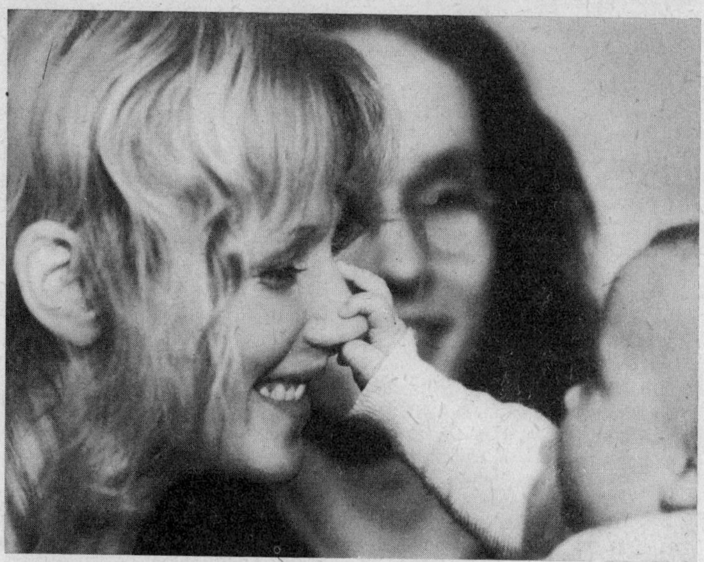

ist das Neugeborene endgültig vom Mutterkuchen getrennt. Der 2–3 cm lange Nabelschnurrest trocknet unter Behandlung mit einem speziellen Puder rasch ein. Er fällt meist am 5. oder 6. Lebenstag ab. Die zurückbleibende Nabelwunde heilt bis zum Ende der 2. Lebenswoche ab. Bis zu dieser Zeit ist die Wunde durch eine Nabelbinde zu schützen.

Nabelschnur ↑ Nabel.

Nachgeburt ↑ Mutterkuchen.

Nachspiel ↑ sexuelle Erregungskurve.

Nachsteigen ist ein umgangssprachlicher Ausdruck, der alle Formen des Bemühens um einen Partner kennzeichnet, die nicht selten von diesem und der Umwelt als aufdringlich empfunden werden.

Die **Nebenhoden** liegen am oberen und hinteren Rand der Hoden. Man unterscheidet zwischen Kopf, Mittelstück und dem in den Samenleiter übergehenden Schweif. Die Nebenhoden haben verschiedene Aufgaben: sie speichern die Samenfäden, erhöhen ihre Widerstandskraft durch Hinzufügen eines Schutzkolloids und bewirken eine Nachreifung.

Notwehr ist die gewaltsame Abwehr eines gegenwärtigen rechtswidrigen Angriffs auf Menschen oder Sachen. Sie bleibt straffrei, wenn sie dem Grad der Gefährlichkeit des Angriffs angemessen ist.

Notzucht ↑ Vergewaltigung.

Die **Nutte** ist eine Prostituierte (↑ Prostitution).

Die **Nymphen** [⟨ griech.] sind Fabelwesen der Natur, denen die griechische Sage etwa die Rolle der ↑ Hetären für die Götterwelt zuschrieb. Als heitere, singende und tanzende mädchenhafte Wesen glaubte man sie in Wäldern, aber vor allem in Gewässern geistern zu sehen. Von der Nymphe *Echo* erzählt die Sage, daß sie sich in unerwiderter Liebe zu dem schönen Jüngling Narziss verzehrte und nur ihre Stimme übrig blieb. – Das Wort wird auch für die kleinen ↑ Schamlippen verwendet.

Mit **Nymphomanie** [s. o.] bezeichnet man überdurchschnittlich starkes sexuelles Verlangen bei Frauen. Trotz zahlreicher sexueller Kontakte und häufigem Partnerwechsel fühlen sie sich unbefriedigt und sind immer wie-

der auf der Suche nach sexueller Erfüllung, ohne sie jedoch zu finden. Ursache für dieses Verhalten ist meist eine seelische Störung, deshalb empfiehlt sich zur Behandlung ↑ Psychotherapie.
Entsprechendes Verhalten beim Mann nennt man *Don Juanismus.*

O

obszön [⟨ lat.]: unanständig, unzüchtig, schamlos.
Die **Onanie** [nach der Gestalt des Onan aus dem Alten Testament der Bibel] ↑ Selbstbefriedigung.
oral [⟨ lat.]: zum Munde gehörend, durch den Mund einzunehmen.
Der **Oralkoitus** [s. o. + ⟨ lat.] ↑ Fellatio.
Der **Orgasmus** [⟨ lat.] ist der Höhepunkt sexueller Erregung, der mit starkem Lustgefühl einhergeht. An diesem Vorgang beteiligt sich der ganze Organismus, er erfaßt sowohl den körperlichen als auch den seelischen Bereich.
Man unterscheidet zwischen *genitalen Reaktionen,* die sich an den Geschlechtsorganen von Mann und Frau abspielen, und den *extragenitalen Reaktionen,* die die übrigen Organsysteme betreffen. Letztere sind bei beiden Geschlechtern ähnlich. So findet man bei Mann und Frau in der Orgasmusphase Blutdruckanstieg sowie Zunahme der Herzschlag- und Atemfrequenz. Auch das Bewußtsein kann durch vollkommene Konzentration auf den Geschlechtsakt eingeengt sein. Genital bestehen – bedingt durch die Unterschiede in Bau und Funktion der Geschlechtsorgane – dagegen gewisse Verschiedenheiten. Beim Mann setzen während des Orgasmus Kontraktionen und Austreibungsstöße im Bereich des Gliedes ein, die schließlich im Samenerguß (Ejakulation) gipfeln. Bei der Frau verläuft der Höhepunkt anders. Bei ihr bildet sich im unteren Scheidendrittel eine kissenförmige Anschwellung, das sog. *Orgasmuskissen* aus. Es kontrahiert ebenfalls rhythmisch und zeigt damit eine gewisse Parallele zu den Kontraktionen des Gliedes. Allerdings fehlt die für den männlichen Orgasmus charakteristische Ejakulation. (In seltenen Fällen beobachtet man eine verstärkte Schleimabsonderung im Bereich der kleinen Drüsen, die sich neben der Harnröhrenöffnung befinden. Hier kann der Eindruck einer weiblichen Ejakulation entstehen, doch ist sie im Prinzip nicht mit der des Mannes vergleichbar.) Außerdem verändert die Gebärmutter ihre Lage und richtet sich etwas auf, während sich das obere Scheidengewölbe zeltförmig erweitert.
Der Orgasmus selbst dauert nur Sekunden. Beim Mann besteht danach eine sog. *refraktäre Phase,* in der er vorübergehend auf sexuelle Stimulation nicht mit einer Erektion reagieren kann. Die Phase ist beim jungen Mann sehr kurz und verlängert sich mit zunehmendem Alter.
Frauen jedoch können bei entsprechender Reizung ohne größere Pause mehrfach hintereinander zum Orgasmus kommen, allerdings ist nicht jede Frau dazu in der Lage. Die Stärke des Orgasmus wechselt. Sie richtet sich nach der körperlich-seelischen Verfassung, dem Partnerverhältnis und den sonstigen Begleitumständen. Jeder erlebt seinen eigenen Orgasmus.
Für die Auslösung des Höhepunktes ist neben der körperlichen Vorbereitung (↑ Vorspiel) die seelische Einstimmung (liebevolles, zärtliches Verhalten) genauso wichtig. Was den Auslösungsort anbetrifft, so ist es egal, ob der Orgasmus über die Berührung des Kitzlers, über die Scheide oder über andere ↑ erogene Zonen, z.B. die Brüste, erreicht wird. Alle Formen sind qualitativ gleichwertig.
Die Orgasmusphase ist die kürzeste, aber wesentlichste des sexuellen Reaktionszyklus. Von ihr hängt es ab, ob volle sexuelle Befriedigung erzielt

wird oder nicht. Bleibt der Orgasmus aus, spricht man von ↑ Anorgasmie.

Orgasmusstörungen [s. o. + ⟨ dt.] zeigen sich in einer verminderten oder fehlenden Lustempfindung während des Höhepunktes der sexuellen Erregung (↑ sexuelle Erregungskurve). Anfangs kann durchaus eine sexuelle Erregung, die mit lustvollen Gefühlen verbunden ist, vorhanden sein. Sie steigert sich aber nicht weiter, sondern bleibt entweder auf einem gewissen Niveau stehen oder flaut wieder ab. Auch hier kommt es darauf an, ob die Störung immer oder nur zeitweilig vorhanden ist. Bei ständigem Fehlen spricht man von ↑ Anorgasmie.

Eine vorübergehende Beeinträchtigung des Orgasmuserlebens kann unter bestimmten Bedingungen bei jeder Frau einmal beobachtet werden (z. B. in Konfliktsituationen, starker Belastung, nach Krankheiten oder Operationen) und ist meist nicht behandlungsbedürftig. Anders verhält es sich mit länger anhaltenden und sich nicht aus einer ungünstigen Situation zu erklärenden Störungen. Hier sollte man einen Sexualberater oder sexuologisch erfahrenen Psychotherapeuten zu Rate ziehen.

Die **Orgie** [⟨ lat. ⟨ griech.] ist ein Festgelage, das bei Alkoholgenuß oft in sexuelle Ausschweifungen und Zügellosigkeiten ausartet.

Östrogene [⟨ griech.; Singular: das Östrogen] sind die *weiblichen Geschlechtshormone.* Sie werden in den Eibläschen oder Follikeln gebildet. Deshalb ist auch die Bezeichnung *Follikelhormon* üblich. Weitere Östrogene entstehen in der Nebennierenrinde und den Hoden, und während der Schwangerschaft werden große Mengen im ↑ Mutterkuchen gebildet. Ihr Abbau erfolgt in der Leber, die Ausscheidung vorwiegend mit dem Urin.

Die **Ovarien** [⟨ lat.; Singular: das Ovar] ↑ Eierstöcke.

Die **Ovulation** [s. o.] ↑ Eisprung.

Ovulationshemmer [s. o. + ⟨ dt.] ↑ Pille.

P

Die **Paarbeziehung** ist eine Beziehung zwischen 2 sich nahestehenden Menschen. Auch engere Freundschaften zwischen einem Jungen und einem Mädchen gehören dazu. Eine Paarbeziehung ist besonders positiv zu werten, wenn sie die Entwicklung beider Partner fördert.

Die **Päderastie** [⟨ griech.; pais „Knabe", „Kind", erastes „Liebhaber"] ist eine Sonderform der ↑ Homosexualität, die *Knabenliebe.* Besonders verbreitet war sie in der Antike. Viele berühmte griechische Philosophen und Staatsmänner bekannten sich zu ihrer Zuneigung zu heranwachsenden Jünglingen, mit denen sie nicht nur geistige, sondern auch sexuelle Beziehungen verbanden. Auch im alten Rom war die Päderastie weit verbreitet, einige römische Kaiser wurden auf ihren Feldzügen von Knabenharems begleitet. Mit dem aufkommenden Christentum wurde auch die Päderastie als Sünde verdammt und mit strengen Strafen bis hin zum Feuertod belegt. Heutzutage ist die Einstellung zu gleichgeschlechtlichen Beziehungen insgesamt liberaler geworden, doch sind sexuelle Beziehungen zwischen Männern und Jugendlichen unter 18 Jahren bei uns nicht erlaubt.

Die **Pädophilie** [s. o.; lat. philia „Freundschaft"] ist ein sexuelles Fehlverhalten, bei dem sich Erwachsene durch geschlechtliche Beziehungen mit Kindern des anderen Geschlechts sexuell befriedigen. Häufig handelt es sich dabei um schwachsinnige oder durch vorzeitige Hirnverkalkung seelisch veränderte Personen, die Schwierigkeiten haben, geeignete Sexualpartner zu finden. Oft sind sie besonders freundlich zu den Kindern und versuchen, durch Geschenke oder Versprechungen ihr Vertrauen zu gewinnen. Zum eigentlichen Geschlechtsverkehr kommt es selten, meist bleibt es bei gegenseitigen Manipulationen am Genitale. Im allgemeinen sind sich die

Kinder der Tragweite der Handlungen nicht bewußt. Ausnahmsweise werden sie auch gewaltsam zu derartigen Handlungen gezwungen. Als Folge davon können sich im späteren Leben seelische und sexuelle Störungen (Beeinträchtigung des sexuellen Verlangens und der Orgasmusfähigkeit) entwickeln. Pädophilie ist strafbar.

Der **Pariser** ↑ Kondom.

Partneridealisierung [s. u. + ⟨ lat.] entsteht meist im Überschwang der Gefühle und stellt eine Überbewertung dar, bei der selbst Fehler und Schwächen des Menschen noch als Vorzug betrachtet werden. Eine solche Idealisierung verliert sich schnell. Das Erkennen der tatsächlichen Qualität löst dann große Enttäuschung aus.

Bei Zufallsbekanntschaften, besonders wenn sie unter dem Einfluß von Alkohol gemacht werden, ist eine solche Überbewertung des Partners häufig. Deshalb ist jeder gut beraten, der sich ein böses Erwachen dadurch erspart, daß er die Beziehung ohne gründliche Prüfung des anderen nicht zu eng werden läßt.

Die **Partnerschaft** [⟨ engl.] ist ein Verhältnis zweier Menschen zueinander. Sie beruht auf Gleichwertigkeit, Gleichberechtigung, gleichen Rechten und Pflichten und bringt eine neue Stufe in den Beziehungen von Mann und Frau, wenn es sich um heterosexuelle Partnerschaft handelt, zum Ausdruck. Sie darf aber nicht so verstanden werden, daß die Partner alle Eigenheiten aufgeben. Allerdings wird sich im Laufe der Zeit mehr und mehr ein Angleichen im Denken, Fühlen und Handeln einstellen. Eine Partnerschaft von Mann und Frau, deren höchste Form die Ehe ist, ist umso fester und dauerhafter, je tiefer und umfassender die Partnerbindungen sind. Sexuelles Verstehen reicht nicht allein aus, eine Partnerschaft über längere Zeit aufrecht zu erhalten. Für feste und glückliche Partnerbindungen bedarf es weltanschaulicher, moralischer, geistiger, emotionaler, sozialer und sexueller Übereinstimmung und Beziehungen, die sich ständig weiterentwickeln müssen.

Partnertausch [s. o. + ⟨ dt.] ist eine Form von ↑ Gruppensex, die von Paaren ausgeübt wird, weil sie sich dadurch sexuelle Abwechslung versprechen. In Wirklichkeit führt dieses Verhalten meist nach kurzer Zeit zu Konflikten unter den Beteiligten und zur Zerstörung der Gemeinschaft. Unter Jugendlichen ist Partnertausch selten.

Die **Partnerwahl** [s. o. + ⟨ dt.] ist die Entscheidung für einen bestimmten Geschlechts- bzw. Lebenspartner, der den Idealvorstellungen vom Partner und seinen Eigenschaften weitgehend entspricht. Die Partnerwahl wird durch die in einer Gesellschaft herrschenden Normen beeinflußt. Im Sozialismus kann sie frei von ökonomischen Erwägungen getroffen werden.

Die Entscheidung für einen Partner verläuft etwa in folgenden Stufen: a) Bewertung verschiedener möglicher Partner nach den Kriterien der Idealvorstellung; b) Annäherung an einen möglichen Partner, erneute Bewertung und Prüfung dieses Partners, nachdem bereits ein Kennenlernen erfolgte; c) Entscheidung für diesen Partner und Beginn der wechselseitigen Beeinflussung (gegenseitige Erziehung der Partner) oder Abbruch des Annäherungsversuches. In die Partnerwahl gehen auch die Vorstellungen und Erwartungen ein, die für das zukünftige Zusammenleben in Ehe und Familie gehegt werden.

Einen Partner nur nach äußeren Kriterien (Aussehen, Figur, Typ) zu wählen und ihn nicht umfassend zu prüfen, hat nicht selten zu Fehleinschätzungen, Enttäuschungen und zur baldigen Trennung von Partnern geführt.

Partnerwechsel [s. o. + ⟨ dt.] ist bei ↑ Paarbeziehungen nicht unbedingt als Zeichen von Unstetigkeit im Kontaktverhalten eines Menschen zu verstehen. Oft stellt sich heraus, daß die Partner nicht zueinander passen und auch nicht bereit sind, sich aufeinander einzustellen. In einem solchen Fall liegt es im beiderseitigen Interesse, die Verbindung zu lösen und einen neuen Partner zu wählen. Auch äußere Umstände, wie z. B. langzeitige räumliche Trennung, können einen Partnerwechsel begünstigen.

Im Jugendalter, bei noch unentwickeltem Partnerwahlverhalten, ist häufiger Partnerwechsel nicht ungewöhnlich, weil Fehlentscheidungen anfangs ziemlich wahrscheinlich sind. Sie entstehen aufgrund mangelnder Erfahrungen, unzureichender Menschenkenntnis und fehlender Gesichtspunkte für die Auswahl. Häufiger Partnerwechsel, der sich daraus ergibt, daß gar keine Absicht besteht, eine tragfähige Partnerschaft zu begründen, ist hingegen als leichtfertig und verantwortungslos – vor allem dem Partner gegenüber – zu verurteilen. Wird er leichtfertig vollzogen, wächst bei intimem Umgang auch die Gefahr der Ansteckung mit einer sexuell übertragbaren Krankheit.

Der **Penis** [⟨ lat.] ↑ Glied.

Die **Periode** [⟨ griech.] der Frau ↑ Menstruation.

Perversion [⟨ lat.] ist ein heutzutage veralteter Ausdruck für sexuelle Abweichung oder ↑ Deviation.

Das **Pessar** [⟨ lat. ⟨ griech.] wird als Mittel zur ↑ Empfängnisverhütung von der Frau angewandt. Auch als *Scheidenpessar* oder *Diaphragma* bezeichnet, war es bis zur Einführung der ↑ Pille vor 25 Jahren das meist empfohlene empfängnisverhütende Mittel. Es ist eine halbkugelförmige Gummihaube mit einer am Rande einvulkanisierten, elastisch federnden Drahtspirale. In die Scheide eingeführt, deckt sie den Muttermund und fast die gesamte vordere Scheidenwand ab. Wichtig ist dabei, daß die richtige Größe vom Arzt ausgewählt wird. Nach Anweisung des Arztes kann die Frau lernen, das Pessar selbst einzusetzen, die richtige Lage zu kontrollieren und es auch wieder zu entfernen. Das Diaphragma kann man z. B. abends einführen und morgens wieder entfernen. Die Zuverlässigkeit ist weitestgehend von der richtigen Handhabung abhängig. Nach der Entfernung wird das Pessar gereinigt und kann beliebig oft benutzt werden. Der Empfängnisschutz eines solchen Diaphragmas wird durch die gleichzeitige Anwendung von Salben

Pessare: Scheidendiaphragmen in unterschiedlichen Größen

mit samentötenden Wirkstoffen wesentlich erhöht. – Ein anderes mechanisches Mittel zur Empfängnisverhütung ist das *Kappenpessar* oder die *Portiokappe* (Gebärmutterhalskappe). Wegen der Gefahr von Sekretstauung wird die Kappe heutzutage nur noch selten benutzt. – *Abb.*

Petting [⟨ engl.] ist ein Verhalten, bei dem es zur gegenseitigen Liebkosung und Berührung des ganzen Körpers einschließlich des Genitalbereichs (↑ erogene Zonen) kommt, aber nicht zum Einführen des Gliedes in die Scheide und damit zum eigentlichen Geschlechtsverkehr. Jugendliche, seltener Erwachsene, bevorzugen eine Zeitlang Petting, weil dadurch eine unerwünschte Schwangerschaft vermieden, andererseits durchaus volle Befriedigung erreicht werden kann. Die Pettingpraktiken kann man mit dem ↑ Vorspiel beim Geschlechtsverkehr vergleichen. Daß man sich jahrelang nur auf Petting beschränkt, ist bei uns ungewöhnlich. In bestimmten Situationen, wie z. B. fortgeschrittener Schwangerschaft oder manchen Krankheiten, dient es als Ersatzhandlung für den nicht möglichen Geschlechtsverkehr.

Pflaume ist eine Vulgärbezeichnung (↑ vulgär) für die äußeren Geschlechtsorgane der Frau.

Der **Phallus** [⟨ lat. ⟨ griech.] ↑ Glied.

Die **Phantasie** [⟨ lat. ⟨ griech.] ist das Einbildungs- und Vorstellungsvermögen. Das Phantasieprodukt ist kein vollkommen reales Abbild der Wirklichkeit und immer stark vom persönlichen Erleben gefärbt. Phantasien über sexuelles Verhalten, die Erfüllung sexueller Wünsche oder den Kontakt mit einem bestimmten Partner kommen bei Jugendlichen nicht selten vor. Diese Phantasien können absichtslos, aber auch zielbewußt auftreten. Dabei können sich unerfüllte Wünsche und sexuelle Spannungen bis zu quälender Unruhe steigern und zu sexueller Abreaktion drängen. Das ändert sich mit zunehmender sexueller Erfahrung, engerer Partnerbindung und Erfüllung in der sexuellen Aktivität. Phantasie weckt Ideen, läßt Lösungswege für Aufgaben vorausschauen und beflügelt auch das Liebesleben durch einfalls- und abwechslungsreiche Gestaltung.

Die **Phimose** [⟨ lat. ⟨ griech.] ↑ Vorhautverengung.

physisch [⟨ griech.]: körperlich, den Körper betreffend.

Die **Pille** ist ein Medikament in Dragee-(Pillen-)Form, das gegenwärtig das wirksamste Mittel zur ↑ Empfängnisverhütung darstellt. Meist besteht sie aus einer Hormonkombination von Östrogenen und Gestagenen und entspricht damit in ihrer Zusammensetzung den Eierstockhormonen (↑ Eierstöcke).

Ihre Wirkung beruht 1. auf einer Hemmung des ↑ Eisprungs, der Ovulation (daher auch die wissenschaftliche Bezeichnung *Ovulationshemmer*),

2. auf Veränderungen des Schleimpfropfens im Gebärmutterhalskanal, wodurch die Samenfäden am Eindringen gehindert werden und 3. auf einer Beeinflussung der Gebärmutterschleimhaut, die sich nicht auf die Eieinbettung vorbereitet.
Von allen Verhütungsmitteln ist die Pille am zuverlässigsten. Auch wenn man die Versager berücksichtigt, die durch Einnahmefehler entstanden, beträgt die Versagerquote nur 0,2%. Voraussetzung für eine optimale Wirksamkeit ist allerdings eine der Vorschrift entsprechende Einnahme. Wegen der Verordnung muß man sich an einen Frauenarzt oder eine Ehe- und Sexualberatungsstelle wenden. Das ist wichtig, da die Anwendung der Pille nicht frei von Nebenwirkungen oder Risiken ist. Die Rezeptpflicht erleichtert auch die notwendigen Kontrolluntersuchungen. Im allgemeinen wird die Pille für 6 Monate verordnet, nach dieser Zeit ist eine erneute Untersuchung, zumindest ein Vorstellen und Beraten beim Arzt notwendig.
Gegenwärtig gibt es folgende hormonelle Präparate zur Empfängnisverhütung: Ovosiston, Gravistat, Non-Ovlon, Minisiston, Sequostat und Trisiston. Jede Pillenpackung enthält 21 Dragees. Die erste Pilleneinnahme – außer Minisiston – beginnt am 5. Tag nach Eintritt der Menstruationsblutung; man nimmt täglich – in regelmäßigen Abständen von 24 Stunden – ein Dragee (eine Pille). Den ersten Einnahmetag sollte man sich notieren, um die regelmäßige Einnahme jederzeit selbst kontrollieren zu können. Zur Sicherung der täglichen Einnahme sind die Dragees einzeln auf einer Monatsplatte abgepackt, die mit dem Aufdruck der Wochentage versehen ist. Das erste Dragee muß aus dem Feld herausgedrückt werden, das mit der Abkürzung des zutreffenden Wochentages gekennzeichnet ist. Die weitere Einnahme erfolgt in Pfeilrichtung.
Minisiston ist ein Präparat mit einer relativ niedrigen Hormondosis. Bei erstmaliger Einnahme dieses Präparates wird im Gegensatz zu den anderen genannten Präparaten das erste Dragee bereits am ersten Tag der Regelblutung eingenommen. Es ist vor allem für Frauen geeignet, die die anderen Pillen nicht vertragen, oder aus medizinischen Gründen eine Pille mit niedriger Hormondosis einnehmen müssen. Allerdings muß man sich hier aus Gründen der Wirkungssicherheit sehr genau an die Einnahmezeiten halten – der Abstand darf 24–26 Stunden nicht überschreiten; bei den anderen Pillen 36 Stunden, sonst wirken auch sie nicht mehr zuverlässig.
Die Pille wird am besten vertragen, wenn man sie vor dem Schlafengehen nimmt. Wurde die Pille am Abend vergessen, so kann die Einnahme morgens nachgeholt werden, ohne daß die Zuverlässigkeit leidet (gilt nicht für Minisiston, Sequostat und Trisiston). Wenn eine Packung verbraucht ist, wird die Einnahme 7 Tage unterbrochen und am 8. Tag eine neue Pak-

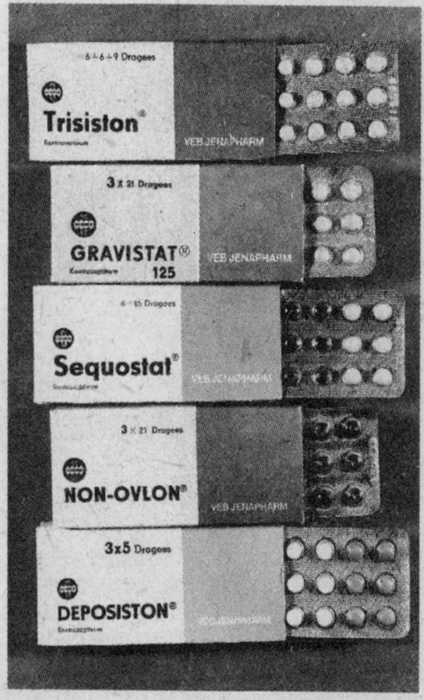

Pille: verschiedene Arten von Ovulationshemmern

kung begonnen. Während dieser Einnahmepause tritt eine menstruationsähnliche Blutung ein. Für die Fortsetzung der Pilleneinnahme ist es gleichgültig, ob die Blutung bereits beendet ist oder nicht. Auch an den 7 Tagen ohne Pilleneinnahme kommt es nicht zu einer Empfängnis. Ein Ausbleiben der Blutung trotz regelmäßiger Pilleneinnahme braucht keine Schwangerschaft zu bedeuten. Man sollte trotzdem nach 7 Tagen Pause mit einer neuen Packung beginnen, wenn die Schwangerschaftsverhütung fortgesetzt werden soll.

Wiederholt sich das Ausbleiben der Regel, sollte man zum Ausschluß einer Schwangerschaft unbedingt den behandelnden Frauenarzt aufsuchen. Das ist auch erforderlich bei Zwischenblutungen, beim Abschwächen der Blutungen und wenn Nebenwirkungen auftreten, die vor der Anwendung der Pille nicht beobachtet wurden. Beim Umsetzen von Pillenpräparaten mit höherer Dosierung (z. B. von Non-Ovlon, Gravistat oder Ovosiston) auf eine Pille mit niedriger Dosierung (z. B. auf Minisiston, Sequostat oder Trisiston) ist mit der Einnahme des ersten Dragees nicht erst nach der 7tägigen Pause, sondern bereits am ersten Tag der Blutung zu beginnen.

Begleiterscheinungen beim Einnehmen der Pille ähneln denen, die auch zu Beginn einer Schwangerschaft auftreten können. So kann es zu Übelkeit, Kopfschmerzen und einer begrenzten Gewichtszunahme kommen. Sie gehen fast immer nach kurzer Zeit vorüber, oft auch dann, wenn vom Arzt ein anderes Präparat verordnet wird.

Ob eine Frau die Pille nehmen sollte, kann nur ein Arzt entscheiden. Abzuraten ist bei schweren Leberfunktionsstörungen, Neigung zu Venenthrombosen, nach bestimmten Geschwulstkrankheiten, bei schwerer Zuckerkrankheit, bei Bluthochdruck und bei starken Raucherinnen, die das 35. Lebensjahr überschritten haben. Es gibt auch Frauen, bei denen man erst an den Nebenwirkungen während der Behandlung erkennen kann, daß sie die Pilleneinnahme nicht fortsetzen können. Das trifft z. B. zu beim Auftreten

von migräneartigen oder ungewohnt starken Kopfschmerzen, von Sehstörungen, von Venenthrombosen, von Gelbsucht, von Erkrankungen, die mit längerer Bettlägerigkeit einhergehen (Unfälle, größere Operationen) oder bei Verschlechterung bestimmter Erkrankungen.

Die empfängnisverhütende Wirksamkeit von Pillenpräparaten kann möglicherweise durch die gleichzeitige häufige Einnahme von Schlaf-, Beruhigungs- und Schmerzmitteln individuell unterschiedlich vermindert werden. Erbrechen, Durchfall sowie Alkoholmißbrauch können ebenfalls einen Wirkungsverlust verursachen. Bei regelmäßiger Einnahme der Pille sind wiederholte Schmierblutungen als erste Zeichen einer herabgesetzten Sicherheit zu werten.

Ab wann junge Mädchen die Pille bekommen können, muß der Frauenarzt entscheiden. Ungünstige Einflüsse auf das Längenwachstum oder die Eierstocksentwicklung sind im allgemeinen nicht zu befürchten. Einnahmepausen sind nicht erforderlich, sofern sie gut vertragen wird und regelmäßige gynäkologische Kontrollen – mindestens einmal im Jahr – erfolgen. Wenn Jugendliche allerdings erst selten sexuelle Beziehungen haben, könnte der Partner auch ein ↑ Kondom verwenden, das bei richtiger Anwendung recht zuverlässig ist. Nach den heutigen Erkenntnissen ist *die Pille das ideale Mittel zur Geburtenregelung.* Ist die gewünschte Kinderzahl erreicht, wechseln viele Frauen auf ein ↑ Intrauterinpessar über, um nicht über Jahrzehnte die Pille einnehmen zu müssen. Ernsthafte Schäden sind bei Einnahme der Pille unter regelmäßiger Kontrolle nicht zu befürchten. Auch nach Absetzen der Pille ist die Fruchtbarkeit einer Frau genau so groß wie vorher. Schwangerschaftsverlauf und Entwicklung der Kinder nach Absetzen der Pille sind völlig normal.

Pille danach ↑ postkoitale Kontrazeption.

Pilzinfektionen der Scheide und des äußeren Genitale verursachen einen fast unerträglichen Juckreiz und weißlichen krümeligen ↑ Ausfluß. Die be-

troffenen Schleimhäute sind stark gerötet und weisen rasenartige weiße Pilzbeläge auf. Die Erkrankung ist besonders häufig bei Diabetikerinnen, Schwangeren und Frauen, die die Pille nehmen. Da Pilzinfektionen beim Geschlechtsverkehr übertragen werden können, ist es notwendig, auch den Partner mit zu behandeln. Während der Therapie muß man kochfeste Unterwäsche tragen, da Pilzsporen sich monatelang auf Nylon- oder Perlonwäsche halten können und erneute Infektionen hervorrufen.

Pilzinfektionen im Genitalbereich gehören zu den sexuell übertragbaren Krankheiten (↑ STD).

Pimpern ist eine Vulgärbezeichnung für Sexualverkehr.

Die **platonische Liebe** ist geistige Liebe zwischen gleichgesinnten Menschen. Dabei ist von Bedeutung, daß es eine Liebe ohne sexuelle Absichten oder Erfüllung ist. Die Bezeichnung leitet sich von dem altgriechischen Philosophen *Platon* (427–347 v. u. Z.) her, der in seinem Dialog „Symposion" das Streben nach philosophischer Erkenntnis als Eros (Liebe) bezeichnet.

Ein **Playboy** [sprich: plehboi; ⟨ engl.; play „spielen", boy „Junge"] ist ein wohlhabender oder von reichen Frauen ausgehaltener Nichtstuer. Sein Lebensinhalt sind Amüsements oder sexuelle Abenteuer. Er ist ein Produkt kapitalistischer Lebensweise.

Die **Plazenta** [⟨ lat.] ↑ Mutterkuchen.

Die **Pollution** [⟨ lat.] ist ein unwillkürlicher – meist nächtlicher – Samenerguß, der nicht durch sexuelle Handlungen, mitunter aber durch sexuell gefärbte Träume ausgelöst wird. Das Auftreten von Pollutionen ist beim Jungen Anzeichen beginnender Geschlechtsreife.

Das Wort **Porno** [s. u.] ist von ↑ Pornographie abgleitet und wird sowohl als selbständiges Wort (etwa für ein bestimmtes pornographisches Buch) oder als Wortteil (z. B. Pornowelle) verwendet.

Die **Pornographie** [⟨ griech.] ist die bildliche oder textliche Darstellung obszöner (unzüchtiger) oder anderer sexueller Handlungen in einer ge-

schmacklosen Weise, die lediglich die sexuelle Begierde steigern soll. Pornographie zieht Liebe und Sexualität in den Schmutz und ist deshalb ahuman (menschenfeindlich). Oft werden sexuelle Abartigkeiten geschildert, verbunden mit der Verherrlichung von Grausamkeiten (Auspeitschen, Fesseln). Mit Recht sind derartige Erzeugnisse, die im Kapitalismus aus Gründen des Profits und der Ablenkung der Massen von politischen und anderen gesellschaftlichen Fragen weit verbreitet sind, bei uns verboten (↑ Schund- und Schmutzerzeugnisse). Sie vermitteln ein einseitiges und falsches Bild von der Sexualität und sind daher besonders für Jugendliche, deren Verhalten noch nicht endgültig festgelegt ist, schädlich. Ihr Einfluß kann unter Umständen dazu führen, daß sexuell abwegige Praktiken geübt, dann bevorzugt werden und schließlich ganz die Überhand gewinnen. Ästhetische Aktbilder, wie sie auch im vorliegenden Buch enthalten sind, haben nichts mit Pornographie zu tun.

Pornowelle [s. o. + ⟨ dt.] ↑ Sexwelle.

Die **Portio** [⟨ lat.] ↑ Gebärmutter.

Die **Positionen** [⟨ lat.] oder *Stellungen,* die man beim ↑ Geschlechtsverkehr einnimmt, werden von den Wünschen beider Partner bestimmt. Es gibt viele Abwandlungsmöglichkeiten, z. B. liegend oder stehend. Einmal kann die Frau unten und der Mann oben liegen – diese Stellung ist sehr gebräuchlich (sog. *Normalstellung*) –, es kann aber auch umgekehrt sein. Manche Frauen bevorzugen diese Position, weil sie dann besser die Reaktionen des Mannes steuern können und außerdem infolge der größeren Reibung des Kitzlers durch den bei der Bewegung entstehenden Druck stärker erregt werden. Beide Partner können auch auf der Seite liegen, oder die Frau wendet dem Mann den Rücken zu, so daß er den Verkehr von hinten vollzieht. Weitere Varianten sind durch Veränderung der Beinstellung möglich. Im allgemeinen entdecken die Partner beim ↑ Liebesspiel selbst die ihnen am besten zusagenden Positionen, wie z. B. ↑ Cunnilingus und ↑ Fellatio. Manche Paare behalten

ihre Lieblingsstellung bei jedem Verkehr bei, andere bevorzugen die Abwechslung. Was beiden gefällt, ist erlaubt. Niemals sollte man jemanden zwingen oder bedrängen, eine ihm nicht angenehme Art oder Stellung zu wählen. Die Folge davon kann verstärkte Abneigung bis zum Widerwillen und Ekel sein (↑ Libidostörungen).

Postkoitale Kontrazeption [⟨ lat.] – auch bekannt als *„Pille danach"* sowie *„Am Morgen danach Pille"* (engl.: *morning-after-pill*) – ist eine besondere Form der ↑ Empfängnisverhütung, die, wenn sie wenige Stunden nach einem ungeschützten Geschlechtsverkehr angewandt wird, eine Schwangerschaft verhütet. Sie besteht meist aus einer Östrogen-Gestagen-Kombination. Man kann z. B. Minisiston (↑ Pille) dazu verwenden und davon je 8 Dragees möglichst bald nach dem Verkehr und nach weiteren 12 Stunden nochmals 8 Dragees einnehmen. Die Hormone verhindern die Einnistung der Eizelle.

Eine andere Möglichkeit ist das Einlegen eines ↑ Intrauterinpessars, das noch bis 5 Tage nach dem ungeschützten Verkehr eingesetzt werden kann und ebenfalls eine Empfängnis verhindert.

Da dic „Pille danach" auch Nebenwirkungen besitzt (Blutungen, Übelkcit), ist sie nur für den Notfall gedacht (nach erstmaligem Sexualkontakt ohne Schutzmittel, Anwendungsfehlern von Kondom oder Pessar sowie Vergewaltigung).

Die **Potenz** [⟨ lat.] ist ganz allgemein die Fähigkeit. Im sexuellen Bereich versteht man darunter beim Mann sowohl die *Fähigkeit zur Durchführung des Geschlechtsverkehrs* (lat. potentia coeundi) als auch die *Fähigkeit zur Zeugung* (lat. potentia generandi). Die Unfähigkeit bezeichnet man als ↑ Impotenz. In bezug auf das weibliche Sexualverhalten ist der Ausdruck Potenz weniger gebräuchlich. Verwendet man ihn dennoch, meint man damit die Fähigkeit, den Geschlechtsverkehr zur eigenen Zufriedenheit ausüben und erleben zu können. Die Stärke der Potenz hängt von vielen Faktoren ab. Neben der individuellen Veranlagung spielen der Gesundheitszustand, das ↑ Alter, die Erziehung, das Partnerschaftsverhältnis, die sozialen Einflüsse sowie die physischen und psychischen Belastungen eine Rolle. Die sexuelle Leistungsfähigkeit ist nicht immer gleich, sondern unterliegt auch normalerweise gewissen Schwankungen. Voraussetzungen für die Kohabitationsfähigkeit sind ungestörtes sexuelles Verlangen, Fähigkeit zur Erektion und Ejakulation sowie zum Orgasmuserleben. Kohabitations- und Zeugungsfähigkeit sind nicht miteinander gekoppelt, d. h., es kann jemand störungsfrei den Geschlechtsverkehr ausüben und ist trotzdem zeugungsunfähig.

Von einer **Potenzstörung** [s. o. + ⟨ dt.] spricht man im allgemeinen, wenn die sexuelle Funktion des Mannes beeinträchtigt oder ganz aufgehoben ist (↑ Impotenz). Unabhängig davon gibt es die Störung der generativen Potenz (↑ Zeugungsunfähigkeit), bei der die Zeugungsfähigkeit vermindert ist oder überhaupt fehlt. Die erstere Form ist wesentlich häufiger. Sie läßt sich weiter unterteilen in Störungen der Erektion und des Samenergusses, die sowohl zusammen als auch getrennt auftreten können. Bei einer *primären Störung* ist die ungenügende Gliedversteifung vom ersten Versuch an festzustellen, bei einer *sekundären Störung* bestand zunächst Kohabitationsfähigkeit und erst später machte sich das Versagen bemerkbar. Es ist auch möglich, daß die Erektion anfangs zum Einführen des Gliedes in die Scheide ausreicht, dann aber wieder nachläßt, ohne daß der Samenerguß erfolgt. Ungestört ist dabei das sexuelle Verlangen, es vermindert sich höchstens aus Angst vor wiederholtem Versagen. Diese Form findet man besonders bei jungen Menschen, die sexuell noch unerfahren, gefühlsmäßig stark engagiert und erregt sind und ihre eigenen Reaktionen nicht genügend kontrollieren können. In diesen Fällen setzt

auch nicht selten der Samenerguß *vorzeitig* ein. Bessern sich die Symptome nach wenigen Wochen nicht von allein, sollte man sich an eine Sexualberatung wenden. Meist ist eine vollständige Wiederherstellung der Sexualfunktion möglich, vorausgesetzt, daß die Partnerin Verständnis aufbringt und von sich aus mithilft. Außer dem vorzeitigen Samenerguß kann auch das Gegenteil, der *verzögerte* Erguß, vorkommen. Völliges Ausbleiben des Ergusses ist möglich, wenn die Ejakulation anstatt durch die Harnröhre nach außen in die Blase erfolgt *(retrograde Ejakulation).* Da auch eine organische Schädigung vorliegen kann, ist eine Überprüfung durch einen Urologen oder Andrologen ratsam.
Ferner können sexuelles Verlangen oder/und sexuelles Erleben beim Orgasmus herabgesetzt sein oder überhaupt fehlen.
Die meisten Potenzstörungen sind psychisch bedingt, nur zu einem kleinen Prozentsatz sind organische Faktoren (z. B. Krankheiten der Geschlechtsorgane, Unfallfolgen) verantwortlich. Bei ungeklärter Ursache sollte unbedingt eine fachärztliche Untersuchung durch einen Andrologen (↑ Andrologie) erfolgen. Potenzstörungen wirken sich häufig im Seelischen aus, führen zu Hemmungen, vermindern das Selbstwertgefühl und lösen Minderwertigkeitskomplexe aus. Als Folge davon kann sich eine ↑ Erwartungsangst entwickeln – man befürchtet erneut zu versagen –, was wiederum die Fehlhaltung weiter fixiert. Zur Behandlung gehören mehrfache gezielte Aussprachen, am günstigsten mit dem Partner, bei einem Sexualberater und je nach Art der Störung bestimmte Sexualübungen (↑ Sexualtherapie). Medikamente sind nur in einzelnen Fällen erforderlich. Die Heilungsaussichten sind gut, sofern die Therapie rechtzeitig beginnt und beide aktiv mitarbeiten. Schwieriger ist die Beseitigung der Impotenz.

junge Prostituierte in New York

poussieren [sprich: puss-; ⟨ franz.]: jemandem den Hof machen, mit jemandem ↑ flirten.
Das **Präservati̱v** [⟨ lat.] ↑ Kondom.
Die **Promiskuitä̱t** [⟨ lat.] ist das Ausüben des Geschlechtsverkehrs mit häufig wechselnden Partnern. Es geht dabei lediglich um die körperliche Abreaktion sexueller Bedürfnisse, eine Liebesbeziehung zum jeweiligen Partner ist nicht vorhanden. Promiskuität fördert nicht nur die Verbreitung von ↑ Geschlechtskrankheiten, sie steht auch im krassen Gegensatz zu einer dauerhaften Partnerschaft und zur sozialistischen Moral. Promiskuität ist typisch für die ↑ Prostitution.
Die **Pro̱stata** [⟨ lat.] ↑ Vorsteherdrüse.
Prostitutio̱n [⟨ franz.; lat. prostare „sich anbieten"] ist Geschlechtsverkehr oder andere sexuelle Praktiken gegen Entgelt. Damit wird er zu einem rein körperlichen Abreagieren ohne jede innere Beziehung zwischen den Partnern. Dem Mann kommt es lediglich auf die Befriedigung seines sexuellen Verlangens an. Was seine Partnerin dabei empfindet, interessiert ihn nicht. Er bezahlt und fordert, daß sie

auf seine Wünsche eingeht. Die Mädchen, die sich gewerbsmäßig damit befassen, nennt man *Prostituierte,* auch *Huren* oder *Freudenmädchen.*
Bei weitem nicht alle sind arbeitsscheu oder betreiben ihr Gewerbe aus Abenteuerlust. Manche glauben, durch Prostitution der Armut und Not zu entkommen und schnell zu Wohlstand zu gelangen, besonders wenn sie, unter kapitalistischen Verhältnissen aus armen Volksschichten stammend, infolge ihrer gesellschaftlichen Benachteiligung wenig Chancen für eine Berufsausbildung hatten. Die meisten Prostituierten führen ein elendes Leben, werden ausgebeutet, erkranken häufig an Geschlechtskrankheiten, geraten oft in kriminelle Kreise und gehen kümmerlich zugrunde. Zu ihren Kunden gehören oft sexuell abartig veranlagte Personen, die gegen entsprechende Bezahlung die Befriedigung ihrer abnormen Gelüste verlangen. Neben der Straßenprostitution gibt es bestimmte Häuser (Bordell, Puff, Eroscenter) oder ganze Stadtviertel, in denen diese Mädchen leben. Prostitution ist nicht nur mit der Würde der Frau unvereinbar, sondern auch mit der des Mannes.
Während sie in den meisten kapitalistischen Ländern weiter existiert, wurde sie im Sozialismus abgeschafft und verboten. Kommt sie trotzdem gelegentlich noch vor, ist sie Ausdruck einer ↑ asozialen Lebensweise, die die öffentliche Ordnung gefährdet und deshalb bestraft wird. Auch wer seinen Unterhalt nur teilweise durch Prostitution bestreitet, macht sich strafbar. Derjenige, der die Prostitution ausnützt und fördert (*Zuhälter*), um daraus Einkünfte zu beziehen, muß mit gleichen Folgen rechnen.
Prüde [⟨ franz.] wird ein übertrieben schamhaftes oder geziertes Verhalten genannt. Diese Art der „Sittsamkeit“ und „Tugendhaftigkeit“ ist oft nicht echt, sondern geheuchelt und Kennzeichen der „Spießbürgerlichkeit“ (↑ Spießbürger). Prüde Menschen vermögen nicht, über ihre sexuellen Probleme mit anderen ehrlich zu sprechen. Dadurch bereiten sie sich weitere Probleme.
psychisch [⟨ griech.]: seelisch, geistig.
psychogen [s. o.]: seelisch bedingt.
Die **Psychotherapie** [s. o.] ist eine fachärztliche Behandlung, die im Gegensatz zur herkömmlichen keine Medikamente verordnet, sondern ausschließlich auf seelischen Methoden basiert. Hauptsächlich bei psychisch (seelisch) bedingten Störungen angewandt, gibt es die verschiedensten Verfahren. Üblich bei uns sind neben dem *autogenen Training,* das ein Selbstentspannen ermöglicht, z. B. *Verhaltenstherapie* und die *patientzentrierte Gesprächspsychotherapie.* Zur Behandlung sexueller Funktionsstörungen eignen sich diese Methoden auch, teilweise kommen dann noch einige Modifikationen hinzu (↑ Sexualtherapie). *Psychotherapeuten* sind entweder klinische Psychologen oder speziell hierfür ausgebildete Ärzte.
Die **Pubertät** [⟨ lat.; pubertas „Mannbarkeit“] oder *Geschlechtsreife* ist ein Abschnitt des Jugendalters, der als die *Reifezeit* des Heranwachsenden bezeichnet werden kann. In dieser Zeit erreichen die männlichen und weiblichen Geschlechtsorgane ihre volle Funktionstüchtigkeit. Die sekundären ↑ Geschlechtsmerkmale vergrößern sich zu ihrer endgültigen Form und Größe. Gleichzeitig prägen sich die spezifisch männlichen und weiblichen Körperformen aus. Diese Entwicklung beginnt meist mit dem 10. Lebensjahr und dauert mehrere Jahre. Das äußere Kennzeichen der Geschlechtsreife sind das Auftreten der ↑ ersten Menstruation (*Menarche*) und der ersten Ejakulation (↑ *Ejakularche*). Neben diesen körperlichen Vorgängen reift der Jugendliche auch in seelisch-geistiger Hinsicht, wobei beide Prozesse zeitlich nicht immer parallel verlaufen. Trotz der beträchtlichen Umstellungen, die die Pubertät mit sich bringt, durchlaufen die meisten Jugendlichen diese Phase ohne besondere Probleme. Nur ausnahmsweise entstehen durch verstärkte seelische Labilität (Stimmungsschwankun-

gen, Reizbarkeit, Aggressivität) oder vorübergehende hormonelle Störungen Anpassungsschwierigkeiten. Diese lassen sich bei Verständnis für die Situation der Jugendlichen oder nötigenfalls durch entsprechende ärztliche oder psychologische Behandlung beheben.

Die **Pubertätsmagersucht** [s. o. + ⟨ dt.] ist ein Krankheitsbild, das in der Pubertät bei jungen Mädchen auftritt. Es äußert sich in zunehmender Appetitlosigkeit und dementsprechend geringer Nahrungsaufnahme, so daß sich infolge kontinuierlicher Gewichtsabnahme eine hochgradige, sogar lebensgefährliche Abmagerung entwikkeln kann. Damit verbunden sind allgemeine Schwäche, traurige Stimmungslage, Antriebslosigkeit und Ausbleiben der Menstruation.

Die Ursache ist meist seelischer Natur. Aus inneren Konflikten heraus lehnen diese Mädchen ihre weibliche Rolle und das Erwachsenwerden ab. Sie versuchen durch Verweigerung der Nahrung ihre körperliche Weiterentwicklung aufzuhalten, um möglichst lange in der Phase der Kindheit verbleiben zu können. Die Behandlung besteht in der Aufdeckung und Beseitigung der Konflikte durch Psychotherapie, nachdem durch innermedizinische Durchuntersuchung organische Ursachen ausgeschlossen wurden.

Der **Puff** ↑ Bordell.

R

Rammeln und **ranzen** sind, weil aus dem Tierreich übernommen, vulgäre Bezeichnungen für den Sexualverkehr.

Regel ist in der Umgangssprache die Bezeichnung für ↑ *Menstruation,* weil diese während der Geschlechtsreife meist einen regelmäßigen Rhythmus besitzt.

Regelkalender ↑ Menstruationskalender.

Reizwäsche ist eine besondere Wäsche, die körperliche Reize betonen und dadurch sexuell erregend wirken kann. Hauptsächlich für Frauen hergestellt, besteht sie meist aus weichen geschmeidigen Stoffen, kann ganz oder teilweise durchsichtig sein und betont die sekundären Geschlechtsmerkmale (Brust). Das Tragen solcher Wäsche – wobei auch die Farbwahl erotisierend wirkt – kann die Anziehungskraft steigern und zeigt außerdem dem Partner, daß man sich um ihn bemüht.

Das **Rendezvous** [sprich: rãdehvuh; ⟨ franz.] ist ein ↑ Stelldichein, eine Verabredung.

Retardation [⟨ lat.] ↑ Akzeleration.

Rh ..., rh ... ↑ Rhesusfaktor.

Der **Rhesusfaktor** [⟨ lat.] ist eine Blutkörpercheneigenschaft, die zuerst beim Rhesusaffen entdeckt wurde (deshalb die Bezeichnung Rhesusfaktor oder *Rh-Faktor*). Es handelt sich hierbei um bestimmte Eiweißstoffe (*Agglutinogene,* ähnlich denen der Blutgruppeneigenschaften). Sind sie in den roten Blutkörperchen vorhanden, wird das Blut Rh-positiv. 84% der Menschen sind Rh-positiv, 16% rh-negativ. Der Rh-Faktor kann Rh-Antikörper (*Agglutinine*) in solchem Blut erzeugen, das den Rh-Faktor nicht besitzt. Diese Antikörper sind körpereigene Abwehrstoffe, die die Rh-positiven Blutkörperchen auflösen. Die Antikörperbildung gegen die Rh-positiven Blutkörperchen setzt erst nach Kontakt mit diesen ein. Man nennt diese Abwehrreaktion *Sensibilisierung.* Eine Sensibilisierung rh-negativer Menschen ist bei jeder Übertragung von Rh-positivem Blut möglich, am häufigsten jedoch, wenn eine Frau rh-negativ ist und ein Kind erwartet, das vom Vater Rh-positive Eigenschaften geerbt hat. Durch den Übertritt von kindlichen, Rh-positiven Blutkörperchen in den mütterlichen Kreislauf – dies ereignet sich während jeder Schwangerschaft im Mutterkuchen – wird die Mutter zur Antikörperbildung gegen die Blutkörperchen des Kindes angeregt. Bei weiteren Schwangerschaften mit derselben Rh-positiven Blutkörpercheneigenschaft des Kindes reagiert die Mutter mit einer immer stärkeren Antikörperbildung. Diese Antikörper können den Mutterkuchen leicht durchdringen und zerstören die Blutkörperchen im kindlichen Organismus. Man bezeichnet eine solche Rhesusfaktor-Ungleichheit von Mutter und Kind als *Rh-Konflikt.*

Von der Menge der Antikörper hängt es ab, ob das Kind nur mehr oder weniger blutarm geboren wird oder ob es wegen hochgradiger Anämie (Blutarmut) bereits im Mutterleib abstirbt. Kommt ein Kind bei Rh-Konflikt lebend zur Welt, sind sofortige Blutaustauschtransfusionen erforderlich, da der Blutzerfall durch die noch vorhandenen Antikörper weitergeht. Gelingt dies, bleiben später keinerlei Gesundheitsschäden zurück. Während jeder Schwangerschaft sind die Blutgruppe und Rh-Eigenschaft des Blutes zu bestimmen sowie das Vorhandensein von Rh-Antikörpern zu kontrollieren. Lassen sich im Blut der Schwangeren Rh-Antikörper nachweisen, sollte sie nur in Kliniken entbinden, die für entsprechende Behandlungsmöglichkeiten des Neugeborenen eingerichtet sind. Das erste Kind ist bei einem Rh-Konflikt im allgemeinen nicht gefährdet.

Seit 1971 ist es möglich, medikamentös die Bildung von Rh-Antikörpern zu hemmen. Diese sog. *Immunprophylaxe* mit Anti-D-Gammaglobulin wird bei allen rh-negativen Schwangeren unmittelbar nach der Entbindung durchgeführt. Da es auch bei Schwangerschaftsunterbrechungen rh-negativer Erstschwangerer zu einer Sensibilisierung kommen kann, erfolgt die Immunprophylaxe auch bei diesen Frauen.

Die **Rhythmusmethode** [⟨ griech.] ↑ fruchtbare Tage, ↑ Knaus-Ogino-Methode.

Riemen ist ein salopper Ausdruck für das ↑ Glied.

Der **Rowdy** [sprich: raudi; ⟨ engl.] ist ein Strolch, Rohling, Raufbold. Das *Rowdytum* zeigt sich im Belästigen von Mädchen und Liebespaaren, in aggressiver, sogar zerstörerischer Haltung – oft unter Alkohol – und in lautstarken Gruppierungen, mit deren Hilfe die Aufmerksamkeit von Mädchen gewonnen werden soll.

Rücksichtnahme ist ein Verhalten, das sowohl das Zusammenleben in einer Gemeinschaft als auch in einer ↑ Paarbeziehung günstig beeinflußt. Sie äußert sich einerseits passiv als Förderung des anderen, indem Handlungen unterlassen werden, die ihn in irgendeiner Weise beeinträchtigen könnten, andererseits aktiv als Hilfe und Unterstützung. Falsch verstandene Rücksichtnahme ist aber, wenn sie sich als Gleichgültigkeit äußert, Fehlverhalten eines anderen „mit dem Mantel der Liebe zudeckt" oder kritiklos hinnimmt und nichts unternimmt, um diesen von Fehlern zu befreien, ihm aktiv in seiner Entwicklung zu helfen.

Rückzieher ↑ Geschlechtsverkehr.

Runksen wird vulgär für Geschlechtsverkehr haben gesagt.

Rute ist ein vulgärer Ausdruck für das ↑ Glied beim Menschen. Für einige Tierarten (Hund usw.) ist die Bezeichnung fachgerecht.

S

Der **Sadismus** gehört zu den sexuell abartigen Verhaltensweisen. Der Name ist von dem französischen Marquis *de Sade* (1740–1814) abgeleitet, der wegen sexueller Ausschweifungen und Gewalttaten jahrelang inhaftiert war. Er betätigte sich schriftstellerisch und verherrlichte in seinen Büchern alle denkbaren sexuellen Abartigkeiten, besonders solche, die mit Grausamkeiten und Quälereien verbunden waren. Dem *Sadisten* bereitet es Lust, wenn er andere Menschen demütigen und peinigen kann und zwar sowohl im seelischen als auch im körperlichen Bereich oder beides zusammen. Das kann sogar bis zum Töten gehen (↑ Lustmord). Das Gegenstück dazu bildet der ↑ Masochismus, wobei man durch das Erleiden von Qualen und Schmerzen sexuell befriedigt wird. Mischformen beider Verhaltensweisen (*Sadomasochismus*) kommen vor. Sadisten sind oft gefährlich und können zu Triebverbrechern werden Eine Heilung des Sadismus ist bis jetzt nicht möglich. Eine Besserung kann durch einen operativen Eingriff in Form der ↑ Kastration – allerdings nicht in jedem Land erlaubt – oder durch Abdämpfung des sexuellen Verlangens mit bestimmten Hormonen erreicht werden, aber nicht in jedem Fall. Selbst nach langer Haftstrafe – die Gesellschaft muß sich vor sadistischen Verbrechen schützen – ist die Rückfallgefahr groß.

Sadomasochismus ist ein abartiges Verhalten, das sowohl Beziehungen zum ↑ Sadismus als auch zum ↑ Masochismus aufweist. Jemandem Schmerzen zufügen oder selbst gequält zu werden wird – je nach Partner und Situation – sexuell erregend und lustvoll empfunden.

salopp [⟨ franz.]: ungezwungen, unkonventionell bis nachlässig.

Der **Samen** des Mannes, auch *Sperma, Samenflüssigkeit* oder *Ejakulat* genannt, ist ein Gemisch verschiedener Drüsensekrete und enthält außerdem die Samenfäden (*Spermien*). Er ist schwach alkalisch, von milchigweißer bis gelber Farbe und seinen Duft kann man mit dem von Kastanienblüten vergleichen. Die Ejakulatmenge beträgt im Durchschnitt 2–6 cm^3. Bei kurz hintereinander erfolgenden Ejakulationen nimmt die Menge ab.

In 1 cm^3 Samenflüssigkeit sind normalerweise 40–250 Mill. Spermien vorhanden, davon müssen rund 60 % gut beweglich und regelrecht geformt sein. Sinkt die Zahl der Spermien unter 20 Mill., ist die Zeugungsfähigkeit eingeschränkt; sind überhaupt keine nachweisbar, liegt Zeugungsunfähigkeit vor. Dies ist auch der Fall, wenn zwar Samenfäden vorhanden, diese jedoch nicht beweglich sind (↑ Samenuntersuchung).

Andere wichtige Bestandteile der Samenflüssigkeit sind Fruktose (Energiespender für die Spermien), Zitronensäure (spielt bei der Koagulation des Samens eine Rolle), Hyaluronidase (Fermentkomplex, der die das Ei umgebende Hüllsubstanz auflöst und damit das Eindringen des Spermiums in die Eizelle erleichtert) und Phosphatasen (stammen aus dem Sekret der Vorsteherdrüse und geben Hinweise auf die Produktion des männlichen Geschlechtshormons).

Die **Samenblasen** oder *Bläschendrüsen* des Mannes sind 2 kleine, dem Harnblasenboden anliegende und aus zahlreichen Drüsenkanälchen bestehende Organe, deren Ausführungsgang in den Samenleiter mündet. Der Transport der Samenzellen erfolgt durch Muskelkontraktionen der Nebenhodengänge und Samenleiter.

Samenerguß oder *Ejakulation* ist das meist stoßweise Herausschleudern der Samenflüssigkeit, bei dem die Mehrzahl der Männer ein Lustgefühl empfindet, das in vielem dem weiblichen Orgasmus entspricht. Kontraktionen der Hodenkanälchen leiten den Erguß ein. Begleitet wird der Vorgang von einem Gefühl der Unvermeidbarkeit, des Nichtmehraufhaltenkönnens der Ejakulation. Die Kontraktionen gehen dann auf die Samenleiter und die Harnröhre über, wobei die verschiedenen Geschlechtsdrüsen ihre Sekrete absondern, die sich mit den Samenfäden zur Samenflüssigkeit vermischen. Zu Beginn des Samenergusses zieht sich der innere Teil des Blasenschließmuskels zusammen. Dadurch wird verhindert, daß der Urin abfließen und sich mit dem Samen vermengen kann. Außerdem wird ein Rückfluß des Samens in die Blase unmöglich. Manche Männer können mehrmals hintereinander ejakulieren, doch nimmt diese Fähigkeit mit zunehmendem Alter ab. Die Menge der Samenflüssigkeit verringert sich dabei von Mal zu Mal.

Das Gefühl bei der Ejakulation ist individuell verschieden. Hinauszögern des Ergusses ist im allgemeinen in gewissen Grenzen möglich. Ist das Kontraktionsstadium einmal erreicht, ist die Ejakulation nicht mehr zu stoppen. Danach folgt eine Phase der sexuellen Entspannung, das Glied erschlafft. In dieser Zeit ist der Mann vorübergehend sexuell nicht stimulierbar.

Von *verzögertem Samenerguß* (lat. ejaculatio retardata) spricht man, wenn zwar das Verlangen besteht, den Geschlechtsverkehr zu beenden, die Ejakulation aber nicht wie gewünscht, sondern verspätet und langsam eintritt. Ausnahmsweise kann der Erguß sogar völlig ausbleiben. Er erfolgt in diesen Fällen manchmal in die Blase – *retrograd* – oder ist nicht zustandegekommen. Da eine andrologische Störung vorliegen kann, sollte eine fachärztliche Untersuchung (↑ Andrologie) vorgenommen werden.

Als *vorzeitigen Erguß* (lat. ejaculatio praecox) bezeichnet man eine sexuelle Funktionsstörung, bei der der Samenerguß ungewollt zu schnell eintritt und damit der Geschlechtsverkehr vorzeitig unterbrochen wird. In leichten Fällen kann der Verkehr 1–2 Minuten durchgeführt werden, in schweren Fällen setzt der Erguß schon vor dem Einführen des Gliedes in die Scheide ein. Oft sind es nervlich labile, gefühlsmäßig betonte oder sexuell unerfahrene Männer, die erst noch lernen müssen, diese Reaktionen zu steuern (↑ Potenzstörung). Daß nach längerer sexueller Abstinenz bei Wiederaufnahme des Geschlechtsverkehrs der Erguß rasch eintritt, ist normal und pendelt sich bei weiteren Kontakten auf die frühere Zeit ein.

Vorübergehende Störungen sind harmlos. Schleift sich jedoch ein solches Verhalten ein, können sich sexuelle Unstimmigkeiten einstellen, besonders wenn die Partnerin längere Zeit bis zum Erreichen des Orgasmus braucht. Im Gegensatz zum Mann, der seine sexuelle Befriedigung auch beim vorzeitigen Erguß erlangt, bleiben diese Frauen unbefriedigt, weil der Koitus für sie zu früh beendet wird. Auf längere Sicht kann dieses Verzichtenmüssen die sexuelle Erlebnisfähigkeit der Frau beeinträchtigen. Deshalb sollte man in solchen Fällen eine Sexualberatung oder einen sexuell fachkundigen Arzt oder Psychologen aufsuchen (↑ Sexualtherapie). Die Heilungsaussichten sind gut, doch muß sich die Partnerin verständnisvoll zeigen.

Als **Samenfaden**, auch *Spermatozoon* oder *Spermium* (Plural: Spermien), bezeichnet man die ausgereifte Samenzelle, die ungefähr 55–60 nm lang wird. Nach ihrer Form unterteilt man in Kopf, Hals mit Mittelstück und Schwanz. Zunächst sind die Spermien unbeweglich und werden passiv durch die Flimmerzellen der Hodenkanälchen, peristaltische Bewegungen und Saugwirkung der Samenleiter in die Nebenhoden befördert. Beweglich werden sie erst, nachdem sie mit dem alkalischen Sekret der ↑ Vorsteherdrüse in Berührung gekommen sind. Im Durchschnitt legen sie 1 mm in

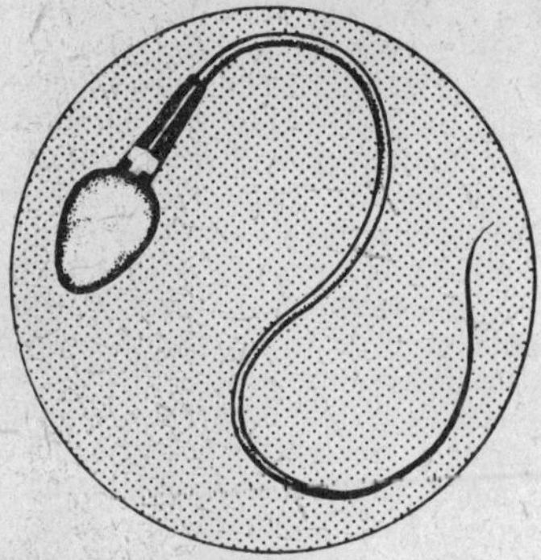

Samenfaden durch ein Mikroskop gesehen

etwa 1 Minute zurück und können daher in kurzer Zeit nach dem Geschlechtsverkehr in den Gebärmutterhalskanal eindringen.

In den Eileitern bleiben die Spermien bis zu 50 Stunden lebensfähig, in der Scheide sterben sie bereits nach einer Stunde ab, da dann die vorübergehende Alkalisierung wieder nachläßt (durch das alkalische Sperma sowie das während der sexuellen Erregung abgesonderte Sekret des Gebärmutterhalses und der Bartholinischen Drüsen verschiebt sich das ursprünglich saure Scheidenmilieu zum Alkalischen hin) und die Spermien die Säure nicht vertragen.

Obschon Millionen von Samenfäden beim Geschlechtsverkehr in die Scheide gelangen, ist für die Befruchtung nur ein einziger Samenfaden notwendig. Die übrigen werden in der Gebärmutter oder in den Eileitern durch die weißen Blutkörperchen zerstört. *Abb.*

Als **Samenflecke** bezeichnet man die von einem Samenerguß stammenden Spuren, die sich an Wäsche- oder Kleidungsstücken finden. Sie sehen gelblich aus und enthalten häufig noch Samenzellen, ein Umstand, der für bestimmte gerichtsmedizinische Fragestellungen (Klärung von Vergewaltigung oder Lustmord) von entscheidender Bedeutung sein kann.

Samenflüssigkeit ↑ Samen.

Die **Samenleiter** bilden die Fortsetzung der Nebenhodengänge und verlaufen zusammen mit Blutgefäßen, Nerven, Muskel- und Bindegewebsfasern im Samenstrang. Der Weg der Samenleiter geht nach Austritt aus dem Nebenhoden über den Leistenkanal (an dieser leicht zugänglichen Stelle erfolgt im Bedarfsfall die operative Unterbindung und damit die ↑ Sterilisation) in die Bauchhöhle zurück. Nachdem sie sich am Blasenboden ampullenförmig erweitert haben, durchziehen sie die Vorsteherdrüse und münden gemeinsam mit den Samenblasen auf dem Samenhügel. Ihre Hauptaufgabe besteht im Transport der Samenzellen.

Die **Samenuntersuchung** ist eine Überprüfung der zellulären Bestandteile, der Samenzellen, nach verschiedenen Gesichtspuntken, wie z. B. Beweglichkeit, Form und Zahl, und der anderen Bestandteile des Samens durch biochemische Methoden. Der hierzu erforderliche Samen wird meist durch Masturbation gewonnen. Dabei ist wichtig, daß vorher etwa eine Woche kein ↑ Samenerguß stattgefunden hat. Notwendig ist die Samenuntersuchung bei bestimmten genitalen Erkrankungen, vor allem aber, um zu klären, ob Zeugungsfähigkeit besteht oder nicht.

Samenzelle ↑ Samenfaden.

Sappho [sprich: saffo oder sapfo] ↑ Homosexualität.

Das Wort **Scham** hat zweierlei Bedeutung. Einmal versteht man darunter ein *peinliches Gefühl*, das man empfindet, wenn man sich bloßgestellt sieht oder wenn man etwas Unrechtes oder Unehrenhaftes begangen hat. Früher schämte man sich mitunter, wenn man den eigenen nackten Körper zeigen mußte oder andere unbekleidet erblickte. Bei dieser heutzutage nicht mehr gerechtfertigten Scham spielten noch die christlichen Moralgesetze eine Rolle. Unter ihrem Einfluß galten z. B. die wunderbaren Plastiken der Antike als schamlos, weil sie Mann und Frau unverhüllt darstellten.

Übertriebenes Schamgefühl oder Prüderie stört die sexuellen Beziehungen. Zum anderen bezeichnet man mit Scham auch die äußeren ↑ Geschlechtsorgane der Frau und des Mannes.

Die **Schamlippen** gehören zu den äußeren ↑ Geschlechtsorganen der Frau. Man unterscheidet die *großen Schamlippen,* die ein Teil der Schamspalte (Vulva) sind und die *kleinen Schamlippen* mit ihren Schwellkörpern, die zum Verschluß des Scheidenvorhofes beitragen. Sie bestehen aus 2 dünnen Hautfalten, die innen parallel zu den großen Schamlippen verlaufen und zwischen ihnen sichtbar sind. Die Innenseite der kleinen Schamlippen ist von einer zarten Haut bedeckt. Talg- und Schleimdrüsen halten sie feucht, so daß kein Urin die Haut benetzt. Da diese Absonderungen sich schnell zersetzen und schädlichen Keimen Nährboden bieten, ist große Sauberkeit geboten. Zusätzlich werden die kleinen Schamlippen durch die Vorhofschleimdrüsen (*Bartholinische Drüsen*) befeuchtet. Sie liegen zu beiden Seiten des Scheideneinganges, ihre Ausführungsgänge münden an der Innenseite der kleinen Schamlippen. Sie sondern beim Geschlechtsverkehr einen klaren, schlüpfrigen Schleim ab, der den Scheideneingang und die Scheide anfeuchtet. Während die großen Schamlippen nach vorn ohne Grenze in den Schamberg übergehen, vereinigen sich die kleinen Schamlippen vorn. Sie umschließen dabei den ↑ Kitzler und bilden die Vorhaut des Kitzlers. Nach hinten vereinigen sich die kleinen Schamlippen vor dem Damm. Der *Schamberg,* bei der Frau auch *Venushügel,* ist das Fettpolster oberhalb der großen Schamlippen. Von der Pubertät an ist diese Region mit Schamhaaren bedeckt.

Scharfmachen ist ein umgangssprachlicher Ausdruck für jemanden begierig, erpicht, lüstern machen. Er wird auch für sexuelle Reizung (Stimulierung) gebraucht.

Die **Scheide**, medizinisch *Vagina,* ist das Paarungsorgan der Frau, nimmt also beim Geschlechtsverkehr das männliche ↑ Glied auf, und ist außerdem Durchgangskanal für das Kind und die Nachgeburt bei der Entbindung, für den Wochenfluß im Wochenbett und für die Menstruation. In das obere Ende ragt der *Scheidenanteil des Gebärmutterhalses* mit dem *äußeren Muttermund.* In diesem Bereich ist das Scheidenrohr erweitert und bildet das *vordere* und *hintere Scheidengewölbe.* Im größeren hinteren Scheidengewölbe sammelt sich nach dem Geschlechtsverkehr die Samenflüssigkeit. Damit übt es eine Art Depotfunktion für das Sperma aus.

Die **Scheidenentzündung** ist die Entzündung der Schleimhaut. Sie ist gekennzeichnet durch fleckförmige oder vollständige Rötung der Scheidenwände und verstärkte, meist gelbliche oder bräunliche Absonderung (↑ Ausfluß).

Ursachen sind Befall der Schleimhaut mit krankhaften Bakterien, Mikroorganismen oder Hefepilzen (↑ Pilzinfektionen). Die gesunde Scheidenschleimhaut ist von milchsäurebildenden Bakterien besiedelt, die einen konstanten Säurewert (pH 4) aufrechterhalten. Sie bilden aus dem Glykogen der abgestoßenen Oberflächenzellen Milchsäure. Damit wird ein stabiler Säureschutz gewährleistet und krankheitserregenden Bakterien das Eindringen in die Scheide verwehrt. Es gibt jedoch Ereignisse, die diesen Schutzmechanismus stören und zur Fehlbesiedlung führen: 1. Mangelhafte Hormonbildung der Eierstöcke, 2. Veränderung des Säuregehaltes der Scheide durch zu starke Schleimabsonderung aus dem Gebärmutterhalskanal oder Scheidenspülungen sowie die häufige und intensive Anwendung von ↑ Intimsprays, 3. zu langes Belassen von Scheidentampons während der Menstruation, 4. ungenügende und falsche Körperpflege mit Säuberung des Afters in Richtung Scheideneingang, 5. häufiger Geschlechtsverkehr, 6. wenn die Vorhaut des Mannes bakteriell verunreinigt ist. Bei kleinen

Mädchen kann leicht durch Fremdkörper, die beim Spiel in die Scheide eingeführt werden, eine Scheidenentzündung entstehen, da der Schutzmechanismus infolge der mangelhaften Hormonbildung noch ungenügend ist. Die Scheidenentzündung durch Trichomonaden (Geißeltierchen) ist weit verbreitet, wird vorwiegend durch Geschlechtsverkehr übertragen und erfordert immer eine Mitbehandlung des Partners.

Der **Scheidenkrampf** oder *Vaginismus* ist ein plötzlich einsetzender Krampfzustand der Muskulatur des Scheideneinganges, des Beckenbodens und oft auch der Oberschenkel, wodurch das Einführen des Gliedes in die Scheide und damit der Geschlechtsverkehr unmöglich wird. Der Krampf ist ein Abwehrsymptom und wird meist schon bei Berührung der äußeren weiblichen Geschlechtsorgane ausgelöst. Die Ursache ist überwiegend seelisch bedingt. Vielfach handelt es sich um ängstliche, sexuell unerfahrene Mädchen, die sich vor dem Verkehr fürchten oder ihn aus irgendwelchen Gründen ablehnen. Nur ausnahmsweise ist eine organische Ursache nachweisbar, z. B. ein ungewöhnlich derbes und großes ↑ Jungfernhäutchen, das das Einführen des Gliedes erschwert und schmerzhaft macht. In diesen Fällen wird der Hymen operativ durchtrennt – in Narkose – und danach sind die Beschwerden behoben. In den anderen Fällen helfen selbst vorzunehmende lokale Dehnungsmaßnahmen, Mithilfe des Partners, beruhigende Medikamente und eventuell ↑ Psychotherapie.

Das **Scheidenpessar** ↑ Pessar.

Scheidung ist eine Kurzbezeichnung für die ↑ Ehescheidung.

Schenkelverkehr ↑ Geschlechtsverkehr.

Sie **schlafen miteinander** heißt im volkstümlichen Sprachgebrauch: miteinander Geschlechtsverkehr haben.

schlüpfrig: sexuell anzüglich, zweideutig.

Schlußmachen wird umgangssprachlich der Abbruch einer ↑ Paarbeziehung genannt, der meist auf die Initiative eines der beiden Partner zurückgeht. Er ist immer dann gerechtfertigt, wenn die Beziehung inhaltslos bzw. perspektivlos geworden ist. Es erleichtert beiden Partnern die Möglichkeit, eine neue Verbindung einzugehen. Beim ↑ Abschied verlangt der Anstand taktvolles Verhalten.

Schmerzarme Geburt ist die Bezeichnung für die psychische Geburtsschmerzlinderung. Bevorzugt wird heute die *Psychoprophylaxe.* Sie geht von der Voraussetzung aus, daß der Geburtsschmerz durch Beeinflussung des Bewußtseins gemildert werden kann. Ängstliches Verhalten der Frau während der Geburt verlängert die Geburtsdauer, und die Wehen werden schmerzhafter empfunden. Durch die Angst vor dem Geburtsvorgang kann der leichteste Schmerzimpuls zu einer starken Schmerzempfindung werden, wodurch reflektorisch Abwehrmechanismen, wie Verkrampfungen, schlechte Atmung, ungenügende Blutzirkulation, ausgelöst werden. Der Wehenschmerz wird durch die unwillkürliche Abwehr verstärkt. Dieser Kreislauf Angst – Spannung und Verkrampfung – Schmerz muß durchbrochen werden. Der englische Arzt G. D. Read vertrat bereits 1930 in seinem Buch „Mutter werden ohne Schmerz“, die Meinung, daß es möglich sei, durch Aufklärung über die Geburtsvorgänge und Entspannungsübungen eine Herabminderung des Geburtsschmerzes zu erreichen. Die wissenschaftliche Untermauerung dieser These gelang sowjetischen Ärzten mit der Psychoprophylaxe, indem sie sich auf Erkenntnisse J. P. Pawlows (1849–1936) stützten, besonders auf dessen Lehre von der Großhirnrinde als dem Sitz der Schmerzempfindung, von den bedingten und unbedingten Reflexen und dem Wort als dem zweiten Signalsystem.

Die Durchführung der psychoprophylaktischen Vorbereitung auf die schmerzarme Geburt besteht in der Unterrichtung über den Geburtsvorgang und das Verhalten während der

Geburt, Übungen zur körperlichen Entspannung und speziellen Atemübungen. Besonders wichtig sind die verschiedenen Atemtypen, die während der Geburt hilfreich sind. Indem man die Voraussetzungen für eine Geburt ohne Angst schafft und die Frau aktiv beteiligt, gelingt es, den Geburtsschmerz erheblich zu dämpfen.

Schmerzhafter Geschlechtsverkehr ist möglich, wenn z.B. die Scheide aus mangelnder sexueller Erregung nicht genügend feucht wird und das Glied sich an der trockenen Schleimhaut reibt, ein für beide Partner mit Schmerzen verbundener Vorgang (↑ Gleitmittel). Unterleibsentzündungen, vor allem im Bereich der Eierstöcke und der Scheide, führen häufig zu Schmerzen zu Beginn und während des Verkehrs, so daß während der Behandlungszeit besser auf Intimbeziehungen zu verzichten ist. Beim Mann sind es Entzündungen im Harnwegsystem und Genitalbereich, die sich in ähnlichen Beschwerden äußern. Auch eine ↑ Vorhautverengung kann Schmerzen verursachen. Das Auftreten von immer wiederkehrenden Schmerzen läßt an eine organische Ursache denken, so daß man in diesen Fällen den Frauenarzt oder den Andrologen bzw. den Urologen zu Rate ziehen sollte.

Schmuck ist ein Zierat, dessen sich der Mensch zur Befriedigung seines Schönheitsbedürfnisses bedient und mit dem er auf sich aufmerksam machen will. Insofern ist das Tragen von Schmuck auch partnerbezogen und erotisch motiviert.

Große Werte repräsentieren sich oft in Schmuck aus edlen Metallen unter Verwendung echter Edelsteine, wie Diamant, Rubin, Saphir, Smaragd oder echter Perlen. Selbstverständlich kann auch ein junger Mensch solchen Schmuck tragen, vielleicht als kostbares Erbstück. Allein, der Schönheitssinn junger Menschen zeigt sich darin, mit wieviel Geschmack und Phantasie auch einfache Mittel zum Schmücken angewandt werden. Ein Lederbändchen mit einem interessanten Stein, in einem glücklichen Urlaub gefunden, sagt oft mehr aus als eine kostbare Perlenkette, ein farblich harmonierender Modeschmuck mehr als Gold und Platin. In der Verwendung von Schmuck gilt das Goethewort: In der Beschränkung zeigt sich erst der Meister. Der natürlichste Schmuck sind allerdings eine reine gepflegte Haut, schöne Haare und jugendlicher Charme. Von diesem Schmuck gehen die stärksten erotischen Wirkungen aus. Auch bei jungen Männern ist das Tragen von Schmuck – außer Ringen und Armbändern auch Anhänger an Ketten – wieder aufgekommen. Ein junger Mann, der Schmuck trägt, muß wissen, daß bei Übertreibungen die Grenzen zur Lächerlichkeit für ihn eher erreicht sind als für Mädchen.

Schnecke ist eine volkstümliche, wenn auch nicht schöne Bezeichnung für die äußeren weiblichen ↑ Geschlechtsorgane.

Die **Schnittentbindung**, auch ↑ Kaiserschnitt und *sectio caesarea* genannt, ist die operative Entbindung durch Eröffnung der Leibeshöhle und der Gebärmutter durch einen Operationsschnitt. Sie erfolgt in Narkose und gestattet auch später weitere Geburten. Die Schnittentbindung wird erforderlich, wenn eine Geburt rasch beendet werden muß, eine Entbindung auf normalem Wege nicht möglich ist oder eine größere Gefahr für die Mutter oder das Kind beinhaltet als diese Operation.

Schüchternheit ist verminderte Fähigkeit zur Kontaktaufnahme und zum Durchsetzen vorhandener Interessen. Sie hat ihre Ursachen häufig in Hemmungen oder ↑ Minderwertigkeitsgefühlen und -komplexen. Da die Partnerwahl und das Sexualverhalten immer 2 Menschen betreffen, kann Schüchternheit zum Teil durch die Handlungen des anderen überwunden werden, daher muß sie sich nicht als Hemmnis für die Partnerwahl und für die Gestaltung intimer Beziehungen auswirken. Sie verliert sich meist mit zunehmenden Erfahrungen.

Schund- und Schmutzerzeugnisse sind Schriften, Bilder, Filme, Tonträger und andere Produkte, die Neigungen zu Rassenhaß, Grausamkeit, Menschenverachtung und geschlechtliche Verirrungen hervorrufen können und besonders Jugendliche gefährden. Deshalb ist es verboten und unter Strafe gestellt, solche Erzeugnisse in die DDR einzuführen, zu verbreiten oder – als Aufsichtspflichtiger – im Besitz Jugendlicher zu dulden.

Schwangerenurlaub ↑ Wochenurlaub.

Die **Schwangerschaft** oder die *Gravidität* ist die Zeit zwischen Empfängnis und Geburt des Kindes. Ihre Dauer wird mit 10 Lunarmonaten zu je 28 Tagen (= 280 Tage) angegeben, gerechnet vom ersten Tag der letzten regelmäßigen Menstruation. Die Schwangerschaft ist für den Organismus der Frau eine Zeit höchster Anforderungen. Während der ersten 4 Schwangerschaftsmonate kann ↑ Schwangerschaftserbrechen auftreten. Im Verlauf des 4.–7. Monats (Stadium des Wohlbefindens) hat sich der Organismus an den erhöhten Leistungsanspruch angepaßt. Bis zu dieser Zeit sind gymnastische Übungen zur Kräftigung der Bauchdecken und der Rückenmuskulatur sowie Schwimmen anzuraten. Hautpflege ist während der gesamten Schwangerschaft wichtig. Sie sollte besonders vom 4. Schwangerschaftsmonat an auf die Abhärtung der Brüste abzielen. ↑ Schwangerschaftsstreifen der Bauchdecken lassen sich meist durch tägliche Bürstenmassagen verhindern. Der Speisezettel sollte reichlich Obst und Salate enthalten sowie täglich ½–1 Liter Milch. Rauchen und Alkoholtrinken sollte man auf jeden Fall unterlassen. Geschlechtsverkehr ist während der Schwangerschaft durchaus möglich. Meist verspürt die Frau in den letzten Monaten weniger Neigung dazu, da die Genitalorgane blutreicher sind und dadurch das Empfinden und der ↑ Orgasmus verändert sein können. Der Geschlechtsverkehr sollte schonend erfolgen und in einer Stellung, in der der Bauch nicht gedrückt wird (Seitenlage, Frau obere Position). 6 Wochen vor dem Geburtstermin ist der Geschlechtsverkehr völlig zu vermeiden, um das Einschleppen von Fremdkeimen zu verhindern. Vom 8. bis 10. Schwangerschaftsmonat (Stadium der Belastung) ist die mechanische Belastung der werdenden Mutter durch die Größen- und Gewichtszunahme des Leibes am höchsten. Das muß besonders auch in der Lebensführung der Schwangeren berücksichtigt werden.

Schwangerschaftsabbruch ↑ Schwangerschaftsunterbrechung.

Schwangerschaftserbrechen in leichter Form – meist früh beim Aufstehen – kommt bei 50–60% aller Schwangeren vor (unsicheres Schwangerschaftszeichen) und hört nach dem 4. Schwangerschaftsmonat von selbst auf. Entwickelt sich mehrfaches starkes Erbrechen und allgemeines Krankheitsgefühl, ist eine stationäre Behandlung erforderlich, wobei in den meisten Fällen durch Verabreichung entsprechender Medikamente und Einhaltung spezieller Diät die Erkrankung rasch behoben werden kann.

Eine unangenehme Störung in der Frühschwangerschaft kann auch übermäßiger Speichelfluß sein, der meist ebenfalls mit Fortschreiten der Schwangerschaft wieder nachläßt.

Schwangerschaftserkrankungen sind relativ selten, bei der überwiegenden Mehrheit der Frauen verläuft die Schwangerschaft ohne Störungen. Schwangerschaftsspezifische Störungen sind die *Schwangerschaftsgestosen.* In der frühen Schwangerschaft treten sie als unstillbares ↑ *Schwangerschaftserbrechen* und als übermäßiger Speichelfluß auf. In der 2. Hälfte der Schwangerschaft spricht man von *Spätgestosen.* Man findet sie besonders bei Erstgebärenden. Wenn jedoch Nierenerkrankungen oder hoher Blutdruck bereits vorliegen, kommt eine Spätgestose auch bei Mehrgebärenden vor. Die Hauptsymptome sind Wassersucht oder Ödeme, Eiweißausscheiden mit dem Urin (*Proteinurie*) und Blutdruckerhöhung (*Hypertonie*). An Ödeme muß gedacht werden, wenn eine Gewichtszunahme von mehr als 2 kg je Monat festgestellt wird. Um das Entstehen von Ödemen zu vermeiden, ist die Salzzufuhr einzuschränken. Eine Erhöhung des Blutdruckes kann zu Stirnkopfschmerzen oder Augenflimmern führen. Bei diesen Warnzeichen ist dringend ärztliche Hilfe in Anspruch zu nehmen.

Die *Eklampsie,* eine seltene Komplikation, stellt einen plötzlichen Krampfanfall des ganzen Körpers dar, verbunden mit Bewußtlosigkeit. Da sie lebensbedrohlich für Mutter und Kind ist, muß bereits jedes der aufgezählten Vorstadien behandelt werden.

Infektionskrankheiten können auch Schwangere befallen. Gefahren für das Kind ergeben sich bei Röteln, Zytomegalie, Herpes simplex, Listeriose und Toxoplasmose besonders in den ersten Wochen der Schwangerschaft. Impfungen, besonders Pocken-, Gelbfieber- und Rötelschutzimpfungen dürfen in den ersten 16 Schwangerschaftswochen nicht erfolgen. Deshalb sollte bei jeder Aufforderung zu einer Impfung eine Frühschwangerschaft (auch eine mögliche) auf keinen Fall verschwiegen werden.

Schwangerschaftsstreifen sind feine Einrisse unter der Bauchhaut, die von der starken Dehnung der Bauchdecken in der Schwangerschaft herrühren und später vernarben. Oft nützt es, die Widerstandsfähigkeit und Elastizität des Unterhautgewebes am Bauch durch Bürstenmassagen und regelmäßiges Einmassieren von Hautölen zu steigern, um die Schwangerschaftsnarben weitgehend zu verhüten.

Die **Schwangerschaftstests** sind Laboruntersuchungen zur frühzeitigen Feststellung einer Schwangerschaft. Heute sind *immunologische Tests* gebräuchlich. Sie beruhen auf einer *Antigen-Antikörper-Reaktion,* wobei das Vorhandensein oder Fehlen von Choriongonadotropin nachgewiesen wird. Die zur Durchführung dieses Testes notwendigen Bestandteile (Antikörper und Hammelerythrozyten) sind unter der Bezeichnung „Gravimuntest“ bekannt. Die Empfindlichkeit des Gravimuntestes ist sehr hoch. Das Untersuchungsergebnis liegt bereits nach 2–3 Stunden vor. Mit diesem Schwangerschaftstest kann man eine Schwangerschaft bereits 35–40 Tage nach der letzten Regel feststellen.

Schwangerschaftsunterbrechung ist die allgemein gebrauchte, aber sachlich nicht ganz zutreffende Bezeichnung für *Schwangerschaftsabbruch.* Durch das Gesetz vom 9. 3. 1972 wird jeder Staatsbürgerin der DDR das Recht übertragen, über den Abbruch der Schwangerschaft bis zur 12. Schwangerschaftswoche selbst zu entscheiden. Danach ist eine Unterbrechung (medizinisch *Interruptio*) nur dann zugelassen, wenn durch Schwangerschaft, Geburt oder Wochenbett das Leben der Mutter in Gefahr ist oder andere schwerwiegende Umstände vorliegen. Die Unterbrechung ist unzulässig, wenn seit der letzten Unterbrechung weniger als 6 Monate vergangen sind oder infolge der Schwangerschaftsunterbrechung die Verschlechterung einer bestehenden Erkrankung wahrscheinlich ist.

Minderjährige benötigen zur Durchführung der Schwangerschaftsunterbrechung das schriftliche Einverständnis der Erziehungsberechtigten. Gegen den Willen der Schwangeren, auch der jugendlichen Schwangeren, darf die Schwangerschaftsunterbrechung nicht vorgenommen werden. Die Unterbrechung erfolgt stationär in entsprechenden Fachkliniken. Jeder Frauenarzt, der eine Unterbrechung vornimmt, muß die Frau vorher über die Bedeutung des Eingriffes und eventuelle Gefahren aufklären und sie über die Möglichkeiten der Empfängnisverhütung nach der Unterbrechung beraten.

Die Schwangerschaftsunterbrechung ist nicht völlig gefahrlos. Selbst bei sorgfältiger Durchführung kann es in seltenen Fällen zu Komplikationen kommen.

Die **Schwangerschaftszeichen** geben Hinweise auf das Vorliegen einer Schwangerschaft. Die *unsicheren* Schwangerschaftszeichen beziehen sich auf Veränderungen am Körper der Frau, die *wahrscheinlichen* Schwangerschaftszeichen gehen vom Genitale und den Brüsten der Frau, die *sicheren* Schwangerschaftszeichen vom Kind bzw. vom Mutterkuchen aus.

Unsichere Schwangerschaftszeichen: Ausbleiben der Menstruation, morgendliche Übelkeit und morgendliches Erbrechen, veränderter Appetit (Schwangere wünscht Speisen, die sie früher ablehnte), Spannungsgefühl, Schwellung der Brust und häufiges Wasserlassen.

Sichere Schwangerschaftszeichen: Nachweis des Kindes mittels verschiedener Methoden. Am einfachsten ist das Fühlen und Sehen von Kindesbewegungen durch die Bauchdecke der Schwangeren. Mit dem Ultraschallverfahren ist es bereits ab der 8.–9. Schwangerschaftswoche möglich, kindliche Herzaktionen, Kindesbewegungen und den Körper des Kindes nachweisen zu können.

Schwanz ist eine vulgäre Bezeichnung für das männliche Glied (↑ vulgär).

Schwärmen ist eine überschwengliche, vorwiegend gefühlsmäßig beeinflußte Begeisterung für Angehörige des eigenen oder anderen Geschlechts. Junge Menschen, die von einem möglichen Partner schwärmen, tun das meist nicht aus sexueller Begierde. Sie kennen auch keine Eifersucht und teilen ihren „Schwarm" mit anderen, so daß für eine bestimmte Person ganze Gruppen von Jugendlichen schwärmen können.

Schwule sind in der Umgangssprache männliche, *Lesben* weibliche Homosexuelle.

Das **Scrotum** [⟨ lat.] ist der Hodensack.

Sehnsucht ist die gefühlsmäßig stark erstrebte Erfüllung eines Wunsches oder Bedürfnisses. Sie erfaßt Menschen aller Altersgruppen. Im Jugendalter entwickelt sich häufig eine Sehnsucht nach Geborgenheit, Zuneigung, Zärtlichkeit und Liebe, die zum Beweggrund für die ↑ Partnerwahl werden kann.

Der **Seitensprung** ist ein umgangssprachlicher Ausdruck für eine Geschlechtsbeziehung (Liebesabenteuer) außerhalb der Ehe oder festen Partnerschaft.

Die **Sekretio̲n** [⟨ lat.] ist die Absonderung von Produkten bestimmter Zellen oder spezieller Drüsen. ↑ Drüsen mit innerer Sekretion, ↑ Hormone.

Bei der **Selbstbefriedigung**, auch *Masturbation* oder *Ipsation,* erfolgt die sexuelle Erregung und Befriedigung durch Reizung der eigenen Geschlechtsorgane. Ein Partner wirkt nicht mit, wohl aber spielen sexuelle Phantasien dabei eine wichtige Rolle. Der früher gebräuchliche Ausdruck *Onanie* ist falsch. Onan, eine Figur aus der Bibel, befriedigte sich nicht selbst, sondern übte den ↑ Coitus interruptus aus.

Neben mechanischer Reizung durch die Hand oder Druck anderer Körperteile (Zusammenpressen der Oberschenkel) oder von Gegenständen verschiedenster Art, die teilweise auch in die Scheide oder Harnröhre eingeführt werden, stellen sich die Betreffenden oft bestimmte, sie sexuell erregende Szenen vor. Im Gegensatz zur früher herrschenden Meinung ist Selbstbefriedigung nicht schädlich. Sie gilt als normale sexuelle Reaktion im Jugendalter und kommt bei beiden Geschlechtern vor. Allerdings sollte man nicht im Übermaß (mehrfach täglich) masturbieren und das Einführen von Gegenständen in die Geschlechtsorgane wegen Verletzungsgefahr vermeiden. Die Selbstbefriedigung dient hauptsächlich der körperlichen Abreaktion, man empfindet dabei nicht die volle Beglückung wie in einer partnerschaftlichen Beziehung. – Unter Umständen kann die Technik der Selbstbefriedigung von einem Partner übernommen werden – auch gegenseitig –, so daß sich beide gleichzeitig befriedigen (↑ Petting).

Selbstbeherrschung ist ganz allgemein die Fähigkeit, sich gelassen, harmonisch und ausgeglichen zu verhalten, positiven und negativen Ereignissen und Erlebnissen maßvoll zu begegnen und seine ↑ Affekte zu beherrschen.

Auch im Sexualverhalten ist Selbstbeherrschung erstrebenswert. Sie ist nicht mit sexueller Enthaltsamkeit oder Askese zu verwechseln, obwohl sie in bestimmten Situationen auch einen zeitlich begrenzten bewußten Verzicht auf sexuelle Handlungen einschließt, wie er zum Beispiel bei früher Jugend, noch ungefestigter Beziehung, Krankheit, aber auch bei Abwesenheit eines Partners, z. B. wegen Erfüllung seines Wehrdienstes, oder im späten Stadium der Schwangerschaft angebracht ist. Selbstbeherrschung ist auch beim Geschlechtsverkehr erforderlich, um sich dem Erregungsablauf des Partners anzupassen. Selbstbeherrschung ist bezogen auf die Partnerschaft immer ein Gewinn und schließt völlige Hingabe und Emotionalität keineswegs aus.

Selbsterziehung ist die Auseinandersetzung eines Menschen mit seiner Umwelt und mit sich selbst, um durch eigene Kräfte, Einsichten und Entschlüsse seine Persönlichkeit zu entwickeln. Das geschieht mit unterschiedlicher Aktivität – diese wiederum ist weitgehend abhängig vom Stand der Bewußtheit und der bereits erworbenen Selbständigkeit im Denken, Urteilen und Handeln. Je besser man die Normen und Gesetze der Gesellschaft kennt und anerkennt und sie als Forderungen für die eigene Persönlichkeitsentwicklung akzeptiert, desto konsequenter wird man sich auch dem Erziehungsprozeß durch die soziale Umwelt stellen und sie sich als Ziele für die eigene Persönlichkeitsentwicklung setzen. Erst die Einheit von ↑ Erziehung und Selbsterziehung sichert die allseitige Entwicklung der Persönlichkeit und die Herausbildung ihrer Individualität, die sie unverwechselbar macht.

sentimental [⟨ engl.]: gefühlsbetont, stimmungsabhängig, sich romantisierend leicht in Gefühle verlierend; Scheingefühl.

Sex [⟨ engl.] ist in der Umgangssprache eine Abkürzung für ↑ Sexualität.

Der **Sexappeal** [sprich: əpihl; s. o.] ist eine auffallend starke Anziehungskraft bzw. sexuelle Wirkung auf Personen des anderen Geschlechts. Das Wort setzt sich aus *sex* „Sexualität“ und *appeal* „Anruf“ zusammen. Sexappeal können Frauen und Männer haben. Gründe dafür sind oft schwer zu erfassen, sexuelle Reize werden von jedem Menschen verschieden aufgenommen und in sexuelle oder erotische Regungen umgesetzt.

Als **Sexbombe** [s. o. + ⟨ franz.] wird ein Mädchen oder eine Frau bezeichnet, die ihre sexuellen Reize stark betont und zur Schau stellt. Der Begriff entstammt dem Wortgut kapitalistischer Vergnügungsindustrie, die bewußt geeignete Mädchen und Frauen dazu aufbaut und vermarktet. Als Sexbombe wurden z. B. Filmdarstellerinnen, wie die verstorbene Marylin Monroe, bezeichnet.

Sexprotz [s. o. + ⟨ dt.] nennt man einen Jugendlichen, gelegentlich auch einen Mann, der mit sexuellen Abenteuern prahlt. ↑ Diskretion.

Sexual-, sexual- [⟨ lat.]: die ↑ Sexualität betreffend.

Die **Sexualerziehung** [s. o. + ⟨ dt.] ist als untrennbarer Teil in die gesamte ↑ Erziehung eingebettet und kann nur mit ihr und in ihr verwirklicht werden. Sie soll insbesondere junge heranwachsende Menschen auf die Begegnung mit dem anderen Geschlecht vorbereiten. Grundsätzlich hat und bewirkt die Sexualerziehung eine positive Haltung zur Sexualität, indem sie auf die Begegnung mit dem anderen Geschlecht vorbereitet, Gefühle und Charakter im Sinne humaner gegenseitiger Verantwortung formt, zu Achtung und Liebe zu Kind und Familie und für die Persönlichkeit des anderen erzieht, sowie der Sexualität den richtigen Stellenwert im menschlichen Leben zuordnet. Natürlich ist es auch Aufgabe der Sexualerziehung, Kenntnisse über die sexuelle Praxis und die Vorgänge bei der Fortpflanzung zu ermitteln. Vor allem aber sollen Beziehungen zum anderen Geschlecht ermöglicht werden, die durch Lust- und Glücksempfindungen in der Liebe zum Kraftquell in allen Lebenslagen werden. Solchermaßen gebildete junge Menschen werden bereit und fähig zur Ehe und zur Gründung einer sozialistischen Familie sein, die vernünftige ↑ Familienplanung realisiert und in der die Kinder zielstrebig und sachkundig sexuell gebildet und erzogen werden.

Sexualerziehung ist ein kontinuierlicher Prozeß, der bereits beim Neugeborenen beginnt. Sie ist eine gesamtgesellschaftliche Aufgabe, an der sich alle Erziehungskräfte (Familie, Schule, Kinder- und Jugendorganisation und Massenkommunikationsmittel) beteiligen. Ihr Inhalt muß sich dem jeweiligen Entwicklungsstand des Kindes anpassen. Alle diesbezüglichen Fragen der Kinder und Jugendlichen sollen sachlich und wahrheitsgemäß beantwortet werden, niemals darf man ausweichen oder Ausreden gebrauchen. Ein Zufrüh an Sexualerziehung gibt es erwiesenermaßen nicht, jedoch ein Zuspät.

Die **Sexualethik** [s. o. + ⟨ griech.] ist der Teil der ↑ Ethik, der die menschlichen Verhaltensweisen, Werte, Normen und Anschauungen untersucht, die mit ↑ Sexualität und Geschlechtspartnerschaft zusammenhängen. Sie ist kein unabhängiger Bereich, sondern beruht auf den Grundsätzen der allgemeinen Ethik.

Die **Sexualität** [s. o.] umfaßt alle die Vorgänge, die unmittelbar und mittelbar mit einer geschlechtlichen Vereinigung zusammenhängen. Sexuelle Betätigung gehört zu den Grundbedürfnissen des Menschen. Sie ermöglicht die Fortpflanzung – dies ist jedoch nicht ihr alleiniger Zweck –, sie trägt auch zum persönlichen Glück des Menschen bei. Eine Partnerschaft vertieft und festigt sich, wenn man sich auch im sexuellen Bereich gut versteht und miteinander harmoniert.

Im Laufe der Geschichte wurde die Sexualität recht unterschiedlich beurteilt, teilweise verherrlicht, teilweise verdammt. So dauerte es bis zum Beginn unseres Jahrhunderts, ehe sich allmählich eine unvoreingenommene, freie und sachliche Einschätzung durchsetzte.

Die Sexualität spielt im Leben eines jeden Menschen eine Rolle. Doch ist ihr Stellenwert nicht für jeden gleich. Für manche sind sexuelle Beziehungen sehr wichtig, für andere sind sie von geringerer Bedeutung. Jeder Mensch findet im Laufe seiner Entwicklung zu der ihm gemäßen Einstellung. Um spätere Konflikte zu vermeiden, sollte der Partner möglichst ähnliche Neigungen besitzen.

Man darf die Sexualität nicht unterbewerten, wie dies jahrhundertelang unter dem Einfluß des Christentums geschehen ist. Das ↑ Tabu, mit dem alles Sexuelle zu jener Zeit belegt wurde, hat viel dazu beigetragen, daß sexuelle Vorgänge und Verhaltensweisen fälschlicherweise vielfach als unschön, niedrig und schmutzig hingestellt wurden. Mit Jugendlichen durfte schon gar nicht über sexuelle Dinge gesprochen werden, obschon es nicht zu vermeiden war, daß sie in Wirklichkeit damit konfrontiert wurden. Eine übertriebene, prüde und sexualfeindliche

Erziehung konnte zwar sexuelle Betätigung im Jugendalter teilweise unterdrücken, führte aber andererseits häufig zu schweren inneren Konflikten und Gewissensbissen sowie insgesamt zu falschen Vorstellungen über die Sexualität.

Überbewerten sollte man allerdings die Sexualität auch nicht, wie dies gegenwärtig z. B. in vielen kapitalistischen Ländern geschieht, um die Jugend von gesellschaftlichen Problemen (z. B. Arbeitslosigkeit) abzulenken. Dort wird „Sex" zum Hauptzweck des Lebens erklärt und die „sexuelle Freiheit" als die Freiheit schlechthin. Außerdem wird die Frau zum bloßen Sexualobjekt, das dem Lustgewinn des Mannes ohne Rücksicht auf ihre eigenen Wünsche und Bedürfnisse zu dienen hat. Daher werden ihre körperlichen Vorzüge überbetont – vor allem die sekundären Geschlechtsmerkmale –, ihr geistiges Niveau interessiert nicht. Auf diese Weise wird ihr der Weg zur Gleichberechtigung verbaut. Im Sozialismus vermeidet man diese Extreme, die beide überspitzt sind. Wir bejahen die Sexualität und bemühen uns, sie sinnvoll in unser Leben einzuordnen. Das setzt voraus, daß man lernt, seine sexuellen Empfindungen und Regungen zu steuern. Begünstigt wird der Lern- und Anpassungsprozeß durch eine systematische ↑ Sexualerziehung.

Sexualmedizin [s. o. + ⟨ lat.] ist das Teilgebiet der Medizin, das sich mit den medizinischen Aspekten des sexuellen Verhaltens und der sexuellen Reaktionen befaßt.

Die **Sexualmoral** [s. o. + ⟨ lat.] ist ein Bestandteil der allgemeinen ↑ Moral. Die Prinzipien, Normen und Werte der sozialistischen Moral gelten uneingeschränkt auch im Bereich der Geschlechtsbeziehungen und der aus ihnen erwachsenden sexuellen Beziehungen. Die Moral eines Menschen offenbart sich in allen seinen Lebensäußerungen, auch in seinem Verhalten zur eigenen Geschlechtlichkeit und zum anderen Geschlecht. Die Sexualmoral setzt innerhalb der allgemeinen Moral Wertungen für das Sexualverhalten. Im Sozialismus beruht die moralische Normierung der Geschlechtsbeziehungen und des Sexualverhaltens auf humaner Grundlage, die jedem Menschen – ungeachtet seiner Geschlechtszugehörigkeit – eine allseitige und harmonische Persönlichkeitsentwicklung sichert. In diesem Rahmen wird die Sexualität als beglückendes und förderndes Daseinselement des Menschen angesehen und gewertet.

Das **Sexualstrafrecht** [s. o. + ⟨ dt.] umfaßt alle jene Normen des Strafgesetzbuches, die die Würde und die Selbstbestimmung des Menschen sowie die gesellschaftlichen Regeln auf sexuellem Gebiet schützen. Unter Strafe gestellt werden insbesondere ↑ Vergewaltigung, Nötigung und Mißbrauch zu sexuellen Handlungen, ↑ sexueller Mißbrauch von Kindern und Jugendlichen. Strafbar ist auch die ↑ Prostitution.

Die **Sexualtherapie** [s. o. + ⟨ griech.] befaßt sich mit der Behandlung ↑ sexueller Funktionsstörungen. Sie kann

pharmakologisch, d. h. mit bestimmten Medikamenten (Hormone, vegetativ dämpfende Mittel), durchgeführt werden. Häufiger verwendet man jedoch verschiedene psychotherapeutische Verfahren, wie z. B. Gesprächs- oder Verhaltenstherapie (Psychotherapie), die je nach der Art der Störung mit gezielten Sexualübungen verbunden werden. So soll z. B. bei einer Orgasmusstörung das sexuelle Erleben über die Selbstbefriedigung – zuerst allein, dann zusammen mit Partner – positiv beeinflußt werden. Gegenseitige Streichelübungen der Partner, in die der ganze Körper zunächst ohne, später mit Genitalregion einbezogen wird – ohne daß jedoch Geschlechtsverkehr erfolgt – vertiefen die Beziehung zueinander und bauen vorhandene Leistungsängste ab. Charakteristisch für die verschiedenen Programme ist ein stufenförmiges Vorgehen. Nichts soll erzwungen werden. Über vorhandene Unstimmigkeiten soll man miteinander und mit dem Therapeuten sprechen, um gemeinsam herauszufinden, wie man sie am besten beseitigen kann. Erst wenn die einzelnen Stufen erfolgreich bewältigt wurden, soll der eigentliche ↑ Geschlechtsverkehr versucht werden.
Voraussetzung für den Erfolg ist die aktive Unterstützung durch den Partner, der an der Beseitigung der Störung interessiert sein und sein Verhalten darauf einstellen muß. Das erfordert auch zeitweiliges Zurückstellen eigener Wünsche, Ermutigung und Stärkung des Selbstvertrauens des Partners, der oft an Minderwertigkeitskomplexen leidet. Potenzgestörte Männer sind hierfür besonders anfällig. Auch sie können aber unter Mithilfe der Partnerin üben, die Erektion zu erreichen bzw. länger aufrecht zu erhalten oder – falls eine Neigung zum vorzeitigen Samenerguß besteht – diesen zu verzögern (z. B. in Form der sog. *Squeeze-Technik,* bei der die Frau vor dem auf dem Rücken liegenden Mann sitzt, das Glied bis zur Versteifung und kurz vor Eintritt des Samenergusses stimuliert, dann die Eichel vorsichtig mit der Hand umfaßt und zusammendrückt. Ist die Erektion danach abgeklungen, beginnt man wieder von vorn und übt dieses Vorgehen einige Male).
Von den verschiedenen Behandlungsmöglichkeiten sind hier nur die wichtigsten erwähnt worden. Von Bedeutung ist, daß man bei Vorliegen einer Störung nicht Monate wartet, sondern wenn nach einem Vierteljahr keine Besserung zu erkennen ist, sich behandeln läßt (↑ Andrologie, ↑ Ehe-, Familien- und Sexualberatungstellen, ↑ Psychotherapie).

Sexualtrieb [s. o. + ⟨ dt.] ist eine heute nicht mehr allgemein gebräuchliche Bezeichnung in Bezug auf das menschliche Sexualverhalten. Nach der marxistischen Sozialpsychologie gehört das auf Fortpflanzung gerichtete Verhalten wie das Nahrungs- und Schutzbedürfnis zu den organischen Grundbedürfnissen. Diese sind in einem Komplex von *dynamischen* (triebmäßigen) und *selbstregulativen* (instinktmäßigen) Mechanismen angeboren. Im Gegensatz zum Tier ist die menschliche Sexualität ein weitgehend unspezialisiertes Bedürfnis, das durch Lernen – unter dem Einfluß gesellschaftlicher Normen – in jedem einzelnen geformt und ausgebildet wird. Deshalb ist es für den Menschen, der über eine große Variabilität des sexuellen Verhaltens verfügt, notwendig, seine sexuellen Bedürfnisse bewußt und den gesellschaftlichen Normen gemäß zu regeln.

Sexualverhalten [s. o. + ⟨ dt.] ist ein auf sexuelle Betätigung und Befriedigung gerichtetes Verhalten. Im Unterschied zum tierischen Sexualverhalten hat sich beim Menschen der Fortpflanzungstrieb vom sinnlichen Lustgefühl abgetrennt. Beim Tier ist beides gekoppelt, es wird nur in seinen jahreszeitlichen Brunstperioden sexuell aktiv, um sich fortzupflanzen. Der Mensch dagegen kann sich – sobald er seine Geschlechtsreife erlangt hat – praktisch jeder Zeit sexuell betätigen und tut dies durchaus nicht nur, um Kinder zu bekommen, sondern wesentlich häufiger des persönlichen und gegenseitigen Lustgewinns wegen. Sein Verhalten wird auch nicht mehr wie beim Tier instinktiv gesteuert, sondern hauptsächlich durch Lernprozesse.

Das menschliche Sexualverhalten ist durch die entsprechenden männlichen oder weiblichen Geschlechtsorgane und Merkmale biologisch fundiert, seine endgültige Ausgestaltung wird jedoch entscheidend durch soziale Faktoren geprägt. Das erkennt man z. B. daran, daß sich mit der Verwirklichung der Gleichberechtigung von Mann und Frau das sexuelle Verhalten beider annähert. Früher hatte man dagegen angenommen, daß es hier besondere geschlechtsspezifische Unterschiede gibt. Heute sind Frau und Mann auch im sexuellen Bereich gleichwertig, so geht die Initiative zur Aufnahme sexueller Beziehungen durchaus nicht mehr – wie dies in der Vergangenheit üblich war – stets vom männlichen Partner aus, sondern auch die Frau wird als erste aktiv. Die gesellschaftlichen Normen sind die regulierenden Grundlagen, denen auch die sexuellen Abweichungen (↑ Deviation) unterliegen.

Das **Sexualwissen** [s. o. + ⟨ dt.] ist die Summe von Kenntnissen über Fakten und Zusammenhänge aus dem Bereich der ↑ Sexualität. Zu ihm gehört Wissen über Aufbau und Funktion der Geschlechtsorgane, die Vorgänge der geschlechtlichen Entwicklung, körperliche und geistig-seelische Erscheinungen des Geschlechtslebens, über Fortpflanzung und Zeugung, über embryonale Entwicklung, Schwangerschaft, Geburt, über Hygiene des Geschlechtslebens, sexuelle Partnerschaft, über Empfängnisverhütung und Familienplanung sowie über sittliche und rechtliche Grundlagen und Auswirkungen der Geschlechtsbeziehungen, auch über ↑ Geschlechtskrankheiten (↑ AIDS). Das Sexualwissen ist für die Entwicklung des Sexualbewußtseins und Sexualverhaltens von großer Bedeutung, weil diese wesentlich vom Umfang und der Qualität dieses Wissens beeinflußt werden, und weil es Maßstäbe setzt.

Die **Sexualwissenschaft** [s. o. + ⟨ dt.] oder *Sexuologie* beschäftigt sich mit der Erforschung des menschlichen Sexualverhaltens. Als selbständiger Wissenschaftszweig ist sie relativ jung, ihre Anfänge liegen zu Beginn unseres Jahrhunderts. Damals fingen erstmals Wissenschaftler wie Sigmund Freud (1856–1939), Auguste Forel (1848–1931), Magnus Hirschfeld (1868–1935) u. a. an, sich systematisch mit dieser Problematik zu befassen. Inzwischen hat man in vielen Ländern die Bedeutung dieses Gebietes erkannt. Spezielle sexualwissenschaftliche Forschungsinstitute gibt es z. B. in der ČSSR, in der UdSSR, in Polen und in der BRD. Wie umfangreich der Komplex der Sexualwissenschaft ist, geht daraus hervor, daß es sich nicht allein um medizinische (↑ Sexualmedizin) und psychologische Fragen handelt, sondern daß darüber hinaus auch kulturgeschichtliche, soziologische, pädagogische, ethische, philosophische und weitere Gesichtspunkte einbezogen werden. Auch in der DDR betreibt man seit etlichen Jahren Sexualforschung.

Eine **sexuelle Beziehung** [s. o. bzw. ⟨ dt.] liegt vor, wenn es zu gegenseitigen sexuellen Handlungen kommt, z. B. ↑ Petting oder ↑ Geschlechtsverkehr.

Sexuelle Erregbarkeit [s. o. bzw. ⟨ dt.] ist die Fähigkeit, auf bestimmte Reize mit ↑ sexueller Erregung zu reagieren. Sie ist individuell und je nach Situation verschieden. Manche Menschen sind schnell erregbar, andere brauchen längere Zeit dazu oder sind unter ungünstigen Umständen gar nicht zu erregen (↑ sexuelle Funktionsstörungen). Eine übermäßig rasche Reaktion, deren Ablauf sich willensmäßig nicht bremsen läßt, kann z. B. zum vorzeitigen ↑ Samenerguß führen.

Sexuelle Erregung [s. o. bzw. ⟨ dt.] ist ein zunehmender innerer Spannungszustand, der sowohl zu seelischen als auch zu körperlichen Reaktionen führt und seinen Höhepunkt im ↑ Orgasmus findet. Auslösend wirken sowohl direkte sexuelle Reize, wie Austausch von Zärtlichkeiten und liebevollen Worten (↑ Vorspiel), als auch – mehr indirekt – psychische Vorstellungen (Gedanke an Partner) oder visuelle Reize (Bilder, erotische Filmszenen) oder ähnliches. Durch diese Einflüsse wird dann die sexuelle Reaktion eingeleitet. Dauer und Stärke der sexuellen Erregung hängen von der Intensität der einwirkenden Reize und dem Reaktionsvermögen des einzelnen ab. Ein sexuell aktiver Partner verstärkt sie, ein passiver oder ablehnender hemmt sie oder bringt sie schnell zum Abklingen (↑ sexuelle Erregungskurve).

Die **sexuelle Erregungskurve** [s. o. bzw. ⟨ dt. + ⟨ lat.] zeigt – wie aus sexualwissenschaftlichen Untersuchungen hervorgeht – bei beiden Geschlechtern einen typischen Verlauf, wobei bestimmte allgemeine (*extragenitale*) und lokale (*genitale*) Veränderungen eintreten. Die Kurve kann man in 4 Abschnitte unterteilen, die fließend ineinander übergehen.

1. Die Erregungsphase. Sie entspricht dem ↑ Vorspiel, ihre Dauer schwankt von Minuten bis zu einer Stunde oder länger, je nachdem, wie stark die einwirkenden Reize sind und wie man auf sie reagiert. Bei Mann und Frau steigen Blutdruck und Herzschlagfrequenz, bei der Frau vergrößert sich außerdem die Brust, die Brustwarzen richten sich auf, eventuell rötet sich die Haut. Im Genitalbereich feuchtet sich die Scheide und beginnt schlüpfrig zu werden, der ↑ Kitzler schwillt an und richtet sich auf. Beim Mann versteift sich das Glied, es nimmt an Umfang und Länge zu. Die Haut der Hoden verdickt und spannt sich, die Hoden steigen etwas nach oben.

2. Die Plateauphase. Hier kommt es meist zur sexuellen Vereinigung. Die Veränderungen der 1. Phase, vor allem die genitale Blutstauung, nehmen weiter zu. Außerdem können willkürliche und unwillkürliche Muskelkontraktionen auftreten. Das Erregungsgefühl bleibt für kurze Zeit auf einer Höhe.

3. Die Orgasmusphase. Der Orgasmus dauert bei beiden Geschlechtern nur Sekunden. Beim Mann ist er meist mit dem ↑ Samenerguß verbunden. Auf dem Höhepunkt der Erregung wird durch schnelle Kontraktionen der Muskulatur des Gliedes die Samenflüssigkeit herausgeschleudert. Bei der Frau erkennt man den Höhepunkt an kurz aufeinanderfolgenden Kontraktionen im unteren Scheidendrittel, dem sog. *Orgasmuskissen.* Im Orgasmus erreicht das Lustgefühl seinen Gipfel, parallel dazu Herzschlag, Blutdruck und Atemfrequenz.

4. die Lösungs- oder Entspannungsphase. In ihr bilden sich die eingetretenen Veränderungen zurück, die vermehrte Durchblutung der Geschlechtsorgane läßt nach, das Glied erschlafft, Brust und Kitzler normalisieren sich ebenso wie die Allgemeinreaktionen. – In psychischer Hinsicht tritt nun an Stelle des sich in den 3 ersten Phasen immer mehr steigernden Lustgefühls eine als ruhiges Glücksgefühl und angenehm empfundene Entspannung und Befriedigung. Zum harmonischen Ausklingen der Begegnung sind auch in der letzten Phase gegenseitige Zärtlichkeiten und liebevolles Verhalten wichtig *(Nachspiel).*

Wird die sexuelle Stimulation fortgesetzt, sind bei manchen Frauen kurz hintereinander mehrere Orgasmen möglich. Beim Mann dagegen besteht für kurze Zeit eine sexuelle Nichtansprechbarkeit, deren Dauer unter anderem auch vom Alter abhängt. Ein junger Mann wird schneller wieder kohabitationsfähig als ein älterer Mann.

Nicht immer verläuft bei Mann und Frau die sexuelle Erregungskurve gleich, z. B. dauert bei einigen Frauen die Erregungsphase länger. Dann muß sich der männliche Partner bemühen, seinen Reaktionsablauf etwas zu verzögern, damit der Orgasmus beider zeitlich ungefähr zusammenfällt. Ist ihm das nicht möglich, sollte er nach seinem Höhepunkt die Partnerin weiter sexuell stimulieren, bis auch sie den Orgasmus erreicht hat. Die Ent-

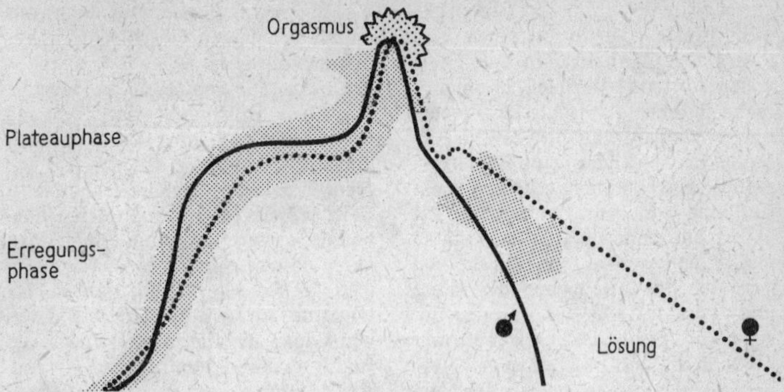

sexuelle Erregungskurve von Mann (durchgehende Linie) und Frau (punktierte Linie)

spannungsphase wiederum ist bei vielen Männern kürzer als bei der Frau. Auch hier sollte der Mann das Zärtlichkeitsbedürfnis seiner Partnerin berücksichtigen. *Abb.*

Die **sexuelle Funktionsstörung** [s. o. bzw. ⟨ lat. + ⟨ dt.] ist ein übergeordneter Begriff, der bei der Frau Beeinträchtigung oder Fehlen der sexuellen Erregbarkeit, des sexuellen Bedürfnisses und des Orgasmus, beim Mann zusätzlich noch die Durchführung des Geschlechtsverkehrs und des Samenergusses umfaßt. Nur wenige dieser Störungen gehen auf eine organische Ursache (z. B. Krankheit oder Unfall) zurück, die Mehrzahl ist psychisch bedingt, wobei sich im Einzelfall beide Faktoren überschneiden können. Für die Behandlung wurde die ↑ Sexualtherapie entwickelt.

Eine **sexuelle Hemmung** [s. o. bzw. ⟨ dt.] ist vorhanden, wenn man sich im sexuellen Bereich unfrei, unsicher und ängstlich fühlt. Die Ursachen hierfür können einerseits in der Persönlichkeit selbst liegen, zum anderen spielen Umwelteinflüsse eine große Rolle. Besonders ungünstig wirkt sich eine sexualfeindliche Erziehung in Kindheit und Jugend aus. Beim Mann kann eine sexuelle Hemmung zur ↑ Potenzstörung führen, weil die Angst vor Versagen (↑ Erwartungsangst) die Gliedversteifung beeinträchtigt und dadurch den Geschlechtsverkehr unmöglich macht. Bei der Frau mindern die Hemmungen die sexuelle Erlebnisfähigkeit und bei starker Ausprägung entwickelt sich ein ↑ Scheidenkrampf, d. h., sie wird kohabitationsunfähig.

Man muß versuchen, diese Hemmungen zu überwinden. Dabei sollte man sich ihre Unsinnigkeit vor Augen führen, Minderwertigkeitskomplexe durch Stärkung des Selbstbewußtseins abbauen und sich entspannt geben. Wer dies allein nicht schafft, der sollte sich psychotherapeutisch behandeln lassen. Einen gehemmten Menschen darf man nicht hänseln oder belächeln, sondern muß ihm helfen, seine Hemmungen abzubauen und Selbstvertrauen zu erlangen.

Die **sexuelle Information** [s. o. bzw. ⟨ lat.] ist wesentlicher Bestandteil der ↑ Sexualerziehung. In ihrem Verlauf wird das ↑ Sexualwissen vermittelt, das erforderlich ist, um den Menschen zu befähigen, sein Verhältnis zur eigenen Sexualität und zum anderen Geschlecht konfliktfrei und befriedigend zu gestalten. Im Gegensatz zur *Aufklärung,* deren Anliegen die Überwindung von Halbwahrheiten und darauf beruhenden falschen Vorstellungen und Einstellungen ist, setzt die Belehrung früher ein. Sie ist bemüht, Unwissenheit durch rechtzeitige sachliche Information zu ersetzen, deren Inhalt eine wesentliche Voraussetzung für richtiges Handeln und Verhalten im Bereich von Liebe und Sexualität ist. Das erfordert, die sexuelle Belehrung als kontinuierlichen Prozeß zu gestalten, der bereits in den ersten Lebensjahren eines Kindes beginnen muß und dem jeweiligen Entwicklungsstand angemessen zu gestalten ist.

Der **sexuelle Mißbrauch** [s. o. bzw. ⟨ dt.] *von Kindern und Jugendlichen* wird bestraft, da sie dadurch seelische und körperliche Schäden erleiden können. Deshalb sind sexuelle Handlungen an Kindern bis zu 14 Jahren immer strafbar. Bei 14- bis 16jährigen ist das nur dann der Fall, wenn Erwachsene sie unter Ausnutzung der Unreife durch Geschenke, Versprechen oder in ähnlicher Weise dazu verleiten. Wer unter Ausnutzung seiner Autoritätsstellung als Erzieher, Aufsichtspflichtiger oder Obhutspflichtiger ihm unterstellte oder anvertraute Jugendliche von 14–16 Jahren zu sexuellen Handlungen oder solche zwischen 16 und 18 Jahren zu Geschlechtsverkehr oder dementsprechenden Handlungen verleitet, macht sich strafbar. Man darf das Abhängigkeitsverhältnis nicht ausnutzen, um zu sexuellen Kontakten zu kommen. Dem Schutz der Entwicklung Jugendlicher dient auch das Verbot gleichgeschlechtlicher sexueller Handlungen durch Erwachsene. (Nach dem 18. Lebensjahr werden sie nicht mehr bestraft.)

Unter **sexueller Befriedigung** [s. o. bzw. ⟨ dt.] versteht man einen Zustand lustbetonter innerer Zufriedenheit und angenehmer physischer und psychischer Entspannung. Sie ist das charakteristische Gefühl nach erreichtem Orgasmus beim Geschlechtsverkehr oder anderen sexuellen Handlungen.

Sexuelles Bedürfnis [s. o. bzw. ⟨ dt.], auch *Libido* oder *Appetenz,* entspricht dem sexuellen Verlangen, dem Wunsch nach sexueller Aktivität. Stimmt das Bedürfnis beider Partner weitgehend überein, spricht man von *sexueller Bedürfniskonkordanz.* Eine *Diskordanz* ist dagegen vorhanden, wenn das Verlangen des einen Partners stark von dem des anderen abweicht. Für eine harmonische Partnerbeziehung ist es günstig, wenn beide in der Bedürfnisstärke etwa gleich veranlagt sind.

Sexuelles Verlangen [s. o. bzw. ⟨ dt.] ↑ sexuelles Bedürfnis.

Die **Sexuologie** [⟨ lat. + ⟨ griech.] ↑ Sexualwissenschaft.

Als **Sexwelle** [s. u. + ⟨ dt.] bezeichnet man die einseitige Hervorhebung des Sexuellen in Massenmedien (z. B. in Film und Presse) der kapitalistischen Länder. Die Frau wird zum Sexualobjekt degradiert, die in den Illustrierten in aufreizenden Posen möglichst schon auf dem Titelblatt zum Kauf anreizen soll, oder sie wird in der Werbung auf ähnlich herabwürdigende Weise vermarktet. Auch Männer – wenn auch in geringerem Maße – sind davon betroffen. Sexuelle Beziehungen werden auf die körperliche Abreaktion reduziert, die sexuelle Potenz und die Orgasmusfähigkeit in übertriebener Form als das Maß aller Dinge herausgestellt. Daß intime Kontakte im Rahmen einer wahren Liebesbeziehung erfolgen sollten, bleibt unbeachtet. Der Übergang zur *Pornowelle,* die sich durch geschmacklose, obszöne sexuelle Darstellungen und Verherrlichung abnormer Verhaltensweisen auszeichnet, ist fließend.

sexy [⟨ engl.]: sexuell anregend, aufreizend.

Von **sich aushalten lassen** spricht man, wenn jemand asozial lebt und für Geschlechtsverkehr oder andere sexuelle Handlungen von seinem Partner seinen Lebensunterhalt bestreiten läßt. ↑ Playboy.

Sinnlichkeit im Sexualleben ist *Genußfähigkeit* und *Genußbereitschaft* mit allen Sinnen.

In seiner Auseinandersetzung mit der Natur bildete der Mensch, um sich in ihr zu behaupten und höher zu entwickeln, seine Sinne aus, den Gesichts-, Gehör-, Geruchs-, Geschmacks- und Tastsinn. Die Verfeinerung seiner sinnlichen Wahrnehmungsfähigkeit und die Ausbildung ästhetischer Gefühle geht mit seiner kulturellen Höherentwicklung einher. Damit hängt auch die Verfeinerung und Differenziertheit seiner sexuellen Empfindungen eng zusammen. Über seine Sinne nimmt jeder Mensch auch sexuelle Eindrücke auf. Den tiefen Genuß der intimen Beziehungen, ihre phantasievolle, abwechslungsreiche Gestaltung bringt erst die bewußte Entwicklung der Ansprechbarkeit aller Sinne, das Genießen des Anblicks des geliebten Partners, das beglückende Hören der Stimme, die Wahrnehmung seines spezifischen Körpergeruchs, der unterschiedlich bei allen Menschen ist, wie auch der Geschmack seiner Küsse oder der Haut und schließlich die aufwühlende, gelegentlich fast elektrisierende Wirkung einer zarten Berührung bis hin zur Umarmung. Wer all diese Genüsse in immer wieder neuem Liebesvorspiel und Liebesspiel überhaupt bewußt zu erleben weiß, erfährt durch die Sinne eine große Bereicherung seiner Gefühle und ist erhoben aus dem Bereich groben sinnlichen Begehrens, das nur möglichst schnell zum sexuellen Schlußakt kommen will.

Sittenstrolch nennt man einen Menschen, der die Gesetze der ↑ Moral nicht achtet und außerhalb der gesellschaftlichen Normen lebt.

Das **Smegma** [⟨ griech.] ist eine gelbweiße, talgähnliche Absonderung im Vorhautsack, die sich größtenteils aus dem Sekret der Vorhautdrüsen und abgeschilferten Hautzellen zusammensetzt. Ausnahmsweise können sich durch Kalkeinlagerungen sogar kleine Steine bilden. Eine dem männlichen Smegma ähnliche Absonderung findet sich auch in den Hautfalten der weiblichen Geschlechtsorgane. Nach wissenschaftlichen Untersuchungen können im Smegma enthaltene Substanzen (z. B. Cholesterol) krebsbegünstigend wirken. Schon aus diesem Grunde ist tägliches Waschen mit Reinigung des Vorhautsackes unbedingt notwendig.

Sodom ist eine Stadt, die zusammen mit *Gomorrha* und weiteren kleinen Orten wegen der Sittenlosigkeit ihrer Bewohner vom Erdboden vertilgt worden sein soll. Die Angaben stammen aus den Erzählungen der alten jüdischen Propheten und sind im „Alten Testament" der Bibel gesammelt. Die Städte sollen am unteren Jordan in Kleinasien gelegen haben. Bis heute leiten sich von diesem angeblichen Ereignis Redewendungen ab, wie „hier sieht es aus wie in Sodom und Gomorrha" für heillose Unordnung oder der Begriff ↑ *Sodomie.*

Sodomie [↑ Sodom] ist eine abnorme sexuelle Verhaltensweise, bei der zwischen einem Menschen und einem Tier geschlechtliche Beziehungen bestehen. Derartige Handlungen sind außerordentlich selten. Sie werden besonders von solchen Personen vorgenommen, die in einsamen Gegenden mit Tieren zusammenleben, aber keinen menschlichen Partner zur Verfügung haben.

Das **sozialpolitische Programm** geht auf einen gemeinsamen Beschluß des Zentralkomitees der SED, des Bundesvorstandes des FDGB und des Ministerrates der DDR vom 27. April 1972 zurück und verwirklichte damit die Festlegungen des VIII. Parteitages der SED zur Verbesserung der Lebensbedingungen. Unter den verschiedenen Maßnahmen (Verbesserung der Wohnverhältnisse von Arbeitern und Angestellten, Erhöhung der Renten) nahmen schon damals solche, die die Entwicklung junger Ehen förderten, einen hervorragenden Platz ein (z. B. Verlängerung des Wochenurlaubs auf mindestens 20 Wochen nach der Entbindung, zinslose Ehekredite). In Verbindung mit dem XI. Parteitag der SED wurden nun von dem gleichen Gremium neue Beschlüsse gefaßt, wobei der Schwerpunkt in der weiteren Förderung junger Ehen und der Verbesserung der Arbeits- und Lebensbedingungen der Familien mit Kindern liegt.

Ab 1. Mai 1986 gelten folgende Maßnahmen:

1. Werktätige Mütter erhalten bereits bei der Geburt des ersten Kindes die Möglichkeit, bezahlte Freistellung im

Anschluß an den Schwangerschafts- und Wochenurlaub bis zur Vollendung des ersten Lebensjahres des Kindes in Anspruch zu nehmen.
2. Verheirateten werktätigen Müttern mit 2 Kindern wird zur Pflege erkrankter Kinder bezahlte Freistellung gewährt (je nach Krankheitsfall eine Unterstützung in Höhe von 90% des Nettodurchschnittsverdienstes bis zu 2 Arbeitstagen). Müssen diese Mütter länger von der Arbeit fernbleiben, wird ihnen ab dem 3. Tag eine Unterstützung in Höhe des Krankengeldes gezahlt, auf das sie bei eigener Arbeitsunfähigkeit wegen Krankheit ab 7. Woche der Arbeitsunfähigkeit Anspruch haben. Diese Unterstützung wird für Mütter mit 2 Kindern für die Dauer von insgesamt 6 Wochen im Kalenderjahr gezahlt. In begründeten Fällen kann diese Bestimmung auch für den Ehemann oder die Großmütter angewendet werden.
Weitere Verbesserungen beziehen sich auf die Familien mit schwerstgeschädigten Kindern.
Außerdem wurden die Kredite für junge Eheleute von bisher 5000 Mark auf 7000 Mark heraufgesetzt und die Altersgrenze für die Gewährung dieser Kredite von 26 Jahren auf 30 Jahre erhöht.
Ab 1. Mai 1987 tritt eine weitere Erhöhung des Kindergeldes in Kraft. Für das 1. Kind werden dann 50 Mark gezahlt, für das 2. Kind 100 Mark und für das 3. und jedes weitere Kind 150 Mark.

Das **Sperma** [⟨ griech.] ↑ Samen.

Das **Spermatozoon** [s. o.] ↑ Samenfaden.

Das **Spermium** [s. o.] ↑ Samenfaden.

Als **Spießbürger**, auch *Spießer*, bezeichnete man die nur mit einem Spieß bewaffneten Kleinbürger der alten Städte. Später wurden die Worte abwertend für Kleinbürger verwendet, die einen engen geistigen Horizont hatten, der der Begrenztheit und Kleinheit ihrer Produktion, Produktions- und Lebensverhältnisse und Tätigkeiten überhaupt entsprach. Bei uns gibt es keine gesellschaftlich-ökonomische Basis mehr für Spießbürgertum, aber es gibt immer noch Menschen – und auf sie werden deshalb die Bezeichnungen Spießbürger und Spießer angewandt –, deren Ideale im kleinen Besitzdenken („klein, aber mein") und im gesellschaftsabgewandten geruhsamen Dahinleben bestehen, und die sich bewußt von den großen politischen Fragen, die die Menschheit bewegen (Frieden, Sozialismus, Kommunismus), abwenden. Sie legen sehr viel Wert auf die Wahrung eines äußeren Scheins, instinktiv ahnend, daß der wirkliche Inhalt ihres Lebens ihnen nicht die Geltung verschafft, die sie sich wünschen. Im Grunde genommen sehen sie nur sich selbst. Einerseits kann das zur Prüderie (↑ prüde), andererseits zur ↑ doppelten Moral führen. Einzelne spießige Züge können auch bei Menschen auftreten, die insgesamt gesehen nicht die Benennung Spießbürger oder Spießer verdienen.

Der **Spießer** ↑ Spießbürger.

Die **Spirale** ↑ Intrauterinpessar.

STD [⟨ engl.; Abk. für *s*exually *t*ransmitted *d*iseases; dt. sexuell übertragbare Krankheiten] ist eine international gebräuchliche Bezeichnung für verschiedene Krankheiten, die durch den ↑ Geschlechtsverkehr übertragen werden. Neben ↑ Lues und ↑ Tripper gehören dazu z. B. ↑ AIDS, der weiche Schanker (Ulcus molle), Herpes im Genitalbereich, die Trichomonaden, spitze Kondylome, Filzläuse, Krätze, Pilzinfektionen und unspezifische Genitalinfektionen. Voraussetzung für eine erfolgreiche Behandlung ist das Einbeziehen beider Partner in die Therapie (↑ Geschlechtskrankheiten).

Stecher wird vulgär gesagt für einen Mann, der nur Geschlechtsverkehr sucht, ohne an irgendwelche Bindung oder Verpflichtung zu denken.

Steifer ist eine volkstümlich-saloppe Bezeichnung für den erigierten Penis. ↑ Erektion.

steiler Zahn ↑ Hirsch.

Ein **Stelldichein** oder *Rendezvous* ist ein Liebestreff.

Stellungen ↑ Positionen.

Steril [⟨ lat.] ist die medizinische Bezeichnung sowohl für *unfruchtbar* (Sterilität „Unfruchtbarkeit") als auch *keimfrei* (Sterilisierung bzw. Sterilisation „Keimfreimachung" bzw. „Unfruchtbarmachung").
Die **Sterilisation** [s. o.] ist die *operative Unfruchtbarmachung (irreversible Kontrazeption).* Die Keimdrüsen bleiben unberührt und funktionstüchtig. Ihre Entfernung wäre die ↑ Kastration. Bei der operativen Sterilisation werden die Transportwege für die weiblichen Eizellen, die Eileiter, oder für die Samenfäden, die Samenstränge, unterbunden. Damit wird die Befruchtung verhindert. Durch gesetzliche Regelung vom 21. 4. 1969 ist in der DDR operative Sterilisation bei der Frau auf Antrag gestattet. Eine Genehmigung ist berechtigt, wenn bei einer Frau die zwingende Notwendigkeit zur Verhütung weiterer Schwangerschaften vorhanden ist, die durch die üblichen Methoden der Empfängnisverhütung nicht gewährleistet werden kann.
Die operative Sterilisierung ist nicht mehr rückgängig zu machen (irreversibel) und wird deshalb nur auf freiwilliger Basis durchgeführt. Der Antrag der Frau ist an den zuständigen Kreisarzt zu richten, der ihn an die Bezirkskommission weiterleitet, die darüber entscheidet. Das setzt natürlich voraus, daß die Frau und der Ehepartner ausführlich vom behandelnden Arzt beraten werden.
Die **Sterilität** [s. o.] ↑ Unfruchtbarkeit.
Das **Stillen** ist die Ernährung des Säuglings mit Muttermilch an der Brust der Mutter. ↑ Wochenbett.
Das **Stipendium** [⟨ lat.; „Sold", „Steuer"] ist die laufende monatliche Geldunterstützung, die in der DDR allen Studierenden der Hoch- und Fachschulen staatlich gewährt wird. Ihr Grundbetrag ist 200.– M und kann sich entsprechend der Leistung erhöhen.
In besonderen Fällen gibt es erhöhte Grundstipendien, insbesondere für Studenten, die Kindern gegenüber erziehungsberechtigt sind (je Kind 60.– M). In sozialen Härtefällen kann die Hochschule im Einzelfall 50.– M Erhöhung gewähren.
Der **Strich** ist das Revier auf der Straße, das Prostituierte, die nicht im Bordell kaserniert sind, beanspruchen, um ihrem „Gewerbe" nachzugehen. Neben dem *Straßenstrich* hat sich auch der *Autostrich* herausgebildet.
Strichjunge ist ein Jugendlicher, der sich gegen Bezahlung (↑ Prostitution) zu homosexuellen Handlungen hergibt. Einige sind selbst homosexuell, andere nicht. Zum Partner bestehen keine Liebes- oder freundschaftlichen Beziehungen, sondern es sind flüchtige Begegnungen mit wahllosem, häufigem Partnerwechsel. Nicht selten nutzt der Strichjunge die Neigungen der Homosexuellen aus, um – in erpresserischer Weise – Geld zu verdienen, vor allem in den Ländern, in denen ↑ Homosexualität noch strafbar ist. Wo dies nicht der Fall ist, ist diesem Gewerbe der Boden entzogen.
Strichmädchen sind Prostituierte (↑ Prostitution), die in bestimmten Straßen oder Stadtteilen kapitalistischer Städte, dem ↑ Strich, auf „Kundenfang" gehen.
strippen ↑ Striptease.
Das **Striptease** [sprich: -tihs; ⟨ amerikan. ⟨ engl.] – eine der Attraktionen der Vergnügungsindustrie kapitalistischer Prägung in Nachtbars u. ä. Lokalen – nennt man das sich nach und nach Entkleiden („strippen") sog. Tänzerinnen öffentlich vor dem Publikum.
Die **Sympathie** [⟨ lat. ⟨ griech.] ist ein Gefühl der Zuneigung eines Menschen zu einem anderen, das weder Freundschaft noch Liebe, mitunter nicht einmal persönliche Bekanntschaft voraussetzt. Sie läßt sich oft gar nicht begründen und äußert sich in starkem Mitgefühl sowie in einem Engagement für den Menschen, den man sympathisch findet. Freundschaft und Liebe haben Sympathie als Vorstufe und schließen sie ein. – Gegensatz: ↑ *Antipathie.*
Die **Syphilis** [⟨ lat.] ist eine ↑ Geschlechtskrankheit. Auch als „Lust-

seuche" bekannt, erhielt sie erst um 1530 diesen Namen nach einem in Italien veröffentlichtem Gedicht über den Hirten *Syphilus,* der an dieser Krankheit litt (↑ Lues, ↑ STD).

T

Das **Tabu** [⟨ polynes.] ist ein Verbot, bestimmte Dinge oder Vorgänge zu berühren, an ihnen teilzunehmen oder über sie zu sprechen. Auf Tabuverletzungen folgten bei den Naturvölkern schwere Strafen und bestimmte Zeremonien, mit denen der Betroffene seine Tabuverletzung sühnen mußte. Solche Tabus betrafen z.B. den Koitus unter Geschwistern oder zwischen Eltern und Kindern (Inzesttabu; ↑ Blutschande), die Berührung von Wöchnerinnen, das Zusehen bei Beschneidungsriten u. a. Was bei dem einen Naturvolk als Tabu galt, konnte bei einem anderen durchaus erwünscht sein. Einige Tabus, auch aus dem Sexualbereich, finden sich auch in höher entwickelten Gesellschaften, so z. B. das Inzesttabu oder das – vom Christentum verhängte und vom Bürgertum übernommene – Gebot, nicht über sexuelle Dinge offen zu sprechen.

Ein **Tagebuch** führt man, um seine Erlebnisse, Eindrücke und Stellungnahmen schriftlich niederzulegen. Viele bedeutende Persönlichkeiten haben uns durch derartige Niederschriften die Möglichkeit gegeben, ihre Gedanken und Absichten, die Größe und Bedeutung ihrer Werke, ihre ganze menschliche Entwicklung tiefer und genauer zu erschließen. Vor allem Jugendliche, denen die Umwelt täglich Neues bietet, die Neues mitschaffen, sich selbst Rechenschaft über ihr Handeln geben wollen, und denen das Leben Stellungnahmen abverlangt, führen gern Tagebücher. Es ist nicht wichtig, daß man täglich eine Eintragung macht, außer vielleicht im Urlaub, wenn sich täglich Neues ereignet, sondern daß man das Wichtige aufschreibt, das, was tief bewegt, wichtig zu durchdenken ist und damit einen Knotenpunkt in der Entwicklung darstellen kann. Ein Tagebuch ist aber auch ein Helfer und Freund. Herzensnot und Enttäuschungen, Liebeskummer und Kränkungen sind tiefwirkende Erlebnisse für alle Menschen. Junge Menschen, deren Lebensreife und Lebenserfahrung noch wachsen, leiden oft besonders schwer darunter. Das Tagebuch ist ein verschwiegener Freund. Wenn man sich derartige Erlebnisse vom Herzen geschrieben, sie sozusagen von sich gegeben hat und beim Aufschreiben durchdenken mußte, spürt man meistens Erleichterung und Hilfe. Es ist sicherlich besser, sich seinem Tagebuch anzuvertrauen, als in der ersten aufgewühlten Stimmung wahllos mehr oder weniger erprobte junge Freunde oder Kameraden in diese innersten Angelegenheiten einzuweihen. Mit einem gewissen Abstand werden die Gespräche mit Freunden dann fruchtbarer sein. Auch die Erlebnisse großen Glücks, der ersten Liebe, anerkannter Erfolge in Schule, Sport, Beruf und Leben bewahrt das Tagebuch, zum Nacherleben und gegebenenfalls auch zur Hilfe über einen möglichen seelischen Tiefstand hinweg. – Unerwünschtes Einsehen ins Tagebuch sollte aber zu verhindern sein, und Eltern und Geschwister sollten ein Tagebuch als ganz persönliches Eigentum des jungen Menschen achten.

Der **Takt** [⟨ lat.] ist eine Form der ↑ Rücksichtnahme, die sich in der Schonung der Gefühle anderer zeigt und darauf bedacht ist, sie vor Beschämung und Bloßstellung zu bewahren. Er kann sich darin äußern, daß man im Beisein Dritter über bestimmte Dinge, die dem anderen peinlich sein könnten, nicht spricht, unangebrachte Äußerungen oder Handlungen geflissentlich ignoriert oder sich bemüht, dem anderen über peinliche Situationen hinwegzuhelfen.

Der **Tampon** [sprich: tampõ, ⟨ franz.] ↑ Hygiene.

Teenager [sprich: tihnedscher; ⟨ engl.] ist eine aus der angloamerikanischen Umgangssprache übernommene Bezeichnung, die vorwiegend für junge Mädchen, seltener auch für junge Männer im Alter zwischen 13 und 19 Jahren (das sind die Zahlwörter, die auf „teen" enden) gebraucht wird.

Das **Temperament** [⟨ lat.] bringt die Reaktion auf Eindrücke und das Tempo der Ansprechbarkeit sowie der Erregbarkeit des Menschen zum Ausdruck. Die Temperamentsverschiedenheiten beruhen auf Unterschieden im Nerven- und Hormonsystem, also auf angeborenen Eigenschaften. Sie können aber durch langanhaltende Einwirkungen der Umwelt beeinflußt werden. Die oft gebrauchte Einteilung in die 4 Temperamentstypen wie Choleriker, Sanguiniker, Melancholiker, Phlegmatiker wird der Vielfalt des menschlichen Erlebens nicht voll gerecht und kann nur als sehr allgemeine Kennzeichnung der psychischen Reaktionsfähigkeit betrachtet werden.

Die häufig vertretenen Auffassungen, daß bei der menschlichen Paarbildung die Wahl gegensätzlicher Temperamentstypen vorteilhaft sei, hat sich nicht immer als zutreffend erwiesen. Auch gleiche Temperamentstypen können, wie die Erfahrung immer wieder zeigt, gut miteinander auskommen.

Die **Testes** [⟨ lat.; Singular: der Testis] ↑ Hoden.

Titten wird als saloppe Bezeichnung für die Brüste oder die Brust der Frau verwandt. Es ist eigentlich das niederdeutsche Wort für *Zitzen*, die Milchwarzen einiger Säugetiere.

Die **Toleranz** [⟨ lat.] ist Duldsamkeit gegenüber Ideen, Auffassungen und Handlungsweisen, die sich von den eigenen unterscheiden. Die Toleranz bezieht sich selbstredend auch auf die Menschen, die die anderen Auffassungen usw. vertreten.

Toleranz schließt die Diskussion und Auseinandersetzung nicht aus, wenn sie mit dem Ziel der Überzeugung des anderen, nicht aber dem seiner Abwertung oder gar Unterdrückung betrieben wird. Grenzen der Toleranz sind jedoch dort gezogen, wo Handlungen und Verhaltensweisen anderen Menschen Schaden zufügen oder die Durchsetzung fortschrittlicher Ideen behindern.

Mit **Torschlußpanik** bezeichnet man ein Verhalten, krampfhaft – sozusagen um jeden Preis – einen Partner zu finden aus Angst, daß es sonst zu spät sein könnte. Früher gebrauchte man diesen Ausdruck mit Vorliebe für Frauen zu Beginn der Wechseljahre, die alleinstehend waren und nun alles daran setzten, doch noch einen Mann zu bekommen. Heute weiß man, daß solche Reaktionen auch bei Männern und sogar jungen Mädchen vorkommen, wenn sie befürchten, den Anschluß verpaßt zu haben und allein zu bleiben. Aus einer solchen Situation heraus kann man leicht übereilte und unüberlegte Entscheidungen treffen, die man später bereut.

Der **Transsexualismus** [⟨ lat.; trans „über"; „jenseits"] zeichnet sich dadurch aus, daß der Wunsch nach einer operativen Geschlechtsumwandlung besteht. Transsexuelle Männer möchten sich ihre Geschlechtsorgane entfernen und durch weibliche ersetzen lassen. Transsexuelle Frauen drängen nach Abtragung der weiblichen Genitalorgane, um dafür männliche zu bekommen. Die biologische Geschlechtsrolle wird in diesen Fällen abgelehnt, man fühlt sich psychisch dem anderen Geschlecht zugehörig und erstrebt nun auch die operative Korrektur, um als Angehöriger des erwünschten Geschlechts weiter leben zu können. Die Ursache dieses abnormen Verhaltens, die in manchen Zügen dem ↑ Transvestitismus ähnelt, ist noch nicht geklärt. In manchen Ländern – auch in der DDR – werden derartige Operationen durchgeführt. Allerdings ist eine Geschlechtsumwandlung nur bedingt möglich. Zwar läßt sich bei einem Mann eine künstliche Scheide schaffen, doch ist es bisher nicht gelungen, bei einer Frau ein erektionsfähiges Glied herzustellen. Auch Gebärmutter und Hoden lassen sich nicht ersetzen. Gesicht und Brust können eher dem gewünschten Geschlecht angeglichen werden. Meist sind mehrere plastische Operationen erforderlich. Parallel dazu erfolgt meist eine Personenstandsänderung, jedoch nur in den Ländern, in denen entsprechende Gesetze vorliegen.

In der DDR entscheidet nach Antragstellung durch den Betreffenden eine Expertenkommission in Zusammenarbeit mit dem Ministerium für Gesundheitswesen über die Genehmigung.

Der **Transvestitismus** [s. o.] ist eine vom Normalen abweichende Verhaltensweise, für die es typisch ist, daß die Betreffenden entgegen ihrem biologischen Geschlecht als Angehörige des anderen Geschlechts leben und anerkannt sein möchten. So trägt der männliche Transvestit Frauenkleidung einschließlich weiblicher Unterwäsche und versucht, in seinem Auftreten und Wesen möglichst weiblich zu erscheinen. Der weibliche Transvestit zieht Männerkleidung an und gibt sich in der Öffentlichkeit als Mann. Die Neigung reicht häufig bis ins Jugendalter zurück und verstärkt sich mit zunehmendem Alter. Nicht selten ist eine abnorme Persönlichkeitsentwicklung damit verbunden. Die Ursache konnte bis heute nicht geklärt werden, wenn auch manche Forscher annehmen, daß es sich um Folgen einer hormonellen Fehlsteuerung während der Embryonalentwicklung handelt. Manche Transvestiten wie auch Transsexuelle (↑ Transsexualismus) haben gleichgeschlechtliche Partner, halten sich selbst aber nicht für homosexuell, weil sie ihr eigenes biologisches Geschlecht als falsch empfinden und sich psychisch dem anderen zugehörig fühlen.

Es gibt Fälle, die sich zunächst wie Transvestiten verhalten, nach etlichen Jahren aber auch noch eine operative Geschlechtsumwandlung wünschen.

Der **Traum** ist ein im Verlaufe des Schlafes auftretender Zustand besonderer geistiger Aktivität, bei dem die Kontrolle durch die Großhirnrinde – wie sie im Wachzustand üblich ist –

entfällt. An der Auslösung sind vermutlich innere und äußere Reize beteiligt. Der Trauminhalt ist oft widersprüchlich. Er knüpft an bereits Erlebtes, Erwünschtes oder Befürchtetes an und vermischt es mit anderen, meist absurden und phantastischen Vorstellungen. Diese Eigenarten führten bereits im Altertum zu Traumdeutungen, allerdings mit unwissenschaftlichen Methoden.
Der Wiener Psychologe und Neurologe Sigmund Freud (1856–1939) befaßte sich ebenfalls mit der Analyse von Träumen. Er glaubte u. a., daß die im Traum vorkommenden Gegenstände oder Ereignisse Sexualsymbole für ins Unbewußte verdrängte Kindheitserlebnisse seien, die man durch Analyse der Träume wieder ins Bewußtsein zurückrufen könnte und versuchte, dadurch neurologische Störungen zu heilen. Es ist zwar möglich, daß Träume im Einzelfall Hinweise auf bestimmte Erlebnisse, Wünsche oder Einstellungen des Träumenden geben können – das gilt z. B. für sexuell gefärbte Träume –, doch war die Theorie Freuds zu einseitig auf das Sexuelle ausgerichtet, so daß sie als wissenschaftliche Methode umstritten ist.
Das **Trauma** [⟨ griech.], im wörtlichen Sinne *Wunde* oder *Verletzung,* ist im medizinischen Sprachgebrauch eine plötzliche unerwartete *Gewalteinwirkung,* die nicht nur zu körperlichen, sondern auch zu seelischen Schäden führen kann. Ein psychisches Trauma kann z. B. durch unerfreuliche Sexualerlebnisse oder den Verlust eines geliebten Menschen ausgelöst werden. Wenn derartige Ereignisse, die besonders bei empfindsamen Menschen nachhaltig wirken, nicht abreagiert werden, können sie Verhaltensstörungen und Fehlentwicklungen verursachen. Auf diese Weise ist auch eine Beeinträchtigung des Sexualempfindens möglich. Um solche psychischen Fehlregulationen zu beheben, ist meist eine ↑ Psychotherapie erforderlich.
Trauung ↑ Eheschließung.
Treue ist eine durch Beständigkeit und Ausschließlichkeit gekennzeichnete Haltung Ideen, Dingen, Personen und auch sich selbst gegenüber. Treue bzw. Untreue sind nicht allein auf das intime sexuelle Verhalten zu beziehen. In Sexualität und Liebe ist sie eine ausschließliche Hinwendung zum Partner, die nicht durch eine gleiche Beziehung zu einem Dritten verletzt wird. Treue gilt hier als normgerechtes Verhalten. Wenn eine einmalige Untreue auch nicht immer Liebe oder Ehe zum Scheitern verurteilt, weil eine gute Beziehung so stark ist, daß sie auch die zeitweilige Untreue eines Partners auszuhalten vermag, so stört sie doch das Vertrauensverhältnis zumindest vorübergehend empfindlich und verbreitet Unsicherheit, die das Verhältnis belastet.
Triebe sind organische Bedürfnisse, wie Hunger, Durst, Schlaf, von denen Impulse für das Verhalten, das ihrer Befriedigung dient, ausgehen. Der Mensch wird im Unterschied zum Tier in seinem Verhalten nicht von seinen Trieben bestimmt. Er kann sie meistern und beherrschen, wenn auch nur in einem gewissen Grade. Bleiben Bedürfnisse unbefriedigt, treten negative ↑ Emotionen auf. Die menschliche Sexualität ist nur teilweise triebgesteuert und in hohem Maße über das Bewußtsein zu beeinflussen. Sexuelle Triebhandlungen erfolgen bei Menschen nicht schicksalsbedingt, sondern weil Steuerungsmechanismen für die Triebe nicht oder nur wenig entwickelt sind. Bei einer Triebhandlung spielen auch die Situation und besonders die Anregungsbedingungen eine Rolle.
Der **Tripper** oder die *Gonorrhoe* ist gegenwärtig die häufigste ↑ Geschlechtskrankheit bei uns (↑ STD). Sie ist ansteckend und wird durch bestimmte Bakterien, die *Gonokokken,* übertragen. Die Infektion erfolgt fast immer durch den Geschlechtsverkehr mit einem an Tripper erkrankten Partner. Die Gonokokken siedeln sich in den Schleimhäuten der männlichen und weiblichen Geschlechtsorgane an und

führen dort zu Entzündungen. Einige Tage nach der Ansteckung stellt der Betroffene Brennen beim Wasserlassen, Jucken in der Harnröhre und eitrigen Ausfluß fest. Bei der Frau sind diese Erscheinungen oft geringer ausgeprägt, so daß der Ausfluß anfangs für harmlos gehalten wird. Wird die Krankheit nicht erkannt und sofort behandelt, können die Erreger in die oberen Geschlechtsorgane aufsteigen und die Schleimhaut der Gebärmutter und der Eileiter entzünden. Beim Mann greift die Infektion auf einen oder beide Nebenhoden über und verursacht eine schmerzhafte Anschwellung. Die Diagnose sichert der Arzt durch den Erregernachweis. Dazu werden ↑ Abstriche aus der Scheide und Harnröhre entnommen und mikroskopisch untersucht. Bei rechtzeitiger Behandlung mit Antibiotika ist der Tripper rasch heilbar. Es bildet sich jedoch keine Immunität aus, sondern man kann sich nach Ausheilung erneut anstecken. Unterbleibt ärztliche Behandlung, kann die chronische Entzündung zu Verklebungen der Eileiter und damit zur bleibenden Unfruchtbarkeit führen. Auch nach Abklingen der akuten Beschwerden können weitere Partner infiziert werden. Deshalb müssen bei der Feststellung eines Trippers alle Personen, die von einem gewissen Zeitpunkt an Partner waren, mit untersucht werden. Da eine nicht behandelte Gonorrhoe der Mutter bei der Geburt zur gonorrhoischen Entzündung der Augen des Neugeborenen (Erblindungsgefahr!) führen kann, werden laut gesetzlicher Anordnung jedem Neugeborenen sofort nach der Entbindung prophylaktisch Augentropfen gegeben.

Die **Tu̲ben** [⟨ lat.] ↑ Eileiter.

Die **Tubendurchblasung** [s. o. + ⟨ dt.] ist eine spezielle ärztliche Untersuchungsmaßnahme zur Prüfung der Eileiterdurchgängigkeit.

Tunte ist eine umgangssprachliche Bezeichnung für den homosexuellen Partner, der die weibliche Rolle übernimmt und auch in seinem Auftreten feminin wirkt.

Twen ist eine aus dem Englischen stammende Bezeichnung (twenty „Zwanzig") für die 20- bis 29jährigen.

Typ [⟨ griech.] wird als zusammenfassende Bezeichnung für Menschen mit annähernd gleichen ↑ physischen und ↑ psychischen Eigenschaften verwendet. Der Typ spielt auch bei der Partnerwahl eine Rolle, wobei bestimmenden Eigenschaften des Typs eine hervorragende Bedeutung beigemessen wird. Kein Mensch ist aber absolut auf einen bestimmten Partnertyp festgelegt, zumal die Vorstellungen vom idealen Partner Wandlungen unterworfen sind.

U

Überzieher ↑ Kondom.

Umlegen wird vulgär gesagt für Sexualverkehr.

Die sexuelle **Unbefangenheit** ist die freie, offene, weder von Hemmungen noch prüder Haltung eingeschränkte Art, anderen Personen, dem geliebten Partner zu begegnen. Das Bestreben, diesen und sich selbst glücklich zu machen, ist eine wichtige Voraussetzung für ein glückliches, erfülltes Liebesleben. Schon innerhalb der Familie in früher Kindheit kann man dafür die Grundlagen schaffen. ↑ Sexualerziehung.

Von **Unberührtheit** spricht man traditionell bei Mädchen, wenn noch keine geschlechtlichen Beziehungen stattgefunden haben und das Jungfernhäutchen intakt ist (↑ Jungfrau).

Uneheliches Kind ↑ außerhalb der Ehe geborenes Kind.

Unfruchtbare Tage wie auch ↑ *fruchtbare Tage* enthält jeder Zyklus der gesunden, geschlechtsreifen Frau. Die fruchtbaren Tage liegen in der Mitte des Zyklus zwischen 2 Menstruationen und erstrecken sich auf einen Zeitraum von 3 Tagen vor und einem Tag nach dem Eisprung. Nur während dieser Zeit ist eine Befruchtung möglich. Unfruchtbar sind also die Tage außerhalb dieser fruchtbaren oder fertilen Periode.

Unfruchtbarkeit oder medizinisch *Sterilität* nennt man bei der Frau das Unvermögen, schwanger zu werden, ein unfruchtbarer Mann kann keine Kinder zeugen (↑ Zeugungsunfähigkeit). Eine Ehe bezeichnet man als *steril,* wenn nach 2 Jahren Geschlechtsverkehr mit Kinderwunsch keine Schwangerschaft eingetreten ist. Die Ursache dafür kann beim Mann (35–40%), bei der Frau (50%) und bei beiden Partnern liegen bzw. unbekannt sein (10–15%). Die wichtigste Ursache für eine Unfruchtbarkeit der Frau sind Unterentwicklung der Genitale und Unterfunktion der Eierstöcke. Zweithäufigste Ursache ist ein teilweiser oder vollständiger Verschluß der ↑ Eileiter als Folge von Entzündungen (↑ Adnexitis). Die Behandlung der Unfruchtbarkeit der Frau hat während der letzten Jahre große Fortschritte gemacht. Durch Einführung neuer Medikamente zur Auslösung von Eisprüngen konnten besonders die Resultate bei Störungen der Eierstockfunktion verbessert werden. – (↑ in-vitro-Befruchtung.)

Unsittlich oder *unmoralisch* wird ein Verhalten oder eine Handlung genannt, die die Normen der ↑ Moral verletzt. Es ist falsch, die Wertung sittlich oder unsittlich, moralisch oder unmoralisch ausschließlich auf den Bereich des Sexuellen einzuschränken. So ist zum Beispiel Arbeitsbummelei ebenso unsittlich wie verantwortungslos mit häufig wechselnden Partnern betriebener Geschlechtsverkehr.

Unsolide werden Menschen genannt, die durch ihr Handeln dazu veranlassen, sie als unstet, wenig gefestigt, unzuverlässig und über ihre Verhältnisse lebend anzusehen. Auf das Sexualverhalten bezogen, gilt als unsolide, wer egoistisch nur persönliche Zerstreuung und Triebbefriedigung sucht, ohne bereit zu sein, Verantwortung in einer Partnerbeziehung zu übernehmen.

Der **Unterhalt** ist eine monatlich wiederkehrende Geldleistung an einen Familienangehörigen zur Deckung der Kosten seiner Lebensbedürfnisse, wenn er selbst kein ausreichendes eigenes Einkommen hat und in einem anderen Haushalt lebt als der Verpflichtete. In erster Linie müssen Eltern für ihre Kinder bezahlen, in bestimmtem Umfang auch Ehegatten während der Ehe oder nach Ehescheidung füreinander, ausnahmsweise auch Großeltern gegenüber Enkeln, wenn die Eltern nicht für die Kinder sorgen können, weil sie selbst noch kein Einkommen haben. Die Höhe des Unterhalts richtet sich nach dem Gesamteinkommen des Verpflichteten und danach welche weiteren Familienangehörigen er zu versorgen hat. Für die Berechnung gibt es eine Richtlinie des Obersten Gerichts, die den Unterhalt für Kinder bis zu 12 Jahren und danach unterschiedlich staffelt. Der Unterhalt für Kinder ist zu zahlen, bis sie wirtschaftlich selbständig sind, d. h. nach Abschluß der Ausbildung eigenes Arbeitseinkommen haben. Lehrlingsentgelt und Schülerbeihilfen rechtfertigen in der Regel keine Kürzung des Unterhalts der Eltern, hingegen haben Studenten mit Grundstipendium grundsätzlich nur die Hälfte des Unterhalts zu beanspruchen. Der Unterhalt wird bei ↑ Ehescheidung oder ↑ Feststellung der Vaterschaft auf einen bestimmten Monatsbeitrag festgesetzt. Ändern sich danach die für die Berechnung wesentlichen Umstände, wie Einkommen, Zahl der zu versorgenden Kinder usw., haben die Beteiligten das Recht auf Änderung, die – wenn sie sich nicht einigen – durch das Kreisgericht vorgenommen wird. Berechtigter und Verpflichteter sollten sich immer sofort über die Veränderungen informieren.

Eine **Unterhaltsbeihilfe** von 30.– M bis 50.– M, ausnahmsweise 60.– M, kann auf Antrag Schülern der 9. und 10. Klasse gewährt werden, wenn das monatliche Bruttoeinkommen der Eltern bestimmte Sätze nicht übersteigt:

im Grundsatz mit 1 Kind 900.– M, mit 2 Kindern 950.– M, mit 3 Kindern 1000.– M. Über die Zuerkennung entscheidet jährlich der Direktor der Schule auf der Grundlage der entsprechenden Durchführungsbestimmungen zum Bildungsgesetz. Die Unterhaltsbeihilfe trägt dazu bei, jedem Jugendlichen das Recht auf Bildung unabhängig von den sozialen Verhältnissen im Elternhaus zu gewähren.

Untreue ist die Verletzung der ↑ Treue gegenüber einem Partner und äußert sich gewöhnlich darin, daß dieser mit anderen hintergangen wird. Untreue belastet eine Paarbeziehung erheblich, muß sie aber nicht unbedingt scheitern lassen. Untreue äußert sich nicht nur und oft nicht in erster Linie in sexuellen Handlungen.

Der **Uterus** [⟨ lat.] ↑ Gebärmutter.

V

Die **Vagina** [⟨ lat.] ↑ Scheide.

Der **Vaginismus** [s. o.] ↑ Scheidenkrampf.

Der **Vamp** [sprich: wemp, ⟨ engl.] ist eine berechnende, die Männer zu sexuellen Exzessen und in den Ruin treibende, dabei selbst gefühlsmäßig unbeteiligte, kalte Frau. Mit den amerikanischen Sexfilmen aus der Zeit nach dem 1. Weltkrieg tauchte dieser Frauentyp aus Hollywood auch auf den europäischen Filmbühnen auf. Den Prototyp (d. h. soviel wie Muster) dieser Filmrollen verkörperte Marlene Dietrich im Film „Der blaue Engel" nach dem sozialkritischen Roman „Professor Unrat" von Heinrich Mann.

Der Ausdruck Vamp geht zurück auf *Vampir*, ein Fabelwesen, einen nächtlichen Unhold, der Menschen tötet, indem er ihnen das Blut aussaugt.

Die **Vaterschaft**, d. h. Vater zu werden und zu sein, ist für jeden liebenden und verantwortungsbewußten Mann ein tiefes Gefühlserlebnis, verbunden mit Dankbarkeit und Liebe für die Mutter seines Kindes. Innerhalb der Familie besitzt eine harmonische Vater-Kind-Beziehung für die Entwicklung des Kindes große Bedeutung. Der Vater wächst an den Aufgaben, die ein Kind an Liebe, Fürsorge und Verantwortungsbewußtsein für seine Erziehung stellt. Vaterschaft verwirklicht sich vor allem im täglichen liebevollen Umgang mit dem Kind und der verantwortungsvollen Beteiligung an seiner Pflege und Erziehung. (↑ Mutterschaft, ↑ Anfechtung der Vaterschaft, ↑ Feststellung der Vaterschaft, ↑ Unterhalt).

Die **Venerologie** [⟨ lat.; nach der röm. Göttin der Liebe Venus] ist die Lehre von den Geschlechtskrankheiten. Der Facharzt, der meist auch Hautarzt (*Dermatologe*) ist, heißt *Venerologe.*

Venus ist die römische Liebesgöttin (↑ Aphrodite).

Der **Venushügel** [↑ Venus], lat. *Mons veneris,* ist ein umschriebenes Fettpolster oberhalb der großen Schamlippen, das ab der Pubertät mit Schamhaaren bedeckt ist.

Die **Verantwortung** ist eine moralisch-sittliche Pflicht. Sie wird einem Menschen bei der Aufnahme einer Arbeit oder der Übernahme einer Funktion übertragen und schließt die Forderung ein, alle damit verbundenen Tätigkeiten sorgfältig, gewissenhaft und der vorgegebenen Zielsetzung entsprechend auszuführen. Zugleich enthält sie aber auch die Aufgabe, nach bestem Vermögen die Menschen neben sich nicht nur vor Schaden zu bewahren, sondern sie zu fördern wie auch das Kollektiv, dem man angehört. Verantwortung wird aber auch freiwillig übernommen, zum Beispiel bei der Aufnahme einer ↑ Paarbeziehung für den Partner. Beim ↑ Geschlechtsverkehr erstreckt sich die Verantwortung nicht nur auf die unmittelbar Beteiligten, sondern auch auf das mögliche künftige Leben. Verantwortung ist immer gesellschaftlich bedingt. Wer über sein eigenes Verhalten ständig vor sich Re-

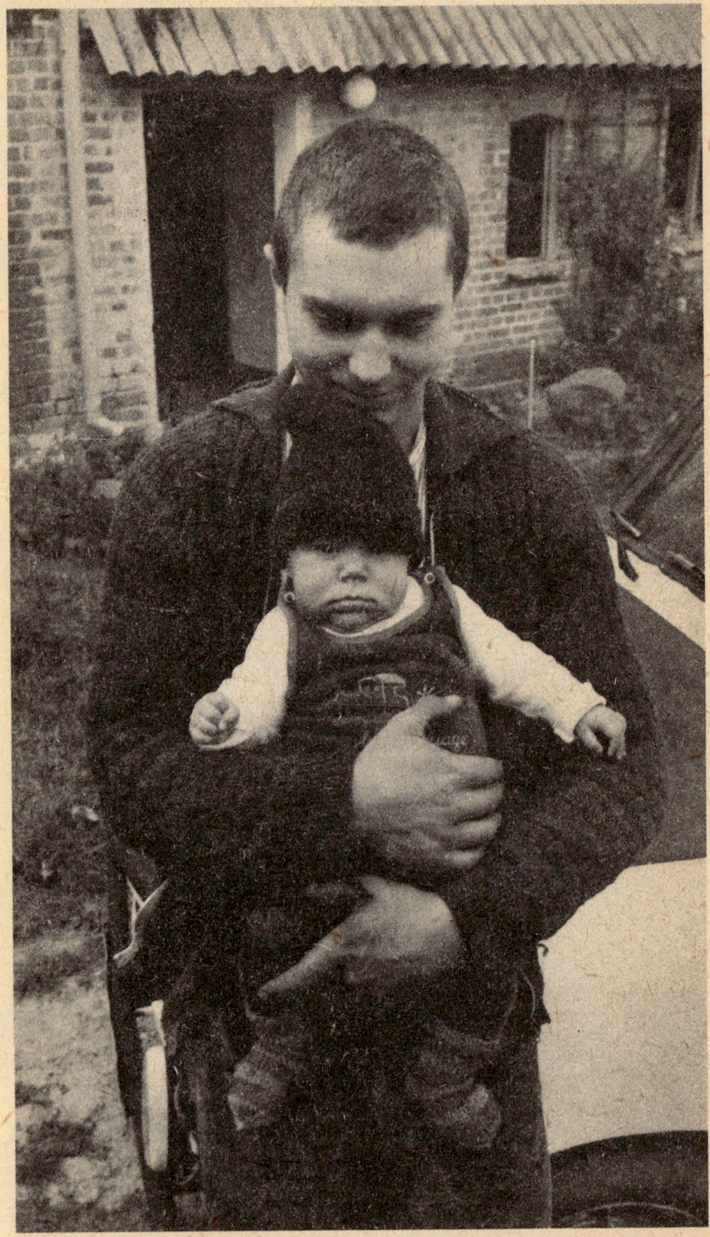

chenschaft ablegt und sich über seine Pflichten anderen gegenüber im klaren ist, ist ein *verantwortungsbewußter* Mensch.

Die **Vererbung** ist die Übertragung von Merkmalen der Eltern oder Vorfahren auf die Nachkommen und somit die Grundlage für die Beständigkeit bzw. Veränderlichkeit der Lebewesen. Die Merkmale können von einer oder mehreren Erbanlagen (*Gene*) getragen werden. Auch die Geschlechtszugehörigkeit wird erblich bestimmt. Ein Mensch mit 2 gleichartigen Geschlechtschromosomen (XX) ist weiblich, einer mit 2 ungleichartigen (XY) ist männlich. Von diesen Grundtypen der Geschlechtsbestimmung gibt es Abweichungen, die mitunter zu besonderen Verhaltensweisen führen. Eineiige Zwillinge besitzen immer die gleichen Erbanlagen und somit auch das gleiche Geschlecht. Sie können sich aber bei verschiedener Umwelt in begrenzter Weise anders entwickeln, da Erbanlagen auch immer der Veränderung durch die Umwelt unterliegen können. Bestimmte Merkmale können bei den Nachkommen vorherrschen (*dominieren*) oder nur als Anlage verdeckt (*rezessiv*) sein.

Die Vererbungsverhältnisse beim Menschen wurden durch Familienanalysen und durch Zwillingsforschung ermittelt. Auf diese Weise konnten z. B. die Gesetzmäßigkeiten der Blutgruppenvererbung gefunden werden, die für die Feststellung der Vaterschaft in zweifelhaften Fällen Anwendung finden. Als besonders gut erforscht können auch die Vererbungsverhältnisse einiger Krankheiten gelten.

Nachtblindheit, Kurzfingrigkeit, angeborener Gehörverlust und Zwergwuchs werden dominant vererbt; Hasenscharte, Albinismus und Phenylketonurie (eine Stoffwechselkrankheit, die unbehandelt zum Schwachsinn führt und auf die deshalb jedes Neugeborene in der DDR untersucht wird) werden rezessiv vererbt; Bluterkrankheit und Rot-Grün-Blindheit werden an das X-Chromosom gekoppelt vererbt und treten zuerst bei Männern auf (XY-Typ) – während die Frauen die Krankheit nur auf ihre männlichen Nachkommen übertragen. Die Humangenetik (Vererbungsforschung beim Menschen) kennt heute etwa 1500 wahrscheinlich rein erblich verursachte Krankheiten. Aus genetischen Gründen sind Ehen unter engen Verwandten nicht ratsam und deshalb verboten. Menschen, in deren Familien vererbbare Krankheiten vorkamen, haben in der DDR die Möglichkeit, sich in speziellen Einrichtungen eine *genetische Beratung* einzuholen. Auskunft geben ↑ Ehe-, Familien- und Sexualberatungsstellen.

Verführer sind Personen, auch weiblichen Geschlechts, die jemanden durch unterschiedliche Mittel, Vorspiegelungen oder Tricks zum Geschlechtsverkehr oder zu anderen sexuellen Handlungen zu verleiten suchen. Ihnen fehlt die echte Empfindung für den Partner, und sie streben auch keine dauerhafte Beziehung an. Sie haben lediglich das Bedürfnis, sexuelle Kontakte aufzunehmen.

Vergewaltigung, auch *Notzucht*, bedeutet, jemanden mit Gewalt oder der Androhung eines augenblicklichen Angriffs auf Leben oder Gesundheit zum außerehelichen Geschlechtsverkehr zu mißbrauchen oder eine wehrlose oder geisteskranke Person dazu auszunutzen. Vergewaltigung ist eine der schwersten Sexualstraftaten, sie ist Ausdruck grober Mißachtung gegenüber der vergewaltigten Person und kann bei ihr schwere körperliche und seelische Schäden verursachen. Sie ist ein Gewaltverbrechen und wird in vielen Fällen mit Freiheitsentzug bestraft.

Nicht alle Vergewaltigungen sind sexuell motiviert, manchmal handelt der Täter aus allgemeiner Wut und Verärgerung heraus, oder er will seine Macht demonstrieren.

Verkehr ↑ Geschlechtsverkehr.

Das **Verleiten zu strafbaren Handlungen** ist strafbar, sei es, daß ein anderer angestiftet oder daß er als

32

„Werkzeug" zur Tatausführung mißbraucht wird. Besonders verwerflich und in speziellen Tatbeständen unter Strafe gestellt ist es, wenn Erziehungsberechtigte bzw. andere Erwachsene Kinder und Jugendliche zu kriminellen Handlungen oder gesellschaftswidrigem Verhalten verleiten, z. B. zu ↑ Alkoholmißbrauch, ↑ asozialer Lebensweise, sexuellen Handlungen.

Eine **Verleumdung** ist eine wider besseres Wissen aufgestellte unwahre Behauptung oder geäußerte Vermutung über Handlungen oder Äußerungen anderer Menschen.

Verliebtheit ist ein Gefühlszustand, bei dem man plötzlich eine innige Zuneigung zu einer anderen Person empfindet. Man fühlt sich zu ihr auf unerklärliche Weise hingezogen, bewundert und verehrt sie, möchte immer in ihrer Nähe sein. Ist man von ihr getrennt, denkt man oft an sie, sehnt sich danach, wieder in ihrer Nähe zu sein. Gleichzeitig möchte man, daß diese Empfindungen von dem Menschen, in den man sich verliebt hat, geteilt werden. Je nach der Reaktion des Betreffenden, fühlt man sich glücklich oder unglücklich. Verliebtheit kann wie ein Rausch sein und einen so gefangen nehmen, daß verstandesmäßige Überlegungen vorübergehend verdrängt werden. Charakteristisch für die Verliebtheit ist ihre Flüchtigkeit, so schnell wie sie gekommen ist, kann sie auch wieder verschwinden. Mit einem Mal versteht man sich selbst nicht mehr und kann nicht begreifen, was einen so an diesen Menschen gefesselt hat. Andererseits kann aus anfänglicher Verliebtheit auch wirkliche ↑ Liebe, also eine tiefe und dauerhafte Zuneigung werden.

Die **Verlobung** ist das gegenseitige Versprechen, die Ehe schließen zu wollen. Sie wird oft verbunden mit einer Feier, in der sich die Verwandten von *Braut* und *Bräutigam* kennenlernen, und mit traditionellen Bräuchen, wie dem Austausch von Ringen, die bis zur Eheschließung an der linken Hand getragen werden. Früher wurden Rechtspflichten zwischen den Verlobten begründet, insbesondere Ersatzpflichten bei Auflösung der Verlobung. Nach dem Familiengesetzbuch

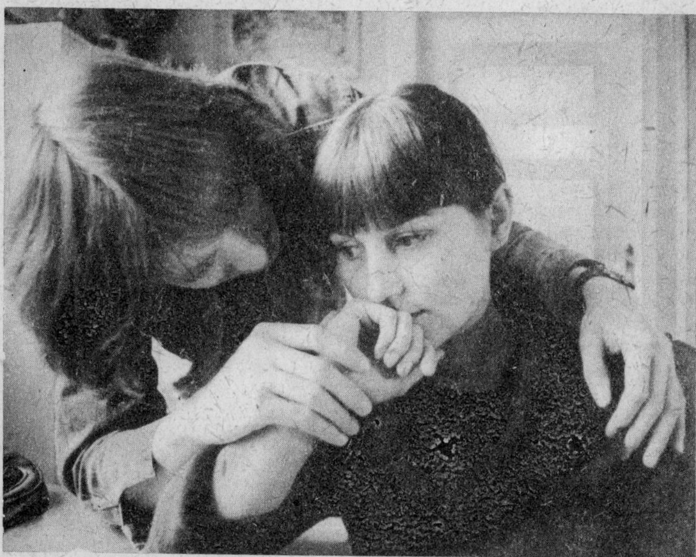

ist die Verlobung eine Form der Prüfung für eine künftige Ehe mit rein moralischen Pflichten der Partner untereinander. Ihnen bleibt die Entscheidung über die Eheschließung frei.

Vermählung ↑ Eheschließung.

Als **Vernaschen** bezeichnen leichtfertige Menschen eine gelegentliche Sexualbeziehung.

Verzeihung zu erbitten für ein durch Wort oder Tat begangenes Unrecht sollte Liebenden selbstverständlich sein. Es ist die einfachste Buße für begangene Fehler; manchem fällt sie dennoch sehr schwer. Wer starrköpfig auf einem Unrecht beharrt, ist ein schlechter Partner; er wird auch schwer vergessen können. Abbitte tun, verzeihen und vergessen können gehören zur echten Liebe.

verzögerter Samenerguß ↑ Samenerguß.

Virgo ist die lateinische Bezeichnung für ↑ Jungfrau.

viril [⟨ lat.]: männlich.

Vögeln ist ein vulgärer Ausdruck für Sexualverkehr.

Die **Volljährigkeit** erreicht der Jugendliche mit Vollendung des 18. Lebensjahres. Damit endet das Erziehungsrecht der Eltern. Der Volljährige hat uneingeschränkt die Rechte und Pflichten Erwachsener, insbesondere die ↑ Handlungsfähigkeit, die volle Verantwortung für Schäden, die er anderen zufügt, und für strafbare Handlungen. Er hat das Wahlrecht, die Wehrpflicht, kann eine Ehe schließen und bestimmt über seinen Wohnsitz selbst. Einschränkungen seiner Rechtsstellung kann nur das Gericht beschließen, z. B. durch die Entmündigung im Falle geistiger Gebrechen.

Vorehelicher Geschlechtsverkehr bedeutet, daß man schon vor der Ehe intime Beziehungen hat. Er ist heutzutage allgemein akzeptiert, die meisten jungen Menschen wollen sich vor der Ehe auch im sexuellen Bereich kennenlernen. Sexuelle Harmonie ist ein wichtiger Faktor für die Stabilität einer Ehe, deshalb ist es richtig, daß man überprüft, ob man sich aufeinander einstellen kann und die sexuellen Bedürfnisse beider im allgemeinen übereinstimmen oder ob eventuell starke oder sogar unüberbrückbare Gegensätze bestehen.

Damit soll allerdings nicht einer leichtfertigen Aufnahme des Geschlechtsverkehrs das Wort geredet werden, bei der häufiger Partnerwechsel die Regel ist. Im Gegenteil, nicht aus Neugier oder um mitreden zu können, sondern nur bei echter Zuneigung sollte man sich zu diesem Schritt entschließen. Besteht noch kein Kinderwunsch, ist außerdem eine Verständigung über ↑ Empfängnisverhütung wichtig. Die Verantwortung tragen beide, welche Methode gewählt wird (am häufigsten ↑ Pille oder ↑ Kondom), muß individuell entschieden werden.

vorgeburtliche Geschlechtsbestimmung ↑ Geschlechtsbestimmung.

Die **Vorhaut** bildet den unteren Abschnitt der Haut des Gliedes. Relativ dünn, faltig und schleimhautähnlich bedeckt sie einen Teil der ↑ Eichel und läßt sich normalerweise etwas zurückstreifen, so daß die Eichel freiliegt. Die Innenseite der Vorhaut enthält Drüsen, die das Vorhautsekret (↑ Smegma) absondern. Zwischen Vorhaut und Eichel befindet sich der Vorhautsack.

Die **Vorhautverengung** oder *Phimose* ist meist angeboren, seltener durch Krankheit erworben und unterschiedlich stark ausgeprägt. Die Vorhaut läßt sich dabei nur unvollständig von der Eichel zurückziehen, oft bilden sich Verwachsungen. Als Folge davon können sich Entzündungen im Bereich der Eichel sowie Störungen beim Wasserlassen und Geschlechtsverkehr entwickeln.

Auch bei der Gliedversteifung können Schmerzen auftreten. Bei derartigen Beschwerden muß ärztlich behandelt werden. Falls durch vorsichtig instrumentell vorgenommene Dehnungs- und Lösungsversuche die Phimose nicht zu beseitigen ist, muß ein kleiner operativer Eingriff zwecks Kürzung und plastischer Korrektur der

Vorhaut durchgeführt werden. Gefährlich ist das gewaltsame Zurückstreifen einer stark verengten oder bereits entzündeten Vorhaut, da es infolge Stauung danach zu schmerzhaften Gliedschwellungen kommen kann (Paraphimose), ein Zustand, der sofortiger ärztlicher Behandlung bedarf.
Nicht krankhaft ist eine leichte Verklebung des inneren und äußeren Vorhautblattes, wie sie sich bei vielen männlichen Neugeborenen findet. Sie bildet sich meist von selbst zurück.
Die **Vormundschaft** für Kinder und Jugendliche ist ein Ersatz für elterliche Erziehung. Sie wird von den Organen der Jugendhilfe dann angeordnet, wenn Eltern das Erziehungsrecht nicht haben oder wahrnehmen können, z. B. wenn eine Mutter selbst noch nicht 18 Jahre alt ist. Es wird ein erwachsener Bürger als Vormund eingesetzt, der für die Erziehung und Betreuung des Kindes oder Jugendlichen sorgt. In der Regel wird der Vormund aus dem Kreis der Verwandten und Bekannten des Kindes gewählt, ausnahmsweise kann das Jugendhilfeorgan zeitweilig selbst die Aufgaben des Vormundes wahrnehmen. Dieser vertritt den noch nicht Volljährigen in allen Rechtsangelegenheiten, kümmert sich um sein Vermögen und sorgt für das Wohl des von ihm Betreuten, der als „Mündel“ bezeichnet wird. Bei den Organen der Jugendhilfe werden zur Auswahl, Berufung, Unterstützung, Kontrolle und Abberufung der Vormünder Vormundschaftsräte gebildet, denen ehrenamtlich tätige Bürger angehören. Für volljährige Bürger muß das Staatliche Notariat einen Vormund bestellen, wenn sie wegen geistiger Erkrankung durch Gerichtsurteil entmündigt werden und dadurch die ↑ Handlungsfähigkeit verlieren.
Das **Vorspiel** sollte den Geschlechtsverkehr einleiten und entspricht der 1. Phase der ↑ sexuellen Erregungskurve. Indem man sich gegenseitig liebkost und Zärtlichkeiten austauscht, steigert sich bei beiden Partnern die sexuelle Erregung, so daß meist nach einiger Zeit, deren Dauer individuell schwankt, zum eigentlichen ↑ Geschlechtsverkehr übergegangen wird.

Ohne diese Einstimmung sind viele Frauen gar nicht orgasmusfähig. Berücksichtigt dies der Partner nicht, kann die Partnerin unbefriedigt bleiben und schließlich keine Lust mehr zu Intimkontakten haben. Besonders wichtig ist neben dem Streicheln der ↑ erogenen Zonen die Stimulation des Kitzlers, die für viele Frauen die unbedingte Voraussetzung zum Erreichen des ↑ Orgasmus ist. Während dieses ↑ Liebesspiels sollten beide Partner aktiv sein, geht es doch um gegenseitige Beglückung und Befriedigung. Bleibt es nur beim Vorspiel, ohne daß das Glied in die Scheide eingeführt wird, spricht man von ↑ Petting.

Die **Vorsteherdrüse** oder *Prostata* liegt im Übergangsbereich der Harnblase zur Harnröhre, d. h., sie steht vor der Blase. Etwa kastaniengroß besteht sie aus 2 Seiten- und einem Mittellappen. Sie ist von einer Bindegewebskapsel umgeben und setzt sich aus Muskeln und vielen kleinen Drüsen zusammen, deren Ausführungsgänge in der Umgebung des Samenhügels münden. Das Sekret der Vorsteherdrüse bildet einen Hauptbestandteil der Samenflüssigkeit (↑ Samen) und enthält neben anderen Substanzen Eiweiß, Lipoide, Zitronensäure, Phosphatase und Spermin, das dem Sperma den spezifischen Geruch verleiht. Durch seinen Alkaligehalt soll das Sekret die Beweglichkeit der Samenfäden fördern. Unter starker sexueller Erregung kontrahieren sich die Muskeln der Prostata und sondern ihr Sekret in die Harnröhre ab.

vorzeitiger Samenerguß ↑ Potenzstörung, ↑ Samenerguß.

Der **Voyeurismus** [sprich: woajeur-; ⟨ franz.] gehört zu den sexuell abartigen Verhaltensweisen.

Um sich sexuell zu erregen, beobachtet der *Voyeur* heimlich andere beim Entkleiden oder Liebespaare bei ihren Intimitäten. Er bleibt anonym und erreicht seine Befriedigung durch Selbstbefriedigung während des Zuschauens.

vulgär [⟨ lat.]: gewöhnlich, niedrig, gemein. *Vulgärbezeichnungen* sollten von Jugendlichen und Erwachsenen, die auf einen guten und sauberen Umgangsstil Wert legen, nicht benutzt werden.

W

Warzenhof nennt man die *Umgebung der Brustwarze.* Die Haut des Warzenhofes ist sehr zart, besitzt kleine Fältchen und ist braun pigmentiert. Dadurch hebt sie sich deutlich von der übrigen Brusthaut ab. Kleine Muskelbündel in der Haut ermöglichen die Aufrichtung oder Verkürzung der Brustwarze. Zahlreiche Nerven machen die Haut der Brüste besonders tastempfindlich (↑ erogene Zonen).

Die **Wechseljahre**, auch *Klimakterium,* sind der Zeitabschnitt im Leben der Frau, in dem die Eierstöcke allmählich ihre Funktion einstellen, so daß keine Kinder mehr geboren werden können. Die Eireifung bleibt aus, die Monatsblutungen werden unregelmäßig und hören schließlich auf. Diese Periode, die meist Mitte der vierziger Jahre beginnt und sich über ungefähr 10 Jahre erstreckt, ist mit beträchtlichen hormonellen Umstellungen verbunden. Den meisten Frauen bereiten diese Veränderungen keine Schwierigkeiten. Machen sich dennoch vorübergehende Beschwerden bemerkbar – z. B. Hitzewallungen, Schweißausbrüche – können sie durch zeitweilige Hormonzufuhr beseitigt werden. Auf die sexuelle Erlebnisfähigkeit haben die Wechseljahre keinen Einfluß.

Beim Mann gibt es keine entsprechende Umstellung und infolgedessen keine Wechseljahre. Die männlichen Keimdrüsen produzieren weiter ihre Hormone, wenn auch mit zunehmendem Alter in etwas verminderter Menge. Der gesunde Mann bleibt deshalb bis ins hohe Alter zeugungsfähig.

Die **Wehen** sind *Kontraktionen der Gebärmuttermuskulatur.* Man unterscheidet Schwangerschaftswehen, Senkwehen, Geburtswehen und Nachgeburtswehen. Die eigentlichen *Geburtswehen* werden von der Schwangeren zunächst nur als Ziehen vom Kreuz aus nach vorn empfunden. Erst mit zunehmender Intensität werden sie schmerzhaft. Bei der einzelnen Wehe kann man ein Ansteigen, ein Plateau und ein Abklingen unterscheiden. Sie dauert etwa 40–60 Sekunden. Die Wehen treten zu Beginn der Geburt alle 10–15 Minuten ein, dann werden die Wehenpausen immer kürzer und sind schließlich nicht größer als 2 Minuten. Die Wehentätigkeit kann durch Geräte (Tokograph) kontrolliert und registriert werden.

Die **Wertung des Sexuellen** im Leben des Menschen muß frei von Über- und Unterschätzung sein, soll sie diesem helfen, eine seinen Bedürfnissen und zugleich der ↑ Moral entsprechende Einstellung zur Sexualität zu finden. Anschauungen, daß die Sexualität lästig oder ein Überbleibsel einer tierischen Vergangenheit sei, sind zum Glück überwunden. Für den sozialistischen Menschen ist die Sexualität eine Erscheinung, die sein Leben bereichert, wenn er sie bewußt und aufgeschlossen erlebt. Das gilt für Menschen aller Altersgruppen und beider Geschlechter.

Wichsen wird umgangssprachlich für die Selbstbefriedigung gesagt.

Als **wilde Ehe** wurde ein eheähnliches Dauerverhältnis ohne das Vorliegen der gesetzlichen Eheschließung bezeichnet. Der Ausdruck entstammt dem kleinbürgerlichen Begriffsbestand. Bei uns wird diese abwertende Bezeichnung nicht mehr gebraucht. Das Recht auf freie Entscheidung der Persönlichkeit räumt auch Frau und Mann das Recht ein, bei Vorliegen einer festen Verbindung den Zeitpunkt der rechtlichen Grundlegung durch die gesetzliche Eheschließung selbst zu bestimmen. Das Interesse unseres Staates an gesetzlich geregelten Verhältnissen, die auch der Kinder- und Familienentwicklung förderlich sind, kommt in finanziellen Vorteilen (günstigere Steuerklassen für Verheiratete, Wohnungsgeldanspruch usw.) zum Ausdruck.

Witze sind oft geistreiche und humorvolle, auf einen überraschend komischen Ausgang zugespitzte, ganz kurze Erzählungen. Sie sind bisweilen eine Form der Kritik an Unzulänglichkeiten, Unvollkommenheiten oder

Absonderlichkeiten. Sexuelle Witze unterscheiden sich von *Zoten*, die durch sexuelle Grobheit und Deutlichkeit gekennzeichnet sind. Zoten verletzen Schamgefühl und Anstand und dienen oft dazu, sich durch derartige Erzählungen als sexuell erfahren aufzuspielen.

Das **Wochenbett** beginnt nach Ausstoßung der Nachgeburt und dauert etwa 6–8 Wochen. Am augenfälligsten sind in dieser Zeit folgende Vorgänge: Rückbildung der Gebärmutter, Wundheilung der Geburtsverletzungen und in der Gebärmutterhöhle, Ingangkommen der Milchbildung, Wiederaufnahme der Eierstockfunktion. Im Gegensatz zur raschen Rückbildung der Gebärmutter bleiben die Muskeln und Bänder des kleinen Bekkens sowie die Scheide noch längere Zeit überdehnt. Das betrifft auch die Bauchdecke. Wichtig ist daher eine konsequente Gymnastik im Wochenbett. Nach etwa 6 Wochen haben sich die schwangerschaftsbedingten Veränderungen der Genitalorgane zurückgebildet. Falls ↑ Schwangerschaftsstreifen entstanden sind, bleiben sie als feine, weiße Narben an der Bauchdecke sichtbar.

Die Brustdrüsen werden schon in der Schwangerschaft durch Einwirken von Hormonen auf die *Milchbildung* vorbereitet. Erst 3–4 Tage nach der Entbindung kommt unter dem Einfluß des Hypophysenhormons Prolaktin die Milchbildung in Gang. Sie wird durch den mechanischen Saugreiz auf nervösem Wege zur vollen Leistung gebracht und reguliert. Muttermilch besitzt gegenüber Fertignahrung auf Grund der Keimfreiheit und ihres Gehaltes an Antikörpern gegen verschiedene Infektionskrankheiten entscheidende Vorteile. Jede Mutter sollte deshalb bestrebt sein, ihr Kind während der ersten 3 Monate zu stillen. Während dieser Zeit ist eine sorgfältige Brustpflege und ausgewogene, vitamin- und flüssigkeitsreiche Ernährung erforderlich. Rauchen und Alkoholgenuß sind während der Stillperiode zu unterlassen. Wird während der Zeit des Stillens mit der Einnahme der ↑ Pille begonnen, ist mit einem starken Rückgang der Milchbildung zu rechnen. Darüber hinaus kommt es zu einer geringen Ausscheidung von Bestandteilen der Pille in die Muttermilch, man sollte sie daher meiden. Grundsätzlich sollte jede Stillende vor Einnahme eines Medikamentes den Arzt befragen.

Die erste Regelblutung tritt 6–8 Wochen nach der Entbindung ein. Zu 50% handelt es sich dabei um eine Blutung ohne vorausgegangenen Eisprung. Wenn die Frau voll stillt, tritt meist keine Regelblutung ein. Das Stillen stellt jedoch keinen absoluten Schutz gegen eine neue Empfängnis dar.

Der Geschlechtsverkehr sollte erst 6 Wochen nach der Entbindung aufgenommen werden, da durch Eindringen von Krankheitserregern in die Scheide eine Entzündung entstehen kann. In manchen Fällen kommt es nach einer Entbindung vorübergehend zu Schmerzen beim Geschlechtsverkehr. Sie sind auf schmerzhafte Scheiden- und Dammnähte oder ungenügende Rückbildung der Geburtsveränderungen zurückzuführen.

Bis zur Einnahme der Pille werden nach einer Geburt 1–2 Eisprünge abgewartet. Eine Spirale (↑ Intrauterinpessar) kann 4–6 Wochen nach der Entbindung eingelegt werden.

Wochenurlaub oder *Schwangerenurlaub* sowie Regelungen über finanzielle Unterstützungen wurden in der DDR 1950 im Gesetz über den Mutter- und Kinderschutz und die Rechte der Frau festgelegt. Das war eine bedeutende Leistung unseres Staates, der damit die Bedeutung der Mutterschaft würdigte und werktätigen Frauen und Müttern Sicherheit und Hilfe gab.

In den folgenden Jahren wurden durch neue Bestimmungen und Gesetze den schwangeren Frauen und Wöchnerinnen weitere Vergünstigungen zuteil. Nach dem Arbeitsgesetzbuch vom 16.6.77 und der Sozialversicherungsordnung vom 17. 11. 77 be-

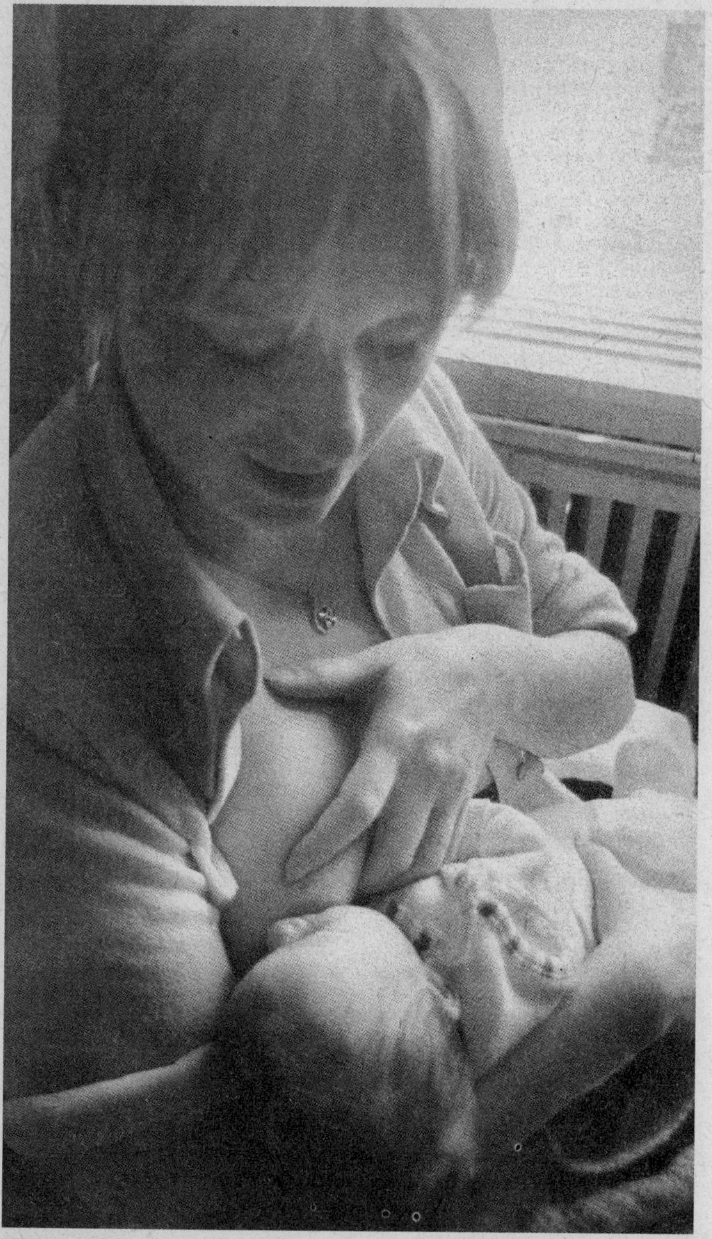

trägt jetzt der Schwangerschaftsurlaub 6 Wochen vor der Entbindung und der Wochenurlaub 20 Wochen nach der Entbindung. Bei Mehrlingsgeburten oder Schnittentbindungen wird der Wochenurlaub um weitere 2 Wochen verlängert. Bei ↑ Frühgeburten verlängert sich der Wochenurlaub um den nicht in Anspruch genommenen Schwangerschaftsurlaub. Nach der Verordnung über die weitere Verbesserung der Arbeits- und Lebensbedingungen der Familien mit Kindern vom 24. April 1986 heißt es in § 3, daß werktätige Mütter die Möglichkeit haben, bis zu 2 Wochen ihres Anspruchs auf bezahlte Freistellung nach dem Wochenurlaub bereits unmittelbar vor Beginn des Schwangerschaftsurlaubs in Anspruch zu nehmen. Für diese Zeit wird Unterstützung bzw. Stipendium wie bei Freistellung nach dem Wochenurlaub gewährt. Diese Regelung gilt auch bei der Geburt des 2. und jeden weiteren Kindes (↑ sozialpolitisches Programm).

Mit **Wollust** bezeichnet man sexuelles Verlangen und Lustgefühl.

Wüstling nennt man einen Mann, welcher rücksichtslos seine sexuellen Begierden verwirklicht.

Z

Zärtlichkeit ist eine Gefühlshaltung und -äußerung, z. B. eine Liebkosung durch Worte oder Handlungen, die dem Partner das Empfinden von Zuwendung, Geborgenheit und Fürsorglichkeit gibt. Zärtlichkeit ist nicht angeboren und auch nicht geschlechtsgebunden. In einem harmonischen Familienleben, in dem sich schon das Kleinkind und später der junge Mensch geborgen, verstanden und mit liebender Sorge umgeben und geleitet weiß, entwickelt sich dieses Gefühl liebender Verantwortung füreinander, das sich dann später auch auf den Liebespartner überträgt. Zärtlichkeit bereichert die sexuelle Beziehung und hebt sie aus dem Bereich bloßer Begierden auf die Stufe menschenwürdigen Liebeslebens.

Zeugung bedeutet Fortpflanzung.

Unter **Zeugungsfähigkeit** versteht man die Fähigkeit des Mannes, Kinder zu zeugen, d. h. zur Fortpflanzung. Dazu gehört sowohl, daß der Geschlechtsverkehr durchgeführt werden kann als auch, daß die Samenflüssigkeit qualitativ und quantitativ in Ordnung ist (↑ Samenuntersuchung).

Zeugungsunfähigkeit des Mannes liegt vor, wenn entweder die Samenflüssigkeit krankhaft verändert oder die Durchführung des Geschlechtsverkehrs aus bestimmten Gründen (z. B. Unfallfolgen, Erkrankungen oder Geschwülste der Geschlechtsorgane) nicht möglich ist.

Das **Zölibat** [(lat.] ist die durch päpstliches Dekret vorgeschriebene Ehelosigkeit der römisch-katholischen Geistlichkeit, der Nonnen und der Mönche. Die griechisch-orthodoxe Kirche verlangt das Zölibat von Nonnen, Mönchen und Bischöfen. Das Zölibat brachte und bringt zahlreiche Menschen in Gewissenskonflikte, da es eigentlich eine unnatürliche Forderung darstellt. ↑ Askese.

Die **Zote** ist ein in ordinäre sexuelle Eindeutigkeit ausgearteter ↑ Witz.

Der **Zuhälter** ↑ Prostitution.

Zungenkuß ist eine besonders leidenschaftliche Form des Kusses, bei dem sich bei geöffneten Lippen entweder die Zungen der sich Küssenden berühren oder die Zunge eines Partners tief in den Mund des anderen eindringt und sich hin und her bewegt (eine gewisse Nachahmung des in die Scheide eindringenden Gliedes). Er steigert die sexuelle Erregung und ist Ausdruck sexueller Begierde.

Die **Zurechnungsfähigkeit** ist eine Voraussetzung dafür, einen Rechtsverletzer zu bestrafen. Der Täter muß bei seiner Handlung geistig imstande gewesen sein, sich eigenverantwortlich richtig zu entscheiden und sein Verhalten gesellschaftsgemäß zu steuern.

War das durch geistige Erkrankung oder Bewußtseinsstörung ausgeschlossen, entfällt die Bestrafung. Es kann erforderlichenfalls die Einweisung in eine psychiatrische Einrichtung angeordnet werden. Verminderung der Zurechnungsfähigkeit kann zu einer milderen Strafe führen. Wer sich schuldhaft in einen Rauschzustand versetzt, z. B. durch ↑ Alkoholmißbrauch, wird entsprechend der begangenen Tat bestraft, ohne sich auf Einschränkung der Zurechnungsfähigkeit berufen zu können. Bei Jugendlichen zwischen 14 und 18 Jahren muß neben der Zurechnungsfähigkeit die Schuldfähigkeit vorliegen, das ist die vom Reifegrad abhängige Fähigkeit bei der Entscheidung zur Tat die notwendige Einsicht zu haben und danach handeln zu können.

Zwillinge sind 2 Kinder, die in demselben Befruchtungsvorgang entstanden sind. Man unterscheidet *eineiige* und *zweieiige Zwillinge.* Die Bildung *eineiiger Zwillinge* vollzieht sich unmittelbar nach der Befruchtung einer Eizelle durch Teilung der Frucht in 2 vollständig getrennte Keime. Eine derartige Teilung scheint bis zum 11.–13. Tag nach dem Eisprung möglich zu sein. Eineiige Zwillinge haben stets das gleiche Geschlecht und sind erbgleich. Sie haben demnach die gleichen Blutgruppen und stimmen auch meist charakterlich weitgehend überein.

Bei unvollständiger Trennung der Eizelle besteht die Möglichkeit von Doppelbildungen, die Kinder bleiben durch Gewebsbrücken miteinander verbunden. Sie werden als *Siamesische Zwillinge* bezeichnet, da die ersten bekannt gewordenen Berichte über derartige nicht völlig getrennte Zwillinge aus Siam, dem heutigen Thailand, stammen. *Zweieiige Zwillinge* entstehen bei der Befruchtung von 2 Eizellen, die entweder aus gleichzeitigen Eisprüngen in beiden Eierstöcken oder aus 2 Eisprüngen in einem Eierstock freiwerden. In sehr seltenen Fällen ist die Befruchtung von 2 Eizellen durch 2 zeitlich getrennte Intimbeziehungen möglich. Es könnte sich auch um verschiedene Partner handeln. Zweieiige Zwillinge sind erbungleich. Sie können gleichgeschlechtlich, aber

auch verschiedengeschlechtlich sein.
Es gilt als sicher, daß gehäufte Zwillingsschwangerschaften bei bestimmten Familien auftreten können. Für eineiige Zwillinge trifft das nicht zu. Bei Müttern mit zweieiigen Zwillingen besteht dagegen eine 2- bis 4mal höhere Wahrscheinlichkeit für eine Wiederholung dieses Ereignisses. ↑ Mehrlingsgeburt.

Der **Zwitter** oder *Hermaphrodit* besitzt Merkmale beider Geschlechter, d. h., er hat sowohl Eierstocks- als auch Hodengewebe. Manche haben auch äußerlich ein männliches Genitale und eine weibliche Brustentwicklung. Diese Fehlbildungen sind Folge einer embryonalen Entwicklungsstörung, bei der die normalerweise zu dieser Zeit vor sich gehende Differenzierung zum weiblichen oder männlichen Geschlecht nur teilweise und unvollständig erfolgt.

Die **Zygote** [⟨ griech.] ↑ Embryonalentwicklung.

Der **Zyklus** [⟨ lat. ⟨ griech.; lat. cyclus „Kreis", „Kreislauf"], auch *ovarieller Zyklus,* reicht vom 1. Tag einer Menstruation bis zum Wiedereinsetzen der folgenden Blutung. Innerhalb dieser Zeit laufen zyklische Veränderungen im Eierstock und an der Gebärmutterschleimhaut ab. Im Eierstock setzt unter dem Einfluß des follikelstimulierenden Hormons (*FSH*) ein Wachstum der größeren Follikel ein. Damit nimmt auch die Bildung an Follikelhormonen (*Östrogenen*) zu. In den folgenden Tagen sondert sich aus der Gruppe der wachsenden Follikel ein einziger ab, der zum reifenden Follikel wird und sich zwischen dem 12. und 15. Zyklustag bis zur Sprungreife auf 15–20 mm vergrößert. Da hormonell während dieser Zeit das Follikelhormon vorherrscht, spricht man auch von der *Follikelphase.* Das zentrale Ereignis des ovariellen Zyklus ist der ↑ Eisprung (*Ovulation*). Aus den Follikelhüllen entsteht der ↑ Gelbkörper als selbständige innersekretorische Hormondrüse. Hier beginnt schon wenige Stunden nach dem Eisprung eine ansteigende Bildung von ↑ Gelbkörperhormon (*Progesteron*). Sie prägt das weitere hormonelle Geschehen bis zur Menstruation. Man nennt diese Zeitspanne

Gelbkörperphase. Parallel zu diesem Geschehen im Eierstock wächst unter dem Einfluß des Follikelhormons eine neue kurzlebige Schleimhaut heran. Diese *Wachstums-* oder *Proliferationsphase* dauert etwa 10 Tage. Das Gelbkörperhormon bewirkt eine Auflockerung dieser Schleimhaut und die Speicherung von Eiweiß, Fett und Zucker. Man spricht deshalb von *Sekretionsphase.* Diese Vorgänge bereiten die Aufnahme eines befruchteten Eies vor. Erfolgt eine Befruchtung, bleibt der Gelbkörper erhalten und bis zum 3. Schwangerschaftsmonat funktionstüchtig. Findet keine Befruchtung statt, stellt der Gelbkörper seine Funktion ein. Die für die Eieinnistung vorbereitete Gebärmutterschleimhaut wird abgestoßen, es kommt zur ↑ Menstruation. Damit beginnt der Reifungsprozeß in den bisher ruhenden Follikeln des Eierstocks von neuem. *Abb.*

Zynismus [⟨ lat.] ist beißender Spott, rohe, gefühllose Offenheit und Verächtlichmachen im Umgang mit anderen Menschen. Er verstößt gegen Achtung und Würde des Menschen und kann eine Liebesbeziehung zerstören.

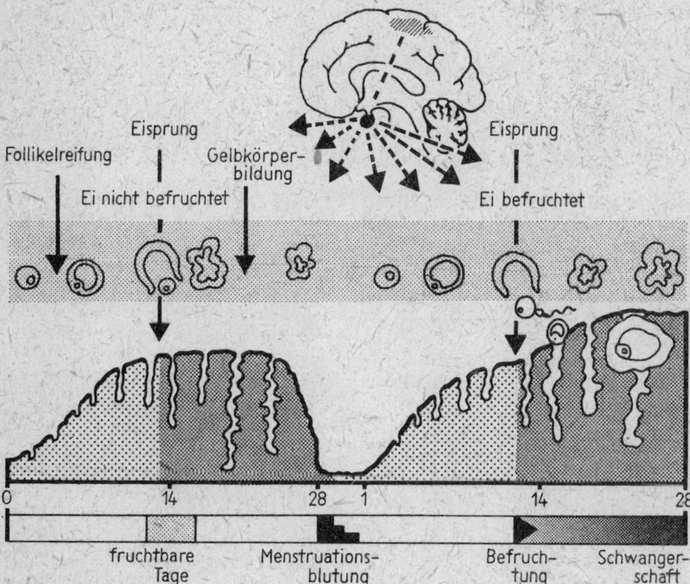

Zyklus

In der Reihe JUGENDLEXIKON erscheint 1987:

Jugendlexikon Biologie

Herausgegeben von Gerhard Dietrich und Anneliese Müller-Hegemann

6., dg. Auflage 1987
384 Seiten
660 Zeichnungen und Fotos, Tabellen

„Ein herrliches Lexikon, das anhand von Farbbildern eine ausgezeichnete Übersicht über unsere Umwelt vermittelt."
Schweizerjäger Nr. 13

„Mit dem Jugendlexikon Biologie wird unsren Schülern und Lehrlingen, aber auch vielen interessierten Erwachsenen ein Buch in die Hand gegeben, das durch seinen Informationsgehalt, seine sehr gut durchdachte inhaltliche und didaktische Gestaltung und seine ausgezeichnete Ausstattung nicht nur Wissen vermittelt, sondern den Leser auch in mannigfaltiger Weise anregt, den Stichworthinweisen folgend, sich über interessante biologische Fragen selbständig zu informieren."
Pädagogik

„Das ‚Jugendlexikon Biologie' ist ein echtes Jugendbuch, das genauso zur ernsthaften Beschäftigung mit der Biologie anregt, wie es zum unterhaltenden Durchblättern einlädt."
Bauern-Echo

In der Reihe JUGENDLEXIKON erscheint 1987:

Jugendlexikon Jugend im Studium

Herausgegeben von Dr. Heinz Schauer und Prof. Dr. Kurt Starke, erarbeitet von einem Kollektiv des Zentralinstituts für Jugendforschung Leipzig

2., dg. Auflage 1987
256 Seiten
175 Zeichnungen und Fotos, Tabellen

„Fast hinter jedem Fettgedruckten folgt etwas, das Studenten oder jene, die es werden möchten, wissen bzw. beherzigen sollten."
Neues Deutschland

„... , es ist in der für ein Lexikon notwendigen Kürze und Konzentration aufs Wesentliche eine ausgezeichnete Hinführung an das Studium."
Sächsische Zeitung

„Was in dieser kleinen, handlichen Broschüre ... für Informationen stecken, verdient Bewunderung und Respekt."
Deutsche Lehrerzeitung

„Neben Begriffserklärungen gibt dieser Band zahlreiche Empfehlungen zur Meisterung des Studienalltags und zur Beherrschung der Techniken der geistigen Arbeit, zum Selbststudium, zur Vorbereitung auf Prüfungen sowie zur Vor- und Nachbereitung von Lehrveranstaltungen."
Freiheit (Halle)